Empathie und Interaktion

Empathie und Interaktion

Methodik und Praxis der Gesprächspsychotherapie

Jobst Finke

5 Abbildungen

1994
Georg Thieme Verlag Stuttgart · New York

Dr. med. Jobst Finke
Rheinische Landes- u. Hochschulklinik
Klinik für Allgemeine Psychiatrie
Berkhovenallee 171
45239 Essen-Heidhausen

Die Deutsche Bibliothek – *CIP-Einheitsaufnahme*

Finke, Jobst:
Empathie und Interaktion: Methodik und Praxis der Gesprächspsychotherapie / Jobst Finke. – Stuttgart ; New York : Thieme, 1994

Geschützte Warennamen (Warenzeichen) werden *nicht* besonders kenntlich gemacht. Aus dem Fehlen eines solchen Hinweises kann also nicht geschlossen werden, daß es sich um einen freien Warennamen handele.

Das Werk, einschließlich aller seiner Teile, ist urheberrechtlich geschützt. Jede Verwertung außerhalb der engen Grenzen des Urheberrechtsgesetzes ist ohne Zustimmung des Verlages unzulässig und strafbar. Das gilt insbesondere für Vervielfältigungen, Übersetzungen, Mikroverfilmungen und die Einspeicherung und Verarbeitung in elektronischen Systemen.

© 1994 Georg Thieme Verlag,
Rüdigerstraße 14,
D-70469 Stuttgart
Printed in Germany

Satz: primustype Robert Hurler,
D-73274 Notzingen,
System: Linotronic 300

Druck: Gulde-Druck GmbH, Tübingen

ISBN 3-13-129601-1   1 2 3 4 5 6

Wichtiger Hinweis: Wie jede Wissenschaft ist die Medizin ständigen Entwicklungen unterworfen. Forschung und klinische Erfahrung erweitern unsere Erkenntnisse, insbesondere was Behandlung und medikamentöse Therapie anbelangt. Soweit in diesem Werk eine Dosierung oder eine Applikation erwähnt wird, darf der Leser zwar darauf vertrauen, daß Autoren, Herausgeber und Verlag große Sorgfalt darauf verwandt haben, daß diese Angabe dem Wissensstand bei Fertigstellung des Werkes entspricht.

Für Angaben über Dosierungsanweisungen und Applikationsformen kann vom Verlag jedoch keine Gewähr übernommen werden. Jeder Benutzer ist angehalten, durch sorgfältige Prüfung der Beipackzettel der verwendeten Präparate und gegebenenfalls nach Konsultation eines Spezialisten, festzustellen, ob die dort gegebene Empfehlung für Dosierungen oder die Beachtung von Kontraindikationen gegenüber der Angabe in diesem Buch abweicht. Eine solche Prüfung ist besonders wichtig bei selten verwendeten Präparaten oder solchen, die neu auf den Markt gebracht worden sind. Jede Dosierung oder Applikation erfolgt auf eigene Gefahr des Benutzers. Autoren und Verlag appellieren an jeden Benutzer, ihm etwa auffallende Ungenauigkeiten dem Verlag mitzuteilen.

Wolfgang M. Pfeiffer
in Verehrung und Dankbarkeit

Vorwort

Aus vielen publizierten Transkripten gesprächspsychotherapeutischer Therapiegespräche ist eine Vielfältigkeit des therapeutischen Vorgehens abzulesen, die im Gegensatz zu manchen Vormeinungen über die Gesprächspsychotherapie steht. Diese Vielfältigkeit muß natürlich auch in der methodischen Darstellung dieses Verfahrens ihren systematischen Ausdruck finden.
So gilt es, die Behandlungstechnik der Gesprächspsychotherapie so zu skizzieren, daß sowohl die faktische Komplexität ihrer Anwendungspraxis zur Darstellung kommt, als auch ihre systematische und schlüssige Begründung durch die Therapietheorie erfolgt. Eine solche Begründung soll hier versucht werden. Dabei muß deutlich werden, wie die verschiedenen konzeptuellen Ebenen des Verfahrens, die Krankheitstheorie, die Therapietheorie, die Therapieprinzipien und die Therapietechnik miteinander in Beziehung stehen. Durch die Ableitung der Therapietechnik aus den therapeutischen Grundhaltungen, die hier als Therapieprinzipien definiert werden, kann die Vielfältigkeit gesprächspsychotherapeutischen Handelns als in der Therapietheorie begründet dargestellt werden. Dabei zeigt sich, daß sich gesprächspsychotherapeutisches Handeln jeweils um zwei polare Grundpositionen gruppiert, die Empathie und die Interaktion, die identifikatorische Teilhabe und die dialogische Gegenüberstellung. Der Therapeut muß sich also zwischen zwei Positionen bewegen, er muß einerseits das „Alter ego" des Patienten sein und andererseits dem Patienten als „real person" gegenübertreten. Auf diesem gewissermaßen zweiten Pol gesprächspsychotherapeutischer Behandlungstheorie ist durch Rogers in seinen späteren Schaffensperioden immer wieder hingewiesen worden, und von seinen Schülern wurde auch die Konzeptualisierung dieser Position in den 60er Jahren in Angriff genommen. Im deutschen Sprachraum jedoch wurde dieser Teil gesprächspsychotherapeutischer Behandlungstheorie und -praxis nur unzureichend rezipiert.
Es sollen hier aber nicht nur die behandlungspraktischen Konsequenzen aus dieser Polarität dargestellt und begründet werden. Vielmehr soll auch ihr wissenschafts- und persönlichkeitstheoretischer Hintergrund skizziert werden. Es ist ferner ein Anliegen dieses Buches, den ideengeschichtlichen Zusammenhang, aus dem heraus die Gesprächspsychotherapie und das Wirken ihres Begründers, C. R. Rogers, zu verstehen sind, aufzuzeigen.
Im Vollzug dieser Absicht soll dieses Verfahren in den übergreifenden Zusammenhang eines einsichtsorientierten und erlebniszentrierten Ansatzes von Psychotherapie gerückt werden. Dabei soll auf Parallelen gesprächspsychotherapeutischer Behandlungstechnik mit neueren Entwicklungen in der Psychoanalyse hingewiesen werden. Bei diesem Vorhaben sind die Ähnlichkeiten zwischen der Gesprächspsychotherapie und diesen neueren Entwicklungen der Psychoana-

lyse ausgeprägter zur Darstellung gekommen als die Unterschiede. Damit soll jedoch nicht einer Verwischung methodischer Grenzen das Wort geredet werden. Der stärkere Verweis auf die Ähnlichkeiten bot sich aber deshalb an, weil auf die Unterschiede zu Positionen der „orthodoxen" Psychoanalyse schon oft genug hingewiesen wurde. Die Unterschiede zur Psychoanalyse insgesamt aber lassen sich kaum benennen, weil es eben „die" Psychoanalyse nicht gibt. Daß Vergleichbares auch für die Gesprächspsychotherapie gilt, soll ebenfalls in der vorliegenden Schrift gezeigt werden.

Gelegentlich erfolgen auch Verweise auf Entsprechungen zu anderen Verfahren, so etwa der Daseinsanalyse, bei deren Ansatz sich manche Gemeinsamkeiten mit der Gesprächspsychotherapie nachweisen lassen und andererseits auch der Verhaltenstherapie. Bei diesen Bezugnahmen zu anderen Psychotherapieverfahren ging der Autor insgesamt davon aus, daß für den Leser das Entdecken von Ähnlichkeiten und gewissen Entsprechungen mit anderen Verfahren und Konzepten interessanter ist als das Festklopfen von Unterschieden. Solche Demarkationsbemühungen erfolgen ohnehin häufig weniger aus Interesse an methodischen Fragen, wobei allerdings nicht verleugnet werden soll, daß die klare Abgrenzung für die Identität eines Verfahrens von Bedeutung ist. Aber auch diesem Anliegen wird hier versucht, Rechnung zu tragen.

Schließlich ist es die nachdrückliche Absicht dieses Buches, die Behandlungspraxis sowohl systematisch wie vor allem aber auch anschaulich darzustellen. Die verschiedenen Kategorien der gesprächspsychotherapeutischen Interventionen werden jeweils anhand kurzer Fallskizzen exemplarisch verdeutlicht. Dabei kam es auch darauf an, die Besonderheiten des Einsatzes solcher Interventionen, ihre eventuell spezifische Indikation und die Schwierigkeiten und Gefahren, die möglicherweise hiermit auch verbunden sind, aufzuzeigen. Dieser Verdeutlichung der Behandlungspraxis soll ebenso die Darstellung des gesprächspsychotherapeutischen Vorgehens bei einzelnen Krankheitsbildern dienen. Um hier die Therapietechnik methodisch ausreichend zu begründen, ist es nötig, in einem kurzen Kapitel auch die Krankheitslehre der Gesprächspsychotherapie wenigstens skizzenhaft darzustellen. Das Bemühen um eine möglichst anschauliche Schilderung des psychotherapeutischen Vorgehens findet seinen Abschluß mit der Demonstration des gesprächspsychotherapeutischen Ansatzes auf verschiedenen Behandlungsfeldern, so der Gruppengesprächspsychotherapie und der gesprächspsychotherapeutischen Traumbearbeitung. Die Zusammenfassung eines jeden Kapitels erfolgt in Form von sog. Gesprächsregeln, um auch hier dem Prinzip der Anschaulichkeit und der Praxisrelevanz zu folgen.

Noch ein kurzes Wort zu einigen hier gebräuchlichen Termini bzw. Redeweisen. Für das hier zu schildernde Verfahren wird der Name „Gesprächspsychotherapie" und nicht (der von seinem Gründer gebrauchte Terminus) „klientenzentrierte Psychotherapie" gewählt, weil sich der erstere in Deutschland inzwischen weitgehend durchgesetzt hat und es andernfalls zu Verständigungsschwierigkeiten führen könnte. Hier wurde weiterhin nicht der bei Rogers übliche Name „Klient", sondern „Patient" gewählt, weil es sich bei den hier vorgestellten Personen ausschließlich um Kranke handelt. Außerdem dürfte sich das mit der Benennung „Klient" verbundene Anliegen, die Würde und Autonomie auch der psychisch kranken Personen zu respektieren, inzwischen so weit durchgesetzt haben, daß der ausdrückliche Hinweis auf dieses Anliegen durch begriffliche Besonderheiten nicht mehr nötig erscheint. Bei allgemeinen Erörterungen über „den" Therapeuten und „den" Patienten wird die bisher allgemein übliche, maskulin vereinnahmende Form bzw. Artikelsetzung beibehalten, um den Fluß der Formulierungen durch komplizierte Schreibweisen nicht zu stören.

Bei der Entstehung eines Buches wie dem vorliegenden sind durch vielfältige Anregungen in der Regel nicht wenige beteiligt. So schulde ich Dank den Kolleginnen und Kollegen in der Klinik und in den Weiterbildungsgruppen, die in anregenden Diskussionen durch ihre Hinweise und Fragen immer wieder halfen, neue Perspektiven zu eröffnen. Ganz besonders danken möchte ich Herrn Professor Dr. W. M. Pfeifer und Herrn Dr. med. Dipl.-Psych. L. Teusch für viele Hinweise und Korrekturvorschläge. Herrn Professor Dr. M. Gastpar habe ich zu danken für die Förderung der klinischen Arbeit, aus der dieses Buch hervorgegangen ist. Sehr zu Dank verpflichtet bin ich auch Frau H. Feldhammer für die nachdrückliche Betreuung, Organisation und Korrektur der Arbeit bzw. des Arbeitsprozesses. Nicht zuletzt möchte ich mich auch bedanken bei Frau Dr. G. Volkert und Herrn Dr. Th. Scherb vom Thieme Verlag für ihr sehr geduldiges und hilfreiches Begleiten meiner Arbeit.

Essen, im April 1994 *J. Finke*

Inhalt

1. Die Gesprächspsychotherapie: Ein Modell einer erlebnisaktivierenden und einsichtsorientierten Psychotherapie 1

2. Ideengeschichtliche und persönlichkeitstheoretische Fundamente der Gesprächspsychotherapie 6
   - Geschichtlicher Rückblick 6
   - Therapieziele 8
     - Autonomie und innere Freiheit 9
     - Selbstannahme 9
     - Identität 9
     - Erfahrungsoffenheit 10
     - Entwicklung zum Prozeßsein 10
     - Beziehungsfähigkeit 10
   - Die Gesprächspsychotherapie und die humanistische Psychologie .. 11
   - Die unterschiedlichen Strömungen in der Gesprächspsychotherapie 12
     - Die lernpsychologisch orientierte Gesprächspsychotherapie 12
     - Die kognitionspsychologisch orientierte Gesprächspsychotherapie 13
     - Die phänomenologisch orientierte Gesprächspsychotherapie ... 13

3. Die Therapietheorie der Gesprächspsychotherapie 15
   - Die drei Ebenen der gesprächstherapeutischen Methodik: die Therapietheorie, die -prinzipien, die -technik 15
   - Die drei Axiome der Therapietheorie 16
   - Therapie als Fördern der Selbstheilungskraft: Das Selbstregulationsmodell 16
   - Therapie als Sinnerfahrung und Aufhebung des Selbstwiderspruchs: Die konflikttheoretische Position 19
     - Das Verstehen als Erschließen komplexer Sinngehalte 19
     - Die Lebensgeschichte als Kontext des Selbstverstehens 21
   - Therapie als Dialog: Die interaktionelle Position 23
   - Exkurs: Gesprächspsychotherapie und Psychoanalyse 25

4. Therapieprinzipien und Therapietechnik 30
   - Therapieprinzip *Bedingungsfreies Akzeptieren* 32
     - Ziele und Funktionen des *Bedingungsfreien Akzeptierens* 32

Die Praxis des *Bedingungsfreien Akzeptierens* 36
Bekunden von Interesse und Sorge 38
Schwierigkeiten und Gefahren bei der Realisierung
des *Bedingungsfreien Akzeptierens*........................ 39
Indikation des *Bedingungsfreien Akzeptierens* 41
Das Therapieprinzip *Einfühlendes Verstehen*.................... 42
Ziele und Funktionen des *Einfühlenden Verstehens* 44
Praxis des *Einfühlenden Verstehens*........................ 45
Das Vermeiden des Intellektualisierens 47
Die Stufen des *Einfühlenden Verstehens* 48
Schwierigkeiten und Gefahren des *Einfühlendes Verstehens* 60
Hindernisse und Störungen des Einfühlens 60
Das Verstehen zwischen Selbstbefangenheit und Fremdbestimmung.. 62
Indikation des *Einfühlenden Verstehens* 64
Das Therapieprinzip *Echtheit* 65
Konfrontieren 67
Ziele und Funktionen des *Konfrontierens* 68
Praxis des *Konfrontierens* und der Abwehrbearbeitung 69
Schwierigkeiten und Gefahren des *Konfrontierens* und der
Abwehrbearbeitung 75
Indikation des *Konfrontierens* und der Abwehrbearbeitung ... 77
Beziehungsklären 78
Exkurs: Das Konzept der Therapeut-Patient-Beziehung in
der Gesprächspsychotherapie- und in der Psychoanalyse 80
Ziele und Funktionen des *Beziehungsklärens* 85
Die Praxis des *Beziehungsklärens* 86
Schwierigkeiten und Gefahren des *Beziehungsklärens* 92
Indikation des *Beziehungsklärens* 94
Selbsteinbringen 95
Voraussetzungen des *Selbsteinbringens* 96
Ziele und Funktionen des *Selbsteinbringens* 98
Praxis des *Selbsteinbringens* 99
Schwierigkeiten und Gefahren des *Selbsteinbringens* 101
Indikation des *Selbsteinbringens* 102

5. Die Krankheitstheorie der Gesprächspsychotherapie 104

Das Inkongruenzmodell psychischer Störungen 105
Inkongruenz als Selbstentfremdung und Störanfälligkeit 107
Lebensgeschichtliche Genese der Inkongruenz 109
Zusammenhang von Inkongruenz, aktuellem Lebensereignis
und Symptom 110

6. Diagnostik und Indikation 112

Die Ebenen der Diagnostik 112
Funktionen der Diagnostik 114

Problemseiten der Diagnostik 114
Indikation 115

7. *Gesprächspsychotherapie verschiedener Erkrankungen* 118
   Die Depression 119
      Diagnostik und Indikation 119
      Selbstkonzept, Beziehungsangebot und Inkongruenz-
      konstellation 120
      Behandlungspraxis 121
        Bedingungsfreies Akzeptieren 121
        Einfühlendes Verstehen 122
        Echtheit 125
   Die Angststörung 128
      Diagnostik und Indikation 128
      Selbstkonzept, Beziehungsangebot und Inkongruenz-
      konstellation 128
      Die Behandlungspraxis 129
        Bedingungsfreies Akzeptieren 129
        Einfühlendes Verstehen 130
        Echtheit 132
   Die narzißtische Persönlichkeitsstörung 134
      Diagnostik und Indikation 134
      Selbstkonzept, Beziehungsangebot und Inkongruenz-
      konstellation 136
      Behandlungspraxis 137
        Bedingungsfreies Akzeptieren 137
        Einfühlendes Verstehen 138
        Echtheit 139
   Schizophrenie 143
      Diagnostik und Indikation 143
      Selbstkonzept, Beziehungsangebot und Inkongruenz-
      konstellation 145
      Die Behandlungspraxis 145
        Bedingungsfreies Akzeptieren 145
        Einfühlendes Verstehen 146
        Echtheit 147

8. *Gruppen-Gesprächspsychotherapie* 150
   Historische Entwicklung 150
   Stellung der Gruppen-Gesprächspsychotherapie innerhalb
   zentraler Konzepte der Gruppentherapie 151
   Die Behandlungspraxis 154
      Fokus Protagonist 155
      Fokus Interaktion 155
      Fokus Gruppe 156
   Indikation der Gruppen-Gesprächspsychotherapie 157

9. Der Traum und das Traumverstehen 160
   Das gesprächspsychotherapeutische Traumkonzept 161
      Das phänomenologische Symbolverstehen 162
      Die progressive Tendenz 162
      Die Traumgestalten als Aspekte des Selbst 163
      Die Darstellung des Gegenteils und die kompensatorische
      Funktion des Traumes 163
   Interventionen in der Arbeit mit Träumen 165
      Erfassen der Traumstimmung 165
      Konkretisieren 165
      Traumhandeln 166
      Erfassen der Reaktion auf die Traumgeschichte 166
      Strukturieren der Traumthemen 167
      Interpretieren 167

10. Rahmenbedingungen der gesprächspsychotherapeutischen Praxis 170
    Voraussetzungen und Organisationsformen für die Durchführung
    von Gesprächspsychotherapie 170
    Die Ausbildung zum Gesprächspsychotherapeuten 172

Literatur 173

Sachverzeichnis 183

1. Die Gesprächspsychotherapie: Ein Modell einer erlebnisaktivierenden und einsichtsorientierten Psychotherapie

Die Gesprächspsychotherapie wurde vor über einem halben Jahrhundert unter dem Leitbegriff der Nicht-Direktivität gegründet. Das meinte, daß der Therapeut sich jeder direkten Lenkung des Patienten durch Handlungsanweisungen, Ratschläge usw., aber auch jeder indirekten Beeinflussung durch erklärende oder wertende Kommentare enthalten sollte. Dieses Konzept ging von der Grundannahme einer Tendenz zur Selbstentfaltung und konstruktiven Autonomie in jedem Menschen aus, die durch eine akzeptierend-bejahende und verständnisvolleinfühlsame Grundhaltung des Therapeuten nur angeregt werden müsse.

In einer zweiten, der sog. gefühlsverbalisierenden, Entwicklungsphase dieses Verfahrens wurde die Rolle des Therapeuten aktiver gesehen: Der Therapeut sollte „in die Haut des Klienten schlüpfen" (Rogers 1977 / ¹1975). Er sollte die inneren Regungen des Patienten, seine gefühlshaften Reaktionen und spontanen Bedeutungszuschreibungen im Akt eines sich identifizierenden Miterlebens nachvollziehen. Der Therapeut sollte „eintauchen in die innere Welt des Klinten" (Rogers, 1977 / ¹1975), sich in die Welt der bildhaften Phantasien des Patienten begeben und die Art ihrer Gestaltung und den Sinn ihrer Abfolge zu verstehen suchen. Der Therapeut sollte so zu einem „Alter ego" des Patienten werden, ein Doppel-Ich, in dem der Patient sich spiegeln kann. Als wichtiges Moment der Therapie wird dabei die emotionale und kognitive Auseinandersetzung mit diesem Spiegelbild gesehen.

Bei dieser Spiegelung gibt es keine fest umrissene Gestalt, die im Abbild des Spiegels möglichst „realitätsgerecht" zu erfassen wäre, sondern es gibt nur Fragmente, verschiedene Facetten einer zu erahnenden Gestalt, die sich erst durch das geduldig-liebevolle Spiegeln langsam herauskristallisieren soll. Die festumrissene Gestalt im Sinne eines Identität definierenden Entwurfes („„das Selbst zu sein, das man in Wahrheit ist", Kierkegaard-Zitat durch Rogers, 1973 b) konstituiert sich erst im Abbild des Spiegels. Durch das verstehende Spiegeln wird Identität geschaffen. Dieses Spiegeln besteht in einem einfühlenden Verstehen.

Die zwei Komponenten dieses Merkmals, das Einfühlen und das Verstehen machen den Zusammenhang von emotionalen und kognitiven Elementen deutlich. Im einfühlenden Mitvollzug kommt es zu einer partiellen Identifizierung und ansatzweise auch zu einer sich gegenseitig bedingenden Gefühlsansteckung zwischen Therapeut und Patient. Diese nicht nur beobachtende, sondern sich involvierende Teilhabe des Therapeuten ermöglicht dem Patienten ein neues Erleben und Wahrnehmen von bisher verleugneten Gefühlen. Durch die Tätigkeit des Verstehens versucht der Therapeut zusammen mit dem Patienten Konturen und Sinnlinien zwischen Gefühlen und inneren Bildern nachzuzeichnen und so ihre Zusammenhänge zu erfassen. Durch die Reaktivierung von Gefühlen und das damit einhergehende Vergegenwärtigen von spontanen Bedeutungszuschreibungen des Patienten soll die konfliktbedingte Desintegration wichtiger Erfahrungsbereiche und die Verzerrung zentraler Erlebnismuster aufgehoben werden. Bei diesem Vorgehen wird Einsicht in erlebnisnaher Weise vermittelt.

Dieser Vermittlungsprozeß setzt natürlich voraus, daß keine komplette Identifizierung im Sinne einer totalen Verschmelzung zwischen Therapeut und Patient stattfindet. Durch die Bewegung des Therapeuten von der Identifizierung zu einer gewissen Distanzierung lernt der Patient, auch verstehende Distanz zu sich selbst zu gewinnen.

Neben dieser durch Einfühlung und Verstehen zu charakterisierenden Position ist in der Gesprächspsychotherapie, vermittelt durch das Therapieprinzip „Echtheit", noch eine andere Position vorgesehen, die des Dialogs, der Gegenüberstellung von Therapeut und Patient, der Begegnung von „Person zu Person". Versuchte in der erstgenannten Position der Therapeut vorwiegend aus dem Bezugssystem des Patienten heraus zu verstehen, so rekurriert er nun auf sein eigenes Bezugssystem und stellt sich als authentische Person dem Patienten gegenüber. Vom sich identifizierenden Verstehen wechselt der Therapeut zum konfrontierenden Verstehen, von der einfühlenden zur dialogischen Haltung. Der Patient soll sich nun nicht mehr nur gewissermaßen in einem Doppel-Ich, in einem Alter ego spiegeln, sondern in der Gegenwärtigkeit eines anderen. Der Patient ist aufgefordert, sich mit den Reaktionen, die er in einem anderen auslöst und mit dem Anspruch, den ein anderer durch sein konkretes Zugegensein stellt, auseinanderzusetzen. Dieser Anspruch soll für den Patienten ein Stimulus zur Selbsterkundung sein.

Die „Kunstfertigkeit" des Therapeuten besteht nun darin, sich zwischen diesen beiden polaren Grundhaltungen je nach den Erfordernissen der Situation angemessen hin- und herbewegen zu können. Um dies zu gewährleisten, um überhaupt beide Positionen dem Patienten gegenüber realisieren zu können, muß der Therapeut über eine Technik verfügen. Neben der Therapietheorie und und den Thgerapieprinzipien (= die drei Basismerkmale oder Grundhaltungen der Gesprächspsychotherapie) ist die Therapietechnik das dritte Element einer Therapiemethodik.

Innerhalb der Vertreter der Gesprächspsychotherapie ist allerdings die Meinung hinsichtlich der Bedeutung und der Notwendigkeit, eigens eine Therapietechnik im Sinne eines Systems von Interventionskategorien herauszubilden, nicht ganz einheitlich. Es wird hier auch die Position vertreten, das für einen konstruktiven Therapieverlauf einzig das Gelingen der therapeutischen Beziehung bzw. das angemessene, sich aus der Therapietheorie ergebende Beziehungsangebot des Therapeuten entscheidend sei (Biermann-Ratien, Eckert, Schwartz 1979). In solchen Überlegungen wird das Verhältnis von therapeutischem Beziehungsangebot und therapeutischer Technik in fast polarer Gegenüberstellung, zumindest in einer deutlichen Unterschiedenheit gesehen.

Diese Differenzierung von Beziehung und Technik spielt allerdings auch in der Psychotherapieforschung allgemein, namentlich bei der Frage, was das wirksame Agens von Psychotherapie sei, eine Rolle. Hier geht es vor allem um die Fragestellung, ob für das Therapieergebnis in erster Linie die gezielte, spezifische Interventionsstrategien und -techniken oder aber sehr allgemeine Faktoren, die man etwa als therapeutisches Klima oder eben als Merkmale einer guten Beziehung beschreiben könnte, verantwortlich seien. Viele Forschungsergebnisse sprechen hier für die herausragende Bedeutung der therapeutischen Beziehung, die Rolle von spezifischen Therapietechniken als wirksames Agens konnte demgegenüber bisher kaum nachgewiesen werden (Strupp, 1973; Hoffmann 1987; Tscheulin 1992). Da andererseits eine generelle Überlegenheit eines bestimmten Therapieverfahrens über ein anderes bisher nicht nachgewiesen werden konnte (Luborsky, Singer, Luborsky 1975; Meyer 1988; Meyer et al. 1991) ging man von der Hypothese aus, daß die Merkmale einer konstruktiv wirksamen Beziehung bei den verschiedenen Psychotherapieverfahren sehr ähnlich sind, daß also bei allen Therapien gemeinsame Faktoren (common factors) für ein jeweils positives Therapieergebnis verantwortlich sind (Enke u. Czogalik 1993). So ist auch des öfteren versucht worden, diese gemeinsamen, allgemeinen Wirkfaktoren genauer zu benennen. Yalom (1974) stellte für die Gruppenpsychotherapie 12 Faktoren zusammen, die sich aber z.T. inhaltlich überlappen. Unter anderem folgende: Universalität des Leidens, Einflößen von Hoffnung, Identifikation, Katharsis, Einsicht, existentielles Bewußtwerden, interpersonales Lernen.

     Pfeiffer (1991b) machte folgende Aufstellung allgemein wirksamer Faktoren:
1. Mobilisieren der Zuversicht und Veränderungsbereitschaft,
2. Aufnehmen einer emotional bedeutsamen Beziehung,
3. Interpretation des Leidens und der Therapie nach einem plausiblen, der kulturellen Situation entprechenden Konzept,
4. „Auftauen" verfestigter Erlebens und Verhaltensmuster,
5. korrigierende emotionale Erfahrungen mit Umstrukturierung.

Die Bedeutsamkeit dieser allgemeinen Wirkfaktoren wird durch viele Studien in der Psychotherapieforschung hervorgehoben. Insbesondere wird hier immer wieder auf die Bedeutung jener „Beziehungsfaktoren" hingewiesen, die konstitutiv für das Beziehungsangebot in der Gesprächspsychotherapie sind: „Gegenseitige Achtung und Respekt, empathische Resonanz und Sympathie, gegenseitige Bestätigung und Verpflichtung sowie Offenheit" (Orlinsky u. Howard 1986).
     Dies bedeutet aber nicht schon, daß etwa alle Psychotherapeuten das gleiche machen bzw. machen sollten. Es gibt vielmehr Hinweise darauf, daß es für die Wirksamkeit einer Therapie eine bestimmte Passung geben muß zwischen den allgemeinen Wirkfaktoren bzw. der Akzentuierung bestimmter Allgemeinfaktoren einerseits und der verfahrensspezifischen Interventionstechnik andererseits (Meyer 1990; Tscheulin 1992). Diese Interpretation läuft darauf hinaus, daß die verfahrensspezifische Therapietechnik doch eine bestimmte, wenn auch noch nicht ganz geklärte Bedeutung für den Therapieprozeß hat. Auch ist geltend gemacht worden, daß die Bedeutung der Therapietechnik möglicherweise wegen ihrer unzureichenden meßmethodischen Erfassung in den jeweiligen Untersuchungen oder aber durch ihren ungenügend präzisen Einsatz seitens der beteiligten Therapeuten bisher nicht eindeutig nachgewiesen werden konnte (Strupp 1973).

In der vorliegenden Schrift wird, wie in anderen, neueren Publikationen zur Gesprächspsychotherapie auch (Sachse u. Maus 1991; Sachse 1992; Swildens 1991; Tscheulin 1992), ein „Technik-Modell" insofern vertreten, als hier ein System verschiedener Interventionskategorien vorgelegt wird. Die Begründung hierfür wird, jenseits der ausstehenden wissenschaftlichen Bestätigung, rein pragmatisch gesehen: Ein Therapieverfahren muß zunächst lehrbar sein (Finke 1990a). Da die Vermittlung eines bestimmten Beziehungsangebotes an bestimmte Verhaltensweisen, Redewendungen usw. gebunden ist, bedeutet dies die Notwendigkeit einer Beschreibung von Interventionen, mit deren Hilfe die erwünschte Beziehung am besten zu realisieren ist. Die Interventionstechnik stellt dann, in Umkehrung vieler althergebrachter Meinungen über ihren Stellenwert, den Rahmen bereit, innerhalb dessen sich eine konstruktive Beziehung entfalten kann (Enke u. Czogalik 1993). Das Besondere in der gesprächspsychotherapeutischen Ausbildungstradition (zumindest im deutschen Sprachraum) bestand ja auch von jeher in dem Gewicht, das der übenden Ausformung gesprächspsychotherapeutischer Fähigkeiten zugemessen wurde. In dieser Ausbildung hatten nicht nur die Theorievermittlung einerseits und Selbsterfahrungsaktivitäten andererseits (Lehrtherapie, Gruppenselbsterfahrung, patientenzentrierte Selbsterfahrung) ihren Platz, sondern es wurde immer ein ganz besonderer Wert auf das „dritte Bein" dieser Ausbildung gelegt: Das Training von Gesprächstechniken bzw. die übende Ausformung von Fertigkeiten, das Beziehungsangebot in Form der drei Basismerkmale *Bedingungsfreies Akzeptieren*, *Einfühlendes Verstehen* und *Echtheit* angemessen zu vermitteln. Diese Position ging von der naheliegenden Vorstellung aus, daß die Einsicht in eigene persönliche Schwierigkeiten sowie die hierdurch angestrebte Überwindung von bestimmten Einstellungsstereotypien einerseits und der Erwerb von theoretischem Wissen andererseits nicht schon allein zum subtilen Umgang mit unterschiedlichen Beziehungssituationen befähigen. Da außerdem nachgewiesen werden konnte, daß vor allem das vom Patienten *wahrgenommene* Beziehungsangebot die wirksame Größe darstellt (Tscheulin 1992), kommt es eben sehr auf die präzise Ausformung nötiger Vermittlungstechniken an.

Des weiteren spricht vieles dafür, daß das Beziehungsangebot des Therapeuten nicht stets völlig gleichförmig sein sollte, sondern sich hinsichtlich der Gewichtung seiner einzelnen Faktoren auf die spezifische therapeutische Situation ausrichten sollte. Tonbandmitschnitte von Therapiesitzungen legen nahe, daß Gesprächspsychotherapeuten sich auch tatsächlich derart differenziert verhalten. So handelt es sich bei der gesprächspsychotherapeutischen Behandlungspraxis nicht um eine „Einheitstechnik", sondern um ein stets differenzierendes Vorgehen, das auf die jeweilige therapeutische Situation Bezug nimmt. Diese Situation wird konstelliert durch die jeweilige Phase des Therapieprozesses, die Persönlichkeitsstruktur des Patienten (und des Therapeuten) und das interaktionelle Geschehen.

Die Therapietechnik ist aus den drei gesprächspsychotherapeutischen Basismerkmalen, die als Therapieprinzipien zu verstehen sind, abzuleiten. Je nach den Besonderheiten der therapeutischen Situation gewinnen bestimmte Aspekte eines Therapieprinzips eine besondere Bedeutung. In der Akzentuierung dieser

Aspekte und ihrer kommunikativen Vermittlung in genau zu benennenden Interventionsformen besteht die gesprächspsychotherapeutische Methodik. Insofern ist die Gesprächspsychotherapie von Anfang an eine differentielle Therapie, oder anders gewendet, sie ist, zumindest innerhalb gewisser Grenzen, den Implikationen eines adaptiven Indikationsmodells (Zielke 1979) verpflichtet. Aus diesen Überlegungen ergibt sich auch eine Relativierung der Entgegensetzung von „Beziehung" und „Technik".

Schließlich wirkt das anerkannte, verfahrensspezifische System von Interventionskategorien, also die Therapietechnik, in dem gleichen Sinne identifikationsstiftend, wie dies die verfahrenstypische Therapietheorie und Krankheitslehre auch tun. Die Behandlungstechnik des Verfahrens stellt, ebenso wie die Therapietheorie, den „Ordnungsraum" dar, innerhalb dessen sich Therapeuten nach außen hin abgrenzen, untereinander verständigen und, in der Supervision, auch gegenseitig kontrollieren.

2. Ideengeschichtliche und persönlichkeitstheoretische Fundamente der Gesprächspsychotherapie

Aus der Persönlichkeits- und Neurosentheorie eines Verfahrens ist seine Therapietheorie abzuleiten. Diese enthält allgemeine Grundannahmen über die Art der Wirksamkeit dieses Verfahrens. Aus diesen Grundannahmen sind dann wiederum die Therapieprinzipien abzuleiten, letztere beinhalten Grundregeln der therapeutischen Praxis, die im Falle der Gesprächspsychotherapie überwiegend auf der Ebene von Einstellungen bzw. Haltungen des Therapeuten formuliert sind. Aus diesen Prinzipien wiederum ist dann das konkrete therapeutische Vorgehen, die Behandlungstechnik, herzuleiten.

Die Grundannahmen über die Möglichkeit des therapeutischen Zugangs sind natürlich eng mit den anthropologischen Grundpositionen eines Verfahrens verbunden bzw. leiten sich direkt aus diesen her. So scheint es wichtig, auch diese Positionen anzudeuten und vor allem auch durch einen geschichtlichen Rückblick die Wurzeln einer bestimmten Therapietheorie, hier der Gesprächspsychotherapie, aufzuhellen.

Geschichtlicher Rückblick

Die klientenzentrierte Gesprächspsychotherapie wurde in den 40er Jahren dieses Jahrhunderts von dem Amerikaner Carl Ransom Rogers (1902–1987) begründet. Auf die Frage, worin denn die Umstände und die Herausforderungen bestanden, die Anstoß zu dieser Gründung gaben, wäre einmal auf die Biographie von Rogers Bezug zu nehmen. Es ist hier auf das von strenger und wohl auch etwas düsterer Religiosität geprägte Elternhaus zu verweisen, das ihm wohl einerseits den tiefen Respekt vor der Würde der menschlichen Person einprägte, das ihn andererseits aber auch wegen seiner Enge und moralischen Rigorosität zu Protest herausforderte. Daß er später das absolut bedingungsfreie Akzeptieren des anderen und die Wahrung seiner Freiheit so sehr herausstellte, mag in dieser ursprünglichen Protestbewegung wurzeln. Diese Spur soll hier aber nicht weiter verfolgt werden. Da sich diese Schrift zum Ziel gesetzt hat, zumindest gelegentlich auch die Verbindung des Ansatzes von Rogers zu anderen psychotherapeutischen, aber auch philosophischen Richtungen herauszustellen, soll bei der Frage nach den entscheidenden Einflüssen und Anstößen der Blick eher auf die wissenschaftlich-psychotherapeutische Situation der Zeit gelenkt werden.

Der junge Rogers hatte sich am Ende der 20er und zu Beginn der 30er Jahre mit zwei Strömungen auseinanderzusetzen: mit der streng scientistisch eingestellten, auf Psychometrie und Statistik pochenden Psychologie und mit der Psychoanalyse. „Mit großem Interesse" nahm Rogers (1973b / [1]1961) als junger

Assistent am Institute for Child Guidance in New York die psychoanalytischen Lehrmeinungen auf und empfand einen „starken Widerspruch zu dem rigorosen, naturwissenschaftlichen, kalt-objektivierenden, statistischen Standpunkt" der empirischen Psychologie. An der Psychoanalyse faszinierte ihn die intensive Beschäftigung mit dem Schicksal des einzelnen, irritierend empfand er jedoch eine gewisse Willkürlichkeit eines ihm manchmal uferlos erscheinenden Theoretisierens, hinter der ihm die Einmaligkeit der Person des konkreten Patienten zu verschwinden drohte.

Dieser Haltung von Rogers lag natürlich seine Prägung durch den Pragmatismus (für Rogers wichtige Vertreter waren W. James und vor allem J. Dewey) zugrunde. In der Konsequenz einer solchen Position lag es, unmittelbar nach den Bedingungen therapeutischen Handelns selber zu fragen.

Für die Begründung solchen Handelns ist demzufolge der empirische Nachweis seiner Effektivität mindestens ebenso wichtig wie seine theoretische Fundierung. Diese vom positivistischen Pragmatismus eines Dewey geprägte Einstellung ließ Rogers bald nicht mehr nur nach dem Ausweis der Effektivität von Psychotherapie fragen. Vielmehr beschäftigte ihn mehr und mehr das Problem, was eigentlich in der Psychotherapie das wirksame Agens ist. Sind es Belehrungen und Ratschläge, ist es die Vermittlung von Erkenntnissen über Charakterstruktur und Einstellungen des Patienten, ist es die therapeutische Beziehung als solche, etwa das Erleben des Getragen- und Geführtwerdens durch eine starke Therapeutenpersönlichkeit? Um einer Antwort auf solche Fragen näherzukommen, begannen Rogers und seine Mitarbeiter von Therapiegesprächen systematisch Tonaufnahmen anfertigen zu lassen. Dies war für die damalige Zeit schon beinahe revolutionär, galt doch die Exklusivität und Intimität der psychotherapeutischen Situation in einem sehr weitgehenden Sinne als unantastbar. Zwar hatte schon 1933 ein Psychoanalytiker namens E. Zinn (Thomä u. Kächele 1989) dieses Tabu durchbrochen, also Tonaufnahmen von therapeutischen Sitzungen angefertigt, jedoch ohne diese systematisch auszuwerten. Gerade darum aber ging es Rogers. Er ließ diese Aufnahmen hinsichtlich der Frage einschätzen, in welchem Ausmaß bestimmte Therapeutenmerkmale auftraten und ermittelte dann deren Korrealation mit dem Therapieergebnis. Dies führte zu der Proklamation der drei sog. Basismerkmale bzw. der drei Therapieprinzipien: *Bedingungsfreies Akzeptieren, Einfühlendes Verstehen* und *Echtheit* als entscheidende Bedingungen einer erfolgreichen Psychotherapie. Mit diesem Vorgehen hat Rogers spätere Forschungsansätze der sog. Psychotherapie-Prozeßforschung vorweggenommen. Er kann als einer der Begründer der empirischen Psychotherapieforschung gelten. Dieser Verdienst wird ihm inzwischen auch von seiten der Psychoanalyse zugesprochen (Meyer 1991, 1993).

Das Tonbandprotokoll ist so von Anfang an integraler Bestandteil der Gesprächspsychotherapie gewesen, und zwar wurde es nicht nur zu Forschungs-, sondern auch zu Ausbildungs und Supervisionszwecken eingesetzt. Der Gesprächspsychotherapie kommt es darauf an, den in Ausbildung befindlichen Therapeuten in der Supervision erfahren zu lassen, „was wirklich in seiner Therapie geschieht". Dies bedeutet, mit ihm nicht nur über das erinnerte Patientenverhalten und seine Einstellungen zum Patienten zu reden, sondern mit ihm auch die faktisch abgelaufene, audio-visuell dokumentierte Interaktion zu beobachten und so sein eigenes Therapeutenverhalten einer Betrachtung zugänglich zu machen. Auch in die Psychoanalyse beginnt übrigens das elektronische Protokoll der Therapiesitzungen sowohl aus Forschungs- wie aus Ausbildungsgründen inzwischen Eingang zu finden, und die Bedeutung dieses Schrittes wird dort unter verschiedensten Aspekten diskutiert (Thomä u. Kächele 1989).

Die Prägung durch den Pragmatismus zeigt sich bei Rogers also darin, daß bei ihm nicht eine weitverzweigte Theorie den Ausgangspunkt therapeutischer Überlegungen bildet, sondern daß sich solche Überlegungen zwar einerseits aus einem bestimmten anthropologischen und neurosentheoretischen Vorverständnis heraus ergeben, andererseits aber in einem unmittelbaren Bezug zur therapeutischen Praxis und ihrer Evaluation stehen. Dieses Vorgehen, ein Therapieverfahren zunächst rein pragmatisch, also durch die Überprüfung seiner Wirkung, zu bestätigen, ist für die Medizin keineswegs untypisch. Ein Beispiel wäre hier die Psychopharmakotherapie, die ihre herausragende Stellung nicht ätiologischen Einsichten, sondern ausschließlich einem ausgefeilten System empirischer Überprüfungen ihrer Wirksamkeit verdankt.

Andererseits kann nicht übersehen werden, daß die Gesprächspsychotherapie als ein psychotherapeutisches Verfahren auch aus bestimmten anthropologischen Grundannahmen und persönlichkeitstheoretischen Überlegungen entwickelt wurde, wie im Folgenden zu zeigen sein wird. Dennoch erscheint es in Bezugnahme auf den genannten pragmatischen Ansatz berechtigt, auch diese Schrift nicht etwa mit der Krankheits-, sondern mit der Behandlungslehre zu eröffnen. Diese Lehre gliedert sich in die Therapietheorie, die Therapieprinzipien und die Therapiepraxis. Bei der Darstellung der Therapietheorie werden natürlich auch schon ansatzweise bestimmte Aspekte der Krankheitslehre zu Wort kommen. Darüber hinaus erfordert diese Darstellung an einigen Punkten eine Skizzierung des wissenschaftstheoretischen Hintergrundes, sowohl um das Anliegen der Gesprächspsychotherapie verständlich zu machen als auch um sie als Therapieverfahren ideengeschichtlich zu „verorten".

Therapieziele

Die Behandlungsziele eines Psychotherapieverfahrens offenbaren sehr unmittelbar dessen Menschenbild. Andererseits soll die Theorie dieses Verfahrens Rechenschaft über die Behandlungsziele geben und sodann die Wege begründen, die zu diesen Zielen führen können. Mit allen sog. einsichtsorientierten Psychotherapieverfahren teilt die Gesprächspsychotherapie die Vorstellung, daß das Ziel des therapeutischen Bemühens die Aufhebung der Selbstentzweiung und Selbstentfremdung des Individuums sein müsse sowie seine Befreiung aus undurchschauten, inneren Zwängen. Der Weg dahin wird in einer Vermittlung von Einsicht als kognitives und emotionales Geschehen gesehen. Unterschiede zwischen den verschiedenen einsichtsorientierten Verfahren bestehen sowohl in unterschiedlichen Ansichten darüber, was Gegenstand solcher Einsicht sein kann und sein muß und wie die Vermittlung solcher Einsicht im einzelnen zu erfolgen hat.

Bei der Darstellung gesprächspsychotherapeutischer Therapieziele muß zunächst hervorgehoben werden, daß dieses Verfahren nicht in erster Linie auf eine Beseitigung der Symptomatik zielt, die für den Patienten oft der Anlaß war, eine Behandlung aufzusuchen. Vielmehr strebt sie eine Entwicklung der Persönlichkeit an (Rogers 1973b / [1]1961). Sie geht dabei von der Grundannahme aus, daß die Symptome Folge einer Fehlentwicklung bzw. einer Entwicklungshemmung sind und sich deshalb durch eine Korrektur dieser Entwicklungsstörung auflösen. (s. Kap. 5). Die Gesprächspsychotherapie ist in diesem Sinne ein ätiologisch-kausales (Faber u. Haarstrick 1989) und kein symptombezogenes Behandlungskonzept. Es müssen sich allerdings Bedenken erheben, wenn die Zielsetzung der Persönlichkeitsentwicklung verabsolutiert und von den häufig primär für den Patienten relevanten Zielen der Symptomfreiheit abgekoppelt würde. Unter dem Vorbehalt, lediglich in der Realität nie ganz zu erreichende Orientierungsmarken zu sein, müssen die zum Teil sehr weitgehenden Therapieziele gesehen werden, die Rogers (1973b / [1]1961) herausgestellt hat:

Autonomie und innere Freiheit

Das wohl entscheidenste Ziel, das alle anderen Therapieziele mitbedingt, ist für die Gesprächspsychotherapie die innere Unabhängigkeit und Autonomie. Der Patient sollte sich von den verinnerlichten, elterlichen Normsetzungen distanzieren bzw. diese kritisch prüfen können. Dies bedeutet eine Lösung vom Automatismus des „eigentlich sollte ich". Der Patient sollte die innere Freiheit erlangen, seine eigenen Ideale auf ihre multiplen Funktionen hin hinterfragen zu können und andererseits seine Bedürfnisse und Neigungen unverstellt wahrnehmen zu können.

Selbstannahme

Der Patient soll sich selbst, seine Erlebnisweisen, Bedürfnisse und Intentionen besser akzeptieren können. Dies erfordert eine tolerantere Selbstbewertung und eine Reduzierung der Diskrepanz von Selbstbild und Selbstideal (s. Kap. 5). Durch diese größere Toleranz und Gelassenheit in der Selbstbeurteilung wird der Patient auch mehr Selbstvertrauen entwickeln können. Ein solch von Gelassenheit geprägtes Selbstvertrauen wird ihm andererseits auch eine Hilfe sein, auf Größenphantasien verzichten zu können.

Identität

Die innere Freiheit und das Selbstvertrauen werden dem Patienten auch helfen, seine Fassaden abzulegen. „Weg von den Fassaden" (Rogers 1973b): Der Patient soll sich zu sich selbst, auch zu seinen Schwierigkeiten und zu dem Gesamt seiner Lebensgeschichte bekennen und so authentisch sein können. Dadurch erst kann der Mensch zu sich selber kommen, kann er beginnen, sich selbst zu wollen, entsprechend der Forderung Kierkegaards, den Rogers in diesem Zusammenhang zitiert: „Das Selbst zu sein, das man in Wahrheit ist." (Rogers 1973b / [1]1961) Erst wenn der Mensch die Diskrepanz zwischen „organismischem" und zunächst weitgehend unbewußtem Erleben einerseits und dem Selbstkonzept andererseits überwinden kann, kann er seine Selbstentfremdung aufheben, kann der Prozeß der Selbstverwirklichung einsetzen (Rogers 1987 / [1]1959).

Erfahrungsoffenheit

Das Mit-sich-selbst-in-Übereinstimmung-Sein, das Mit-sich-selbst-identisch-Sein setzt Selbsterkenntnis, Selbsterfahrung, Selbsterhellung voraus. Der Patient muß zu einer „offenen, freundlichen, engen Beziehung zu seinem eigenen Erleben" (Rogers 1973b / [1]1961) kommen. Er muß sich selbst gegenüber offen sein, muß den Strom seines unmittelbaren Erlebens stets vergegenwärtigen können. Dies wird ihm ermöglichen, auch nach der Therapie die stete Auseinandersetzung mit sich selbst (und auch dem je bedeutsamen anderen) fortsetzen zu können.

Entwicklung zum Prozeßsein

Der Neurotiker ist nach Rogers auf bestimmte Erlebensmuster, auf bestimmte Denkstrukturen und Einstellungen fixiert. Er kann wegen dieser Rigidität auch keine wirklich neuen Erfahrungen machen. Das Ziel der Therapie muß deshalb die Möglichkeit zu einem ständigen Neubeginn beinhalten, es muß die Möglichkeit ständiger Entwicklung eröffnet werden. Das Wesen des gesunden Menschen, der „fully functioning person" ist nach Rogers nicht als Struktur, sondern als Prozeß, als ein ständiges Werden zu verstehen.

Beziehungsfähigkeit

Das sich selbst akzeptierende Individuum kann auch die anderen besser akzeptieren, die für sich selbst offene Person kann auch die Bedürfnisse und Interessen anderer besser wahrnehmen. Sie kann sich zur Wahrung ihrer eigenen Bedürfnisse abgrenzen, ohne dabei die Berechtigung der Interessen anderer negieren zu müssen. Das in steter Entwicklung befindliche Individuum kann auch sein Verhältnis zu anderen in konstruktiver Weise stets neu definieren. Mit der Möglichkeit, für andere in der Begegnung von „Person zu Person" offen und auch sorgend da zu sein, kann der Mensch sich erst ganz erfüllen.

Die Gesprächspsychotherapie und die humanistische Psychologie

Die Darstellung von Behandlungszielen läßt schnell die Frage nach dem philosophischen Horizont, nach dem geistesgeschichtlichen Zusammenhang aufkommen, aus dem sich bestimmte Grundannahmen über psychotherapeutische Zielsetzungen und Einflußnahmen ableiten lassen. Im Falle der Gesprächspsychotherapie wäre hier die „humanistische Psychologie" zu nennen, eine Bewegung, die sich in den 50er Jahren in den USA formierte und sich als dritte Kraft neben Behaviourismus und Psychoanalyse verstand. Dem vermeintlich naturalistischen und somit reduktionistischen Menschenbild dieser letztgenannten Richtungen wollte sie ein humanistisches, d. h. betont personales Konzept entgegensetzen. In diesem Personalismus (Rogers u. Schmid 1991) wurde die Würde und Freiheit der menschlichen Person hervorgehoben, die bestimmt ist von Werterleben, Zielgerichtetheit und Sinnstreben. Selbstverwirklichung und das Erleben von Erfüllung und Kreativität werden als grundlegende Motive menschlichen Handelns angesehen. Aus heutiger Sicht wäre freilich auf Erweiterungen und Modifizierungen sowohl innerhalb der Psychoanalyse wie der Verhaltenstherapie hinzuweisen, die eine so schroffe Entgegensetzung zur humanistischen Psychologie nicht mehr gerechtfertigt erscheinen lassen. Neben Rogers sind als namhafteste Vertreter dieser Bewegung zu nennen (Quitmann 1985): K. Goldstein (1878−1965, geprägt von der Berliner Schule der Gestaltpsychologie), F. Perls (1893−1970, ebenfalls von der Gestaltpsychologie beeinflußt), Ch. Bühler (1893−1974), A. Maslow (1908−1970), E. Fromm (1900−1980), R. Cohn (*1919).

Wissenschaftstheoretisch wird von den Vertretern der humanistischen Psychologie eine phänomenologische und idiographische Position eingenommen, was jedoch die empirische und nomothetisch orientierte Erforschung von Teilaspekten menschlichen Verhaltens nicht ausschließt. Es wird jedoch der Ausschließlichkeitsanspruch naturwissenschaftlich inspirierter Verfahren zurückgewiesen, weil sie letzten Endes eine Verstümmelung der sehr komplexen Prozesse menschlichen Erlebens und Verhaltens bedeuten (Thomae 1991) und nicht geeignet sind, den Menschen in seiner Subjektivität und individuellen Einmaligkeit zu erfassen.

Die humanistische Psychologie bezog ihr Ideengut aus verschiedenen psychologischen und philosophischen Strömungen bzw. hat sich zum Teil parallel und in Korrespondenz zu diesen Strömungen entwickelt. Besonders sind hier die Gestaltpsychologie der Berliner Schule (M. Wertheimer, K. Koffka, W. Köhler, K. Goldstein), die Lebensphilosophie (H. Bergson, W. Dilthey, L. Klages, W. James), die Phänomenologie (E. Husserl, M. Scheler, W. James) sowie die Existenzphilosophie (M. Heidegger, K. Jaspers, J.-P. Sartre, M. Merleau-Ponty) zu nennen.

Diese verschiedenen Einflüsse sind bei den einzelnen Vertretern der humanistischen Psychologie natürlich mit jeweils unterschiedlicher Akzentuierung aufgenommen worden. Dennoch läßt sich sagen, daß neben den schon genannten Gemeinsamkeiten sich bei vielen eine mehr oder weniger optimistische Sicht des Menschen zeigt, es fällt hier die Neigung zu einem utopischen Entwurf menschlicher Vervollkommnung und Entwicklungsmöglichkeiten auf.

E. Fromm und R. Cohn, die oben als Vertreter der humanistischen Psychologie benannt wurden, werden auch dem Umkreis der Psychoanalyse zugerechnet. Das zeigt ebenfalls, daß eine strenge Abgrenzung der humanistischen Psychologie gegen die Psychoanalyse fragwürdig ist. Einigermaßen berechtigt könnte sie höchstens sein in bezug auf bestimmte Positionen der Freudschen Metapsychologie. Inwieweit sich andererseits speziell auch in der Therapietheorie Rogers Gemeinsamkeiten mit manchen Richtungen der Psychoanalyse finden, wird noch zu besprechen sein. Neben solchen Parallelen zur Psychoanalyse finden sich solche vor allem auch zur sog. anthropologischen Psychotherapie (V.E. v. Gebsattel, D. Wyss), zur Daseinsanalyse (L. Binswanger, M. Boss) und zur Logotherapie (V. Frankl).

Die unterschiedlichen Strömungen in der Gesprächspsychotherapie

Bei der oben dargestellten Verbindung von Gesprächspsychotherapie und humanistischer Psychologie wurde vor allem auf die theoretischen Positionen des Gründers dieses Verfahrens, Rogers, rekurriert. Die Weiterentwicklung der Gesprächspsychotherapie, namentlich im deutschen Sprachraum, läßt jedoch Ausdifferenzierungen von Strömungen erkennen, die sich zum Teil von vielen persönlichkeits- und therapietheoretischen Grundpositionen Rogers' entfernt haben. Im Folgenden seien diese Richtungen kurz skizziert, um dann deutlich zu machen, von welcher Position in dieser Schrift ausgegangen wird.

Die lernpsychologisch orientierte Gesprächspsychotherapie

Die Wirkweise der Gesprächspsychotherapie wird hier unter dem Aspekt von Konditionierungen erläutert, so dem der Gegenkonditionierung (das Akzeptieren und Wertschätzen des Patienten wirkt Ängsten und Schuldgefühlen entgegen), dem des operanten Konditionierens (Belohnung von erwünschten Verhaltensweisen durch Zuwendung des Therapeuten) und dem des Diskriminationslernens (Ausformung eines differenzierenden Wahrnehmens von Belastungsfaktoren und eigenen emotionalen Reaktionen). Dieser Ansatz ist am dezidiertesten von D.G. Martin (1975) herausgearbeitet worden, der hierbei auch ein lerntheoretisch definiertes Konfliktmodell vertritt. Insgesamt ist zu sagen, daß sich solche lerntheoretischen Umformulierungsversuche weit von den persönlichkeits- und therapietheoretischen Positionen Rogers' entfernt haben. So werden hier zwar die Therapietechnik und, bis zu einem gewissen Grad, auch noch die Therapieprinzipien von Rogers übernommen, ihnen wird aber eine völlig andere Begründung gegeben. Diese Ausrichtung dürfte heute eine geringe Rolle spielen.

Die kognitionspsychologisch orientierte Gesprächspsychotherapie

Die Wirkung der Gesprächspsychotherapie wird hier in einer Optimierung der Informationsverarbeitung durch die Verstehensangebote des Therapeuten gesehen. Die Therapie bewirkt demnach im Patienten eine Neuorganisation von kognitiven Schemata, die ihrerseits verhaltens- und erlebnissteuernd wirkt. Begründer dieser Richtung ist Wexler (1974), ein unmittelbarer Schüler von Rogers.

Diese kognitionspsychologische Richtung steht dem Ansatz von Rogers noch wesentlich näher als die lerntheoretische Umformulierung. Sie konzipiert das Individuum nicht als passives Objekt von Reiz-Reaktionsverknüpfungen, sondern betont die ursprüngliche Aktivität des Individuums, die es spontan nach Stimulation suchen läßt.

Nun ist aber andererseits die kognitive Psychologie keinesfalls eine einheitliche Richtung (Queckelberghe 1979), und demzufolge sind auch ihre gesprächstherapeutischen Vertreter unterschiedlich zu bewerten. Die sog. kognitiven Lerntheorien sind wegen ihrer insgesamt behaviouristischen Zentrierung der schon genannten lernpsychologischen Orientierung zuzuordnen. Aber auch die eindeutig informationstheoretisch ausgerichtete Orientierung bleibt insofern mechanistischen Prinzipien verhaftet, als hier kognitive Schemata als primäre und relativ isolierte Einheiten konzipiert werden, die ohne Bezugnahme auf die Sinnfrage menschliches Verhalten steuern. Da hier also das Individuum nach dem Modell informationsverarbeitender Systeme und insofern subjektlos gedacht wird, ist eine Abgrenzung dieser Richtung zur humanistischen Orientierung gerechtfertigt. Allerdings gibt es hier auch Autoren (z. B. Sachse u. Maus 1991; Bommert 1987), die gewissermaßen eine Zwischenstellung einnehmen, d. h. einerseits informationstheoretisch argumentieren, andererseits aber auch, insbesondere soweit sie der Handlungstheorie nahestehen, so etwas wie Wahl und Entscheidungsprozesse, Werterleben, Ziel- und Sinnsuche ausdrücklich thematisieren, so daß hier die Grenzen zur humanistischen Psychologie fließend werden.

Die phänomenologisch orientierte Gesprächspsychotherapie

Diese gesprächspsychotherapeutische Richtung ist die verbreitetste, und sie hat noch die engsten Bezüge zum Denken von Rogers und zur humanistischen Psychologie. Natürlich gibt es auch hier Weiterentwicklungen, den meisten Vertretern in dieser Richtung geht es darum, das Denken von Rogers weiterzuführen, die Linien seines Ansatzes weiter auszuziehen. Da es aber dabei verständlicherweise zu unterschiedlichen Akzentsetzungen kommt, lassen sich auch hier Differenzierungen erkennen. Diese sind aber nur als Nuancierung einer gemeinsamen Grundtendenz zu verstehen.

Hier wäre zunächst eine phänomenologisch-deskriptive von einer phänomenologisch-hermeneutischen Richtung zu unterscheiden. Die Vertreter der erstgenannten Position (z. B. Minsel 1974, Speierer 1994) verstehen ihre phänomenologische Ausrichtung vorwiegend im Sinne der Deskription, sie sind sowohl wissenschaftlich wie auch in der therapeutischen Praxis um einen strikt empirischen Standpunkt bemüht. In dem Versuch, sich an das unmittelbar Aufweisbare zu halten, kommt bei einigen Vertretern dieser Richtung eine gewisse Nähe zum Positivismus zum Ausdruck. Die Vertreter der phänomenologisch-hermeneutischen Ausrichtung (z. B. Biermann-Ratjen, Eckert, Schwartz 1979; Pavel 1978; Pfeiffer 1986; Swildens 1991; Vossen 1993; Zuhorst 1993), zu denen sich auch der Autor zählt (Finke 1985, 1993b), sind, bei aller Anerkennung der Notwendigkeit, vom phänomenal Gegebenen auszugehen, doch ausgeprägter bereit, das empirisch Gegebene zu übersteigen auf seine Bedeutung hin, also die „innere Welt" des Patienten zu verstehen auf ihren Sinn. Dabei gehen sie, vergleichbar mit den Tiefenpsychologen, davon aus, daß die Rede des Patienten oft einen „Doppelsinn" (Ricœur 1974) hat, einen relativ unmittelbar faßbaren und einen, der sich erst durch ein sehr einfühlendes Hinhören erschließt.

Auch nur im Sinne einer Akzentverschiebung ist von diesen beiden Richtungen noch eine beziehungstheoretische Position abzugrenzen, die die therapeutische Beziehung in besonderer Weise thematisiert hat (z. B. Pfeiffer 1991, 1992; Tscheulin 1992). Das therapeutische Agens wird hier in besonderer Weise in der therapeutischen Interaktion, im Dialogischen gesehen. Schließlich wäre als weitere Richtung noch das von G. Gendlin, einem unmittelbaren Schüler von Rogers, initiierte „focusing" zu erwähnen. Im Zentrum der therapeutischen Arbeit steht hier die Fokussierung auf besonders leibnahe Gefühle. Es soll hierdurch eine starke Aktivierung des Erlebens und des Körpererlebens im besonderen erreicht werden.

3. Die Therapietheorie der Gesprächspsychotherapie

Die drei Ebenen der gesprächstherapeutischen Methodik: die Therapietheorie, die -prinzipien, die -technik

Um die Methodik eines Psychotherapieverfahrens darzustellen, ist es sinnvoll, drei Ebenen der Beschreibung zu unterscheiden: Auf der Ebene der Therapie-Theorie sind die Grundannahmen über die generelle Wirksamkeitsweise des Verfahrens abzubilden. Diese Grundannahmen zeigen meist eine mehr oder weniger unmittelbare Verbindung mit der Persönlichkeits- und Krankheitstheorie des Verfahrens. Die Therapieprinzipien stellen basale Regeln für ein der Therapietheorie angemessenes Vorgehen dar. Aus diesen Regeln sind dann, auf der Ebene der Therapietechnik, die einzelnen Interventionen abzuleiten. Die Therapieprinzipien haben also eine vermittelnde Position zwischen Behandlungstheorie und Behandlungspraxis. Im Falle der Gesprächspsychotherapie stellen die Therapieprinzipien

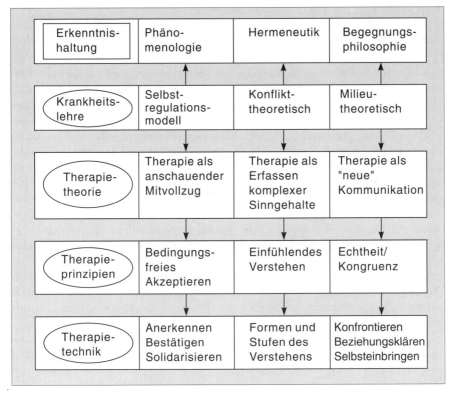

Abb. 1 Der methodische Begründungszusammenhang von Krankheitslehre, Therapietheorie, Therapieprinzipien und Therapiepraxis.

therapeutische Grundhaltungen bzw. Einstellungen dar, formuliert in den sog. drei Basismerkmalen *Bedingungsfreies Akzeptieren, Einfühlendes Verstehen* und *Echtheit*.

Die Unterscheidung zwischen den genannten drei Ebenen ist auch für andere Verfahren vorgeschlagen worden (Hoffmann 1986) und sie erlaubt differenzierende Aussagen beim Vergleich der Verfahren. So wäre es möglich, daß unterschiedliche Therapietheorien zu ähnlichen Therapieprinzipien führen, aus denen dann aber, vielleicht wegen der Differenz in der Therapietheorie, unterschiedliche Behandlungsanweisungen abgeleitet werden. Für die Gesprächspsychotherapie hat die Unterscheidung dieser Ebenen außerdem den Vorteil, eine öfter verwandte, unklare und in vielfacher Hinsicht mißverständliche Begrifflichkeit (so die Rede von dem „Basis"- und „Zusatzvariablen") aufgeben zu können.

Die Therapietheorie wiederum ist aus der Krankheitslehre eines Verfahrens abgeleitet. Die Grundaxiome der Krankheitslehre und der Therapietheorie stehen in einem Zusammenhang mit bestimmten Erkenntnishaltungen.

Diese Zusammenhänge soll Abbildung 1 verdeutlichen. (Nähere Erläuterung erfolgt im Text)

Die drei Axiome der Therapietheorie

Therapie als Fördern der Selbstheilungskraft: Das Selbstregulationsmodell

Ein Kennzeichen der Gesprächspsychotherapie ist ihr Vertrauen auf die Selbstheilungskraft, was sich in der Bereitschaft ausgedrückt, im therapeutischen Prozeß in besonderer Weise auf die gesunden Persönlichkeitsanteile des Patienten zu zentrieren. In diesem Zusammenhang ist ein für das Denken von Rogers wichtiger Schlüsselbegriff hervorzuheben, die Aktualisierungstendenz. Diese Aktualisierungstendenz ist nach Rogers (1987 / [1]1959) „die dem Organismus innewohnende Tendenz zur Entwicklung all seiner Möglichkeiten; und zwar so, daß sie der Erhaltung oder Förderung des Organismus dienen [...] Der Begriff beinhaltet die Tendenz des Organismus zur Differenzierung seiner selbst und seiner Funktionen, er beinhaltet Erweiterung im Sinne von Wachstum [...] dies meint die Entwicklung hin zur Autonomie". Die Aktualisierungstendenz ist also eine Art Lebenskraft, die auf die Weiterentwicklung und Ausdifferenzierung des Individuums zielt, aber auch auf Einheit und Ganzheit hin tendiert. Der „Organismus" ist gewissermaßen der Träger der Aktualisierungstendenz, wobei jedoch Rogers diese beiden Begriffe oft auch synonym verwendet. „Organismus" bedeutet dann gerade nicht so etwas wie eine biologische Apparatur, sondern jene Kraft, die solcher Apparatur Sinn und Richtung vorgibt.[1]

Bei dem Bemühen von Rogers, der Doppelnatur des Menschen, Psyche und Soma zu sein, gerecht zu werden, haben seine Definitionen hier manchmal

---

[1] Hier ergeben sich Entsprechungen zum (ebenfalls lebensphilosophisch inspirierten) Konzept der „Lebensenergie" bei C.G. Jung (1982a).

etwas Schillerndes. Oft scheint er unter Aktualisierungstendenz eine sehr ursprüngliche, dem Vitalen nahe Kraft zu verstehen, dann wieder sieht er sie als Ermöglichungsgrund menschlicher Freiheit und als Wille zur Autonomie und Selbstentfaltung. Sie ist eine Tendenz sowohl zur Erhaltung wie zur Entfaltung des Individuums (Höger 1993). Neurotische Zustände sind auch dadurch zu definieren, daß die Erhaltungstendenz die Entfaltungstendenz dominiert.

Diese Bezugnahme auf eine das menschlichen Individuum fundierende, aktualisierende Tendenz zeigt Rogers Nähe zur Lebensphilosophie und ihrer amerikanischen Spielart, dem Pragmatismus. Zwar ließe sich für diesen Grundgedanken schon eine Verbindung zum Entelechie-Konzept des Aristoteles herstellen, jedoch dürfte für Rogers' Denken zumindest mittelbar der Dynamismus eines W. James (1842–1910), aber auch eines H. Bergson (1859–1941) bedeutsam gewesen sein. Die Lebensphilosophie und der aus ihr hervorgegangene Vitalismus (Rogers bezieht sich ausdrücklich auf Driesch, 1973b) lehnen den Determinismus als lebensbestimmendes Prinzip ab, dieses ist für sie vielmehr eine radikalschöpferische, auf ständige Bewegung und Entfaltung ausgerichtete Kraft, von Bergson „élan vital" genannt.

Von psychologischer Seite sind es die Ganzheitspsychologie der Leipziger Schule und vor allem die Gestaltpsychologie der Berliner Schule mit ihrem Entwicklungsprinzip der Tendenz „zur guten Gestalt", bei denen sich Verbindungen zum Konzept der Aktualisierungstendenz aufzeigen lassen.

Die über das Konzept der Selbstaktualisierung als Tendenz zur konstruktiven Entwicklung und Gestaltvollendung vermittelte positive Sicht auf den Menschen ist von entscheidender Bedeutung für die Therapietheorie von Rogers. Psychotherapie bedeutet für Rogers in einem wesentlichen Maße, die Erstarrung der Aktualisierungstendenz, als Ausdruck der Neurose, wiederaufzuheben durch eine Haltung der Bejahung, des Geltenlassens und der liebevollen Zuwendung. Denn der Mensch hat ein starkes Bedürfnis nach konstruktiver Selbstentfaltung, das nur unterdrückt werden kann durch Ängste vor Bestrafung, Mißachtung und Liebesentzug. Wenn der Therapeut solchen Ängsten durch seine bejahende und wertschätzende Grundhaltung entgegenwirkt, werden die Selbstentfaltungskräfte aktualisiert werden. Der Therapeut braucht also den Entwicklungsprozeß nur anzustoßen, er soll dabei der konstruktiven Tendenz in einem jedem Menschen vertrauen.

Nun ist die therapeutische Transformation solchen Vertrauens bei Rogers nur ein Element der therapeutischen Arbeit. Dies machen nicht nur seine theoretischen Ausführungen, sondern mehr noch sein faktisches (und anhand von Therapietranskripten ablesbares) Vorgehen in der therapeutischen Situation deutlich. Dennoch ist die Berechtigung einer solch optimistischen Position sowohl in anthropologischer wie in therapeutischer Hinsicht kritisch zu befragen. So ist denn auch schon vielfach, auch aus gesprächstherapeutischen Reihen, diese Position als mindestens einseitig in Frage gestellt worden (Bommert 1987; Pfeiffer 1991; Sachse u. Maus 1991). Es ist in diesem Zusammenhang auf die ganz andere europäische Geschichtserfahrung verwiesen worden, die es schwer mache, diesen Optimismus ungebrochen zu teilen (Pfeiffer 1986). In der konkreten Therapiesituation könnte eine solch optimistische Sicht den Therapeuten übersehen lassen, wo die Fähigkeiten des Patienten zur Selbststeuerung eingeschränkt sind, wo der Therapeut jedenfalls dem Patienten aktiver helfen muß, bestimmte Abwehrhaltungen zu überwinden.

Dennoch wird man zugestehen müssen, daß das dem Patienten bekundete Vertrauen in seine Fähigkeiten schon an sich einen wichtigen Heilfaktor darstellt, indem es beim Patienten besondere Kräfte und Anstrengungen mobilisieren kann. Dieses Vertrauen in seine Möglichkeiten wirkt so auch wie ein Appell an seine Selbstverantwortlichkeit und seine „Freiheit" (Jaspers 1959). Daß gerade auch die Psychotherapieforschung die Wichtigkeit dieses Heilfaktors gezeigt hat, wurde schon im ersten Kapitel erwähnt.

Dieser Position einer bejahenden, das Individuum in seinem Eigensein bestätigenden Grundhaltung entspricht von der Erkenntnishaltung her die Phänomenologie.[2] Denn es geht auch hier um das Geltenlassen, um das Zur-Erscheinung-kommen-Lassen des unmittelbar Gegebenen: Die Äußerungen und Verlautbarungen des Patienten sollen nicht sofort auf ein vermeintlich ganz anderes hin hinterfragt und somit in ihrem Für-sich-Sein entwertet, sondern in ihrer Gültigkeit ganz unmittelbar ernstgenommen werden. In den Äußerungen des Patienten wird nicht primär ein Verstellen seiner Wirklichkeit gesehen, sondern diese werden als das Verlautbaren der subjektiven Wahrheit des Patienten akzeptiert. Diese Äußerungen sollen als das verstanden werden, als was sie sich zeigen, sie sollen „aus sich selbst heraus" verstanden werden. Sie sollen nicht sofort unter die Folie einer bestimmten Theorie gelegt werden, um dann nur noch als Kommentar oder als Bestätigung jener Theorie zu erscheinen. Sehr treffend hat K. Jaspers (1959) für die Psychopathologie diese Position beschrieben: „Vergegenwärtigung dessen was im Kranken wirklich vorgeht, was er eigentlich erlebt, wie ihm etwas im Bewußtsein gegeben ist, wie ihm zumute ist, ist der Anfang, bei dem zunächst von Zusammenhängen, vom Erleben als Ganzem, erst recht von Hinzugedachtem, zugrundeliegend Gedachtem, theoretischen Vorstellungen ganz abzusehen ist. Nur das wirklich im Bewußtsein Vorhandene soll vergegenwärtigt werden, alles nicht wirklich im Bewußtsein Gegebene ist nicht vorhanden. Wir müssen alle überkommenen Theorien, psychologische Konstruktionen, alle bloßen Deutungen und Beurteilungen beiseite lassen, wir müssen uns rein dem zuwenden, was wir in seinem wirklichen Dasein verstehen, unterscheiden und beschreiben können. Dies ist eine, wie die Erfahrung lehrt, schwierige Aufgabe. Diese eigen-

---

[2] Bestimmte Positionen der Husserlschen Phänomenologie sind hier, wenn auch nur in gewissermaßen analoger Form, nachzuweisen. Insgesamt geht es bei der hier als phänomenologisch charakterisierten Position um folgende Merkmale:
1. Das vorurteilsfreie Anschauen der Gegebenheit des Patienten. Der Therapeut soll dabei alles theoretische Wissen und alles subjektive Meinen zunächst einmal „einklammern" (zit. nach Herzog 1992).
2. Die Übernahme der Perspektive des Patienten. Der Therapeut identifiziert sich mit dem Patienten, indem er versucht, aus dessen Bezugssystem heraus zu verstehen, er versucht, „in die Haut des Klienten zu schlüpfen" (Rogers). Dieses ist ein Vorgang der Teilhabe an der inneren Welt des Patienten.
3. „Wesensschau": Der Therapeut versucht, Bedeutungssetzungen und Sinnstrukturen im Erleben des Patienten zu erfassen. Er versucht, sich das „innere Bezugssystem" (Rogers), aus dem alles Handeln und alles Reden des Patienten seinen Sinn erhält, sich zu vergegenwärtigen.

tümliche phänomenologische Vorurteilslosigkeit bei der Anschauung der Erscheinung als solcher ist nicht ursprünglicher Besitz, sondern mühsamer Erwerb nach kritischer Arbeit und oft vergeblichen Bemühungen."

Dieses Zittat von Jaspers könnte geradezu ein einleitender Kommentar zur Gesprächspsychotherapie sein. Es wird hier deutlich, was die phänomenologische Erkenntnishaltung mit der therapeutischen Haltung des *Bedingungsfreien Akzeptierens* gemeinsam hat: Die bejahende Hinwendung zur „Sache" und das Vertrauen, daß diese „Sache" durch ein vertiefendes Schauen und ein liebevolles Vergegenwärtigen sich in ihrem Wesen zeigen und entfalten wird. Die phänomenologische Position wird in unserem Zusammenhang also nicht nur als eine erkenntnistheoretische, sondern auch als eine pragmatische gesehen. Es besteht die Grundannahme, daß das vertiefende Vergegenwärtigen und das bestätigende und ehrfurchtsvolle Schauen schon an sich beim Patienten Änderungen bewirkt. (Dieser Änderungsimpuls ist allerdings ergänzungsbedürftig.)

Auch Blankenburg (1991) hebt als konstitutiv für eine phänomenologische Position der Psychiatrie die Bereitschaft zum Akzeptieren und zur Anteilnahme, zu „Staunen und Ehrfurcht" und zur zumindest partiellen Identifikation hervor.

Therapie als Sinnerfahrung und Aufhebung des Selbstwiderspruchs: Die konflikttheoretische Position

Das Verstehen als Erschließen komplexer Sinngehalte

Die psychogene Erkrankung wird, in gewisser Analogie zur Psychoanalyse, als Ausdruck eines Konfliktes, einer Inkongruenz gesehen (s. Kap. 5). Diese Inkongruenz bedeutet, daß der Patient mit sich selbst diskrepante Erfahrungen macht, daß er mit sich selbst im Widerspruch ist. Da diese Widersprüchlichkeit ängstigend ist, versucht er sie um den Preis von Symptomen zu verleugnen (Rogers 1987/[1]1959). In der Therapie wird dieser Zwiespalt als quälende Selbstentzweiung wieder erfahrbar. Der Selbstwiderspruch des Patienten äußert sich in einer Zwiespältigkeit und Mehrdeutigkeit des Redens und Verhaltens. Diesen mehrfachen Sinn erfahrbar und erkennbar zu machen und Sinnkontinuität durch Integration diskrepanter Gefühle, Wünsche und Vorstellungen wieder herzustellen, ist Aufgabe des *Einfühlenden Verstehens*.[3]

Dies bedeutet: Das therapeutische Verstehen ist gerade deshalb notwendig und seine Aufgabe eine besondere, weil der Sinn im Erleben des Patienten nicht durchgehend klar und verständlich ist. Aufgabe des Therapeuten ist es deshalb, „ein unmittelbares Gespür im Hier und Jetzt für die innere Welt des Klienten mit ihren ganz persönlichen Bedeutungen" zu entwickeln und „einzutauchen in die Welt komplexer Sinngehalte, die der Klient ausdrückt" (Rogers 1977/[1]1975).

---

[3] Jedes Verstehen ist tendenziell ein Sinnerfassen. Allerdings gibt die Umkehrung nicht ohne weiteres. Nicht jedes (willkürlich konstruierende) Sinnerfassen ist schon ein (angemessenes) Verstehen.

3. Die Therapietheorie der Gesprächspsychotherapie

Es fällt auf, daß Rogers hier nicht vom Erfassen eines Sinnes spricht, dies wäre ihm vermutlich zu intellektualistisch. „Eintauchen in die Welt komplexer Sinngehalte" bedeutet, daß sich der Therapeut zusammen mit dem Patienten auf einen langen Weg des Aneignens von Sinn macht, indem das Verstehen jeweils wechselnde Perspektiven einnimmt.

Der zu erschließende Sinn ist komplex, also vielschichtig und mehrdeutig. Die Metapher vom Eintauchen will besagen, daß der Therapeut sich in eine Welt begibt, deren Fremdheit und Rätselhaftigkeit er anerkennt. Der Therapeut will sich wirklich einlassen auf die „Welt komlpexer Sinngehalte" und ihre Fremdheit nicht durch vorschnelles Interpretieren in scheinbar Vertrautes umbiegen (Waldenfels 1991).

Das „Eintauchen in die Welt komplexer Sinngehalte" bedeutet ein Durchschreiten vielfacher Möglichkeiten des Verstehens zusammen mit dem Patienten. Der Therapeut versucht zunächst, die Perspektive des Patienten zu übernehmen, d. h. aus dessen Bezugssystem („frame of reference") heraus zu verstehen. Dabei wird dieses Bezugssystem zunehmend modifiziert und erweitert. In diesem hermeneutischen Prozeß des Erahnens, Erkundens und Erprobens von Verstehensmöglichkeiten wandeln sich zentrale Verstehens- und Erlebensmuster des Patienten. Im Durchschreiten von Möglichkeiten des Selbstverstehens, von denen der Patient nun nicht mehr erschrickt, gelingt es ihm, Zugang zu seinem Erleben zu finden, Erfahrungen zu integrieren und einen neuen Entwurf seines Selbst, eine neue Identität zu begründen.

Durch diese Beschreibung sollte deutlich werden, wie die phänomenologische Position um die hermeneutische ergänzt wird. Ausgehend von einem Verstehen aus der Perspektive des Patienten versuchen Therapeut und Patient einem bestimmten, mehr oder weniger konflikthaft erlebten Themenkomplex verschiedene, emotional bedeutsame Aspekte abzugewinnen. Im „Durchprobieren" verschiedener Aspekte erweitert und ändert sich zunehmend das Bezugssystem des Patienten. Dabei kommt im Laufe der Therapie auch das Bezugssystem das Therapeuten zur Geltung, da dieser schließlich Aspekte anbietet, die ursprünglich so im Bezugssystem des Patienten nicht enthalten waren. Der Perspektive des Patienten wird aber insofern nicht einfach ein fremdes Bezugssystem übergestülpt, weil sich als Folge der Verstehensbemühungen sowohl das Bezugssystem des Patienten wie auch das des Therapeuten geändert haben. Denn auch der letztere versucht sein „Vorverständnis", mit dem er dem Patienten gegenübertritt, ständig korrigierend an der Wirklichkeit des Patienten auszurichten. Dabei ist es für eine erfolgreiche Therapie vermutlich wichtig, daß im therapeutischen Prozeß die Bezugssysteme von Therapeut und Patient einander angleichen. Gadamer (1975) sprach in bezug auf die Verständigung zweier verstehender Subjekte von der notwendigen Verschmelzung zweier Verstehens-Horizonte.

Hieraus ergibt sich, daß das in der vorliegenden Schrift oft als Polarität geschilderte Verhältnis von empathischer und dialogischer Position in der Therapiepraxis viel weniger alternativ zu sehen ist. Die beiden Pole stehen zueinander in einer Ergänzungsreihe, in der je nach Interventionsform lediglich die Gewichtung der Pole unterschiedlich ist.

Die Lebensgeschichte als Kontext des Selbstverstehens

In der gesprächspsychotherapeutischen Behandlung spielt die Bezugnahme auf das Hier und Jetzt der therapeutischen Situation eine besondere Rolle. Hierdurch soll die emotionale Relevanz der Stellungnahmen und Äußerungen des Patienten sichergestellt werden. Nur wenn es gelingt, den Patienten in der ganzen Unmittelbarkeit seines augenblicklichen Erlebens zu treffen, nur wenn er solcherart „betroffen" ist, ist ein Impuls für wirkliche Veränderungen gesetzt. Erklärende Rückgriffe auf die Vergangenheit, etwa um ein bestimmtes Verhalten verständlich zu machen, können dagegen, weil sehr erlebnisfern, gerade diese veränderungsstimulierende Betroffenheit vereiteln. Deshalb besteht in der Gesprächspsychotherapie eine gewisse Zurückhaltung, unmittelbar eine Aufarbeitung der Biographie des Patienten anzustreben.

Bei der Frage nach den Gründen für diese Zurückhaltung soll zunächst ein Dissident der Psychoanalyse, O. Rank (zit. nach Pfeiffer 1990 und Zottl 1980, 1982), zu Wort kommen, denn dieser hatte vor allem in therapietheoretischer Hinsicht Rogers sehr beeinflußt. Der Rückgriff auf die Vergangenheit in der therapeutischen Arbeit kommt nach Rank nur den Neigungen des Neurotikers, den Anforderungen der Gegenwart auszuweichen, entgegen. Der Neurotiker sei, wie Freud durchaus richtig erkannt habe, an seine Vergangenheit fixiert, dies aber vor allem deshalb, weil er sich dadurch den Verbindlichkeiten der Gegenwart entziehen könne. Diese Verbindlichkeit des Hier und Jetzt, diese Unmittelbarkeit des gegenwärtigen Erlebens sei es aber gerade, mit der sich der Neurotiker auseinandersetzen müsse. In der Tat kann der Rückgriff auf die Vergangenheit leicht zu einem sehr erlebnisfernen, quasi rationalisierenden Konstruieren von vermeintlichen ursächlichen Zusammenhängen etwa zwischen Symptom und frühem Trauma werden, das in seiner Schlüssigkeit sehr plausibel wirken kann, im Erleben dieses Patienten jedoch, an seinen emotionalen Reaktionsweisen, wenig Änderung hervorruft. Das Wissen, daß der Patient dann so über sich selber scheinbar gewinnt, bleibt eigenartig folgenlos.[4]

Abgesehen von solchen therapietheoretischen Überlegungen ist aber das Herstellen biographischer Zusammenhänge auch aus anthropologischen und neurosentheoretischen Gründen bedenkenswert und dies besonders dann, wenn die biographischen Ereignisse in ihrer Abfolge so konzipiert werden, daß sie wie an einer von früher zu später laufenden Kausalkette aufgereiht erscheinen. Der bei einer solchen Prozedur zum Zuge kommende physikalische Zeitbegriff wird der Subjektivität des Erlebens, und diese ist der Anknüpfungspunkt für alle einsichtsorientierte Psychotherapie, in keiner Weise gerecht. Denn der Mensch erlebt seine Zeit, seine Geschichte immer aus einem Vorausgriff in die Zukunft. Vergangenheit scheint so immer in dem Licht einer schon anvisierten Zukünftigkeit (Zurhorst 1993).

---

[4] Deshalb hatte Freud schon darauf hingewiesen, daß jede Deutung einer gründlichen Vorarbeit bedürfte. In letzter Zeit scheint bei manchen Analytikern eine zunehmende Skepsis gegenüber einer Wirksamkeit von den sogn. genetischen Deutungen zu bestehen (s. Mertens 1990b).

Die solcher Art „gelebte" Zeit ist nur sehr begrenzt ausgerichtet auf objektiv fixierbare Daten der „äußeren" Lebensgeschichte, sondern sie ist in ihrem Geschehenscharakter bestimmt durch die Struktur subjektiver Bedeutsamkeiten, die das Individuum den äußeren Ereignissen zuschreibt. Durch diese Zuschreibung bekommen nicht nur objektive Vorkommnisse ihre ganz besondere und eigenständige Bedeutsamkeit, sondern auch die Sukzession der Zeit kann in ihrer subjektiven Verdichtung oder Streckung eine ganz andere sein als beim physikalisch meßbaren Zeitverlauf.

In diesem Zusammenhang ist die Frage nach der pathogenetischen Bedeutung bestimmter lebensgeschichtlicher Epochen zu stellen. Für die Gesprächspsychotherapie hat zwar die Kindheit hier eine besondere, aber keine ausschließliche Bedeutung. Die Möglichkeit zur Fehlentwicklung ist in jedem Lebensabschnitt gegeben, aber der Mensch kann auch zu Ereignissen in jeder Lebensphase sinnverwandelnd und sinnsetzend Stellung nehmen.

Problematisch erscheint für die Gesprächspsychotherapie der Anspruch, mit dem erklärenden Rückgriff auf die Vergangenheit gewissermaßen den Ort der ersten Ursache einnehmen und das „wahre" Schicksal des Patienten rekonstruieren zu können. Diese Position wurde ja durch die Metapher Freuds nahegelegt, nach der der Therapeut wie ein Archäologe die verschüttete Vergangenheit des Patienten Schritt für Schritt ans Licht des Bewußtseins fördern müsse. Vor allem der Philosoph P. Ricœur (1974) hat sich mit dieser Konzeption intensiver auseinandergesetzt, und er machte deutlich, daß die Erinnerungen des Patienten nie das wahre Abbild seiner faktischen Lebensgeschichte sein können, sondern immer schon die im Hier und Jetzt der therapeutischen Situation sich vollziehende Auslegung dieser Geschichte sind. So ist es fragwürdig, dadurch eine „kausale" Therapie betreiben zu wollen, daß man durch die Rekonstruktion biographischer „Tatsachen" den Ort der ersten Ursache aufsucht bzw. die „falschen" Wahrnehmungen dieser Ursachen korrigieren will. Alles Erinnern, alles Rekonstruieren ist nämlich immer schon ein Interpretieren früher Ereignisse aus dem Hier und Jetzt. Hinter solches Interpretieren kann nicht zurückgefragt werden.

Darüber hinaus wies Ricœur darauf hin, daß das Erinnern in der therapeutischen Situation immer einen Adressaten hat, eben den Therapeuten. Das Ergebnis der Erinnerungsarbeit ist so nie losgelöst von der therapeutischen Beziehung zu sehen, ja, hat streng genommen nur innerhalb dieser Gültigkeit.

Da Erinnerungen aber ein wesentliches Element der „inneren Welt" des Patienten sind, ist es wichtig, sie zum Gegenstand therapeutischer Arbeit zu machen. Diese Arbeit bedeutet dann das Umgestalten bzw. ein erneuertes und verändertes Erzählen der „inneren" Lebensgeschichte des Patienten (Finke 1990b; Vossen 1993; Zuhorst 1993). Gerade aus einer humanistischen Perspektive muß im Erinnern als dem Versuch einer Selbstvergewisserung ein unverzichtbares Merkmal menschlicher Personalität gesehen werden. Im Vollzug des Erinnerns versucht der Mensch, sich der Ganzheit seines Lebens inne zu werden, versucht er, sich die Herkunft seines Erlebens und Entscheidens zu vergegenwärtigen und sich Rechenschaft zu geben. Erst in solchem Erinnern schafft er sich eine Identität.

Solches Erinnern geschieht aus der Unmittelbarkeit des Hier und Jetzt und ist dann keinesfalls ein emotional blasses „Reden über" und etwas dem Erleben sehr Entrücktes. Es gibt eine Form des Erinnerns, die das Vergangene gegenwärtiger macht, als es jemals gewesen war. In diesem Erinnern muß sich der Patient seine Vergangenheit neu aneignen, damit er sich selbst stärker bejahen und freier von Schuldgefühlen leben kann. Dieses Erinnern führt nicht zu endgültigen Verstehensinhalten, zu eindeutigen und abschließenden Rekonstruktionen der Vergangenheit. Vielmehr ist gerade auch das lebensgeschichtliche Verstehen unabschließbar.

„Lebensgeschichtliches Verstehen" heißt, daß das Bezugssystem bzw. der Kontext des Verstehens die Erinnerungen des Patienten sind. Innerhalb der Gesprächspsychotherapie, namentlich im europäischen Bereich, ist gelegentlich kritisiert worden, daß Rogers diesen Aspekt doch insgesamt nicht genügend ausgearbeitet hat. W.M. Pfeiffer (1989) wies in diesem Zusammenhang auf die stärkere Gegenwartsbezogenheit der amerikanischen Kultur hin, und er stellte dem das europäische, stärker an geschichtlichen Prozessen orientierte und aus Geschichtlichkeit lebende Bewußtsein entgegen. In diesem Bewußtsein ist „Identität" wohl auch stärker mit „Kontinuität" verbunden. So sind es denn auch in erster Linie europäische Gesprächspsychotherapeuten gewesen, die dezidiert entwicklungspsychologische Aspekte in die Störungs- und Therapietheorie einführten (Biermann-Ratjen 1989; Esser 1988; Finke 1990b; Vossen 1993; Zuhorst 1987, 1993).

Therapie als Dialog: Die interaktionelle Position

Bei den meisten einsichtsorientierten Psychotherapieverfahren ist das therapeutische Vorgehen um zwei unterschiedliche Pole zu gruppieren; entweder wird besonders in der Einsichtsvermittlung das therapeutische Agens gesehen oder aber die therapeutische Beziehung wird zum entscheidenden Wirkprinzip erklärt. In der Gesprächspsychotherapie sind, vergleichbar hier mit der Psychoanalyse (Cremerius 1979), beide Richtungen vertreten. Im Falle der Gesprächspsychotherapie geht diese Doppelgleisigkeit bereits auf ihren Gründer zurück. In seinen früheren Schaffensperioden, nämlich der der sog. Non-Direktivität (etwa von 1940–1950) und der der Klientenzentriertheit (therapeutische Anteilnahme und aktives Bemühen des Therapeuten um ein Verstehen der Subjektivität des Klienten, etwa von 1950–1957), sah Rogers die Aufgabe des Therapeuten vor allem darin, das Zwiegespräch des Patienten mit sich selbst, eine Art innerer Dialog, anzuregen. Erst danach entwickelte er ein interaktionelles Konzept von Psychotherapie, das Grundprinzip des „person to person". Die Aufgabe des Therapeuten sollte jetzt nicht so sehr darin bestehen, durch Verstehensangebote die Auseinandersetzung des Patienten mit sich selbst zu stimulieren, sondern dem Patienten die Auseinandersetzung mit einem echten Gegenüber zu ermöglichen. Psychotherapie wird jetzt stärker als ein dialogisches Geschehen konzipiert, in dem der Therapeut den Patienten nicht vorwiegend auf sich selbst zurückverweist, sondern in dem sich der Therapeut als Person transparent macht und sich als ein Moment kommunikativer Realität zur Verfügung stellt. Psychotherapie ist jetzt nicht nur intrapersonale, sondern auch interpersonale Auseinandersetzung. Die Änderung von zentralen Erlebnismustern soll nun nicht nur durch einsichtswekkende Verstehensangebote auf dem Hintergrund liebevoll-anteilnehmender Präsenz erfolgen, sondern diese Präsenz soll selber unmittelbares Medium der Therapie werden. Der Therapeut ist nun nicht nur der Verstehende, sondern auch der Antwortende (Pfeiffer 1991; Rogers u. Schmid 1991). Von der Person des Therapeuten wird das reale Zugegensein, die unmittelbare Präsenz und auch Transparenz im Hier und Jetzt gefordert, indem er sein Erleben der therapeutischen Situation (in konstruktiver und d. h. auch selektiver Weise) verdeutlicht. Das Therapieprinzip Echtheit bzw. Authentizität (s. Kap. 4) gewinnt eine besondere Bedeutung (Beck 1991). Der Therapeut hat sich als in den Therapieprozeß Eingebundener zu begreifen, der in diesem Prozeß selbst auch immer wieder in Frage gestellt wird und bis zu einem gewissen Grade in diesem Prozeß auch an sich selbst eine Veränderung erfährt (Pfeiffer 1991). Die Veränderung der Erlebensstrukturen des Patienten geschieht hier durch neue Kommunikationserfahrungen. Das Unerwartete und Neue in der therapeutischen Interaktion läßt bisherige Kommunikationserfahrungen als ungültig erscheinen. In der Unmittelbarkeit der Begegnung von Therapeut und Patient können fehlgeprägte Kommunikationsmuster korrigiert werden.

Bevor im Folgenden Analogien dieser dialogischen Konzeption zu gewissen Entwicklungen innerhalb der Psychoanalyse aufgezeigt werden, soll auch darauf hingewiesen werden, daß es schon Anfang der 50er Jahre im deutschen Sprachraum eine personalistisch ausgerichtete psychotherapeutische Bewegung gab, die ebenfalls die Begegnung von Person zu Person zum entscheidenden therapeutischen Prinzip erhob. Hier sei vor allem H. Trüb (1953) genannt. Die Beziehung zu Rogers ergibt sich hier über M. Buber, an dessen Begegnungsphilosophie (Böckenhoff 1970) auch Trüb anknüpfte. Zwischen Buber und Rogers ist es zu fruchtbaren Auseinandersetzungen in mehreren Kontakten gekommen (Rogers u. Buber 1992; Rogers u. Rosenberg 1980; Rogers u. Schmid 1991; Beck 1991; van Balen 1992).

Über die therapeutische Bedeutsamkeit der beiden Aspekte der Gesprächspsychotherpie, dem verstehend-spiegelnden und dem dialogisch-interaktionellen ist nicht alternativ, sondern indikativ zu entscheiden.

Vor allem bei Patienten mit Persönlichkeitsstörungen und auch bei ausgeprägt extravertierten, wenig introspektionsfähigen Personen (Tscheulin 1992) ist ein Ansatz, welcher sehr ein spiegelndes, den Patienten auf sich selbst verweisendes Vorgehen betont, weniger angezeigt. Hier käme es mehr darauf an, daß der Therapeut als reale Person greifbar wird, und zwar sowohl in akzeptierenden, stützenden wie in konfrontierenden Anteilen. Das bedeutet nicht, daß das Therapieprinzip des *Einfühlenden Verstehens* ganz ausgeklammert wird, es wird nur zu Gunsten der Prinzipien *Bedingungsfreies Akzeptieren* sowie *Echtheit / Selbstkongruenz* weniger nachdrücklich akzentuiert (s. dazu auch das Kap. 6).

Die verstehend-spiegelnde und die interaktionelle Position stehen, wie schon gesagt, behandlungspraktisch gesehen zueinander nicht in einem Gegensatz, sondern in einem Ergänzungsverhältnis. Denn Verstehen geschieht einerseits in Interaktion, d. h. auf ein Gegenüber bezogen, andererseits gründet Interaktion in der Möglichkeit gegenseitigen Verstehens. Gegenseitiges Verstehen setzt einen gemeinsamen Verstehenshorizont voraus. Zwar soll der Therapeut von sich selbst, von seinem Horizont absehen und den Patienten aus dessen Bezugssystem heraus verstehen, aber dieses „Von-sich-Absehen" ist natürlich nur begrenzt möglich, da der Therapeut, will er überhaupt verstehen, sich von seinem eigenen Bezugssystem, von seinem eigenen Vorverständnis nie ganz freimachen kann. Es muß deshalb zu einer Konsensbildung (Finke 1988) zwischen Therapeut und Patient kommen.[5]

Exkurs: Gesprächspsychotherapie und Psychoanalyse

Die Bestimmung der Identität der Gesprächspsychotherapie macht einen Vergleich mit benachbarten Verfahren notwendig. Hier ist besonders die Psychoanalyse zu nennen. Die Gesprächspsychotherapie und die Psychoanalyse haben einige wichtige Gemeinsamkeiten: Beide sind einsichtsorientierte Verfahren, deren Therapieziel darin besteht, dem Patienten mehr Offenheit für sich selbst zu ermöglichen, d. h. auf Abwehrvorgänge zu verzichten und unterschiedlichste Erfahrungen integrieren zu können. Auch hinsichtlich des Therapiemittels besteht, grob gesehen, eine Gemeinsamkeit hinsichtlich der „Nicht-Direktivität", um es mit einem gesprächstherapeutischen Terminus zu sagen. Damit soll hier gemeint sein der Verzicht auf direkte Anweisungen, auf Ratschläge, und auf die Vorgabe unmittelbarer Verhaltenskorrekturen. Psychoanalytischerseits wurde gelegentlich darauf hingewiesen (Köhler-Weisker 1978), daß die von Rogers herausgestellten Behandlungsprinzipien auch schon bei Freud, wenn auch nur andeutungsweise, Erwähnung fanden. So ist nach dem Grund des Entstehens der Gesprächspsychotherapie überhaupt zu fragen. Was war das Neue, das sie glaubte verkünden zu müssen, welche Positionen der Psychoanalyse waren es, von denen sie glaubte, sich absetzen zu müssen?

Rogers hat sich unmittelbar zu dieser Frage kaum geäußert. Als junger Assistent am Institute for Child Guidance in New York habe er „mit großem Interesse" die psychoanalytischen Lehren aufgenommen (Rogers 1973b / [1]1961). Die spätere Herausarbeitung seiner Methode scheint er nicht in einem unmittelbaren und gewollten Gegensatz zur damaligen Psychoanalyse (d. h. zu ihrer damals vorherrschenden Ausrichtung) vollzogen zu haben. Er berichtet jedoch, daß er während einer Tätigkeit an einer Einrichtung für Erziehungsberatung erleben mußte, wie, auf das Ergebnis gesehen, sinnlos es sei, den Patienten „seiner Motive überführen zu wollen". Im Kontakt mit seinen Klienten bekam er zunehmend den Eindruck, daß die Rolle des gefühlsneutralen Beobachters und Diagnostikers, der seine Interpretationen mit entwaffnender Treffsicherheit und einer gewissen unbarmherzigen Nüchternheit zu geben weiß, therapeutisch kontraproduktiv ist.

---

[5] Diese Problematik ist ein wichtiges Thema der Hermeneutik. Gadamer (W.u.M. 1975) sprach in diesem Zusammenhang von „Horizontverschmelzung"

Der Patient müsse sich im Grunde seine Interpretationen selber geben, es käme darauf an, durch eine akzeptierende und einfühlsame Grundhaltung in ihm die Fähigkeit dazu freizusetzen. Abgesehen von der von Rogers immer wieder angeführten eigenen Erfahrung kam er zu dieser Überzeugung auch durch den Philosophen Kilpatrick, einem Schüler des Pragmatisten J. Dewey, und den schon genannten O. Rank (Zottl 1980). Rogers erwähnt außerdem eine gewisse Nähe zum Ansatz von K. Horney, H.S. Sullivan, F. Alexander, T. French. In seinen späteren Jahren hat er sich mit H. Kohut auseinandergesetzt.

1924 veröffentlichten O. Rank und S. Ferenczi die Schrift „Entwicklungsziele der Psychoanalyse", in der sie die Überbetonung rein rationaler Erkenntnis in der psychoanalytischen Deutungsarbeit kritisierten und die Notwendigkeit herausstellten, im Hier und Jetzt der therapeutischen Situation den Patienten neue konstruktive Beziehungserfahrungen machen zu lassen. Der weitgehenden Intellektualisierung der therapeutischen Deutungstechnik wurde eine (später von Alexander u. French, 1946, sogen. und präzisierte) Technik der „korrigierenden emotionalen Erfahrung" entgegengesetzt. Die Antwort auf die wenig später Rogers so sehr bewegende Frage, was denn in der Psychotherapie eigentlich das wirksame Agens sei, wurde schon hier in ihrer Grundlinie vorgezeichnet: Nicht die kognitive Einsicht des Patienten, seine Kenntnis über die allererste Ursache seines Leidens, und das Wissen um die Kausalkette der verschiedenen traumatischen Faktoren sind es. Die Veränderung im Patienten wird vielmehr geschaffen durch die Möglichkeit, in der Interaktion mit dem Therapeuten alte Erlebensmuster unmittelbar als ungültig erfahren zu können und in der therapeutischen Kommunikation neue, konstruktive Erfahrungen machen zu können.

Die Weiterführung dieser Gedanken, sie ist u. a. mit den Namen M. Balint (einem Schüler Ferenczis), F. Alexander und T. French sowie D.W. Winnicott verbunden, ist hinsichtlich ihres Einflusses auf die gesamte damalige psychoanalytische Welt zunächst scheinbar relativ unbedeutend geblieben. Diese Gedanken fanden innerhalb des breiten Stroms der Psychoanalyse damals nur wenig Gehör, ja wurden teilweise gar, vor allem wegen ihrer Relativierung des Deutungsparadigmas, als anstößig empfunden. Dies galt teilweise noch bis in die 60er Jahre hinein, den Neuerern wurde gar vorgeworfen, eine Destruktion der Psychoanalyse zu betreiben. Es wurde dem die klassische Standardtechnik als einzig rechtmäßige Methode entgegengesetzt (Eissler 1953). Erst etwa seit Beginn der 70er Jahre beginnen diese psychoanalytischen „Dissidenten" auf breiter Front an Einfluß zu gewinnen. Man darf vielleicht mutmaßen, daß dies, neben den Gründen, die innerhalb der psychoanalytischen Bewegung selber liegen (Thomä 1983), auch unter dem Eindruck der zunehmenden Verbreitung der Gesprächspsychotherapie ermöglicht wurde. Wie dem auch sei, Ende der 70er Jahre wird psychoanalytischerseits die auch besorgt klingende Frage gestellt, ob es nun unwiderruflich zwei grundsätzlich unterschiedliche psychoanalytische Techniken gäbe, die der Einsichtsvermittlung qua Erinnern und Deuten und die der korrigierenden Erfahrung durch die therapeutische Kommunikation (Cremerius 1979).

Kommen wir zurück zu Otto Rank und seiner Beziehung zur Gesprächspsychotherapie. Diese Beziehung besteht weniger in neurosentheoretischer Hinsicht, hier lehnt Rogers die Ranksche These vom Geburtstrauma als zu spekulativ mit Nachdruck ab. Beeinflußt sein dürfte Rogers dagegen von den therapietheoretischen Vorstellungen Ranks (Pfeiffer 1990; Zottl 1980, 1982). Folgende Positionen dieser Therapietheorie, die auch für das Denken von Rogers bedeutsam wurden, sollen hier hervorgehoben werden:

Stärkung des Eigenwillens
In Anlehnung an Schopenhauer und Nietzsche sieht Rank im Willen eine Lebenskraft und Entfaltungstendenz. Diese muß in der Therapie aktiviert werden, indem der Patient sich zu seinem Eigensein, zu seinem Selbst bekennt. Das Mittel der Therapie kann demzufolge nicht Widerstandsanalyse mit dem Ziel der Auflösung des Widerstandes sein, sondern es muß vielmehr in der Förderung des Eigenwillens des Patienten bestehen. Widerstand kann auch Ausdruck des Eigenwillens sein, der Therapeut sollte ihn deshalb zulassen.

Arbeit im Hier und Jetzt
Das rekonstruierende Erarbeiten der Vergangenheit führt nur zu letztlich unverbindlichen, rein kognitiven Ursachenzuschreibungen. Therapeut und Patient entziehen sich dadurch nur der Verbindlichkeit der Gegenwart. Die Veränderung im Patienten wird nicht durch eine Analyse früher Beziehungsmuster bewirkt, sondern durch eine unmittelbare Auseinandersetzung mit dem aktuellen Erleben. Es wird verneint, daß die Heilung der Neurose einen unmittelbaren Bezug zur Rekonstruktion ihrer Ursache haben müsse.

Therapie als Beziehung
Psychotherapie geschieht in Beziehung, vollzieht sich in der Auseinandersetzung zwischen zwei kreativen Personen bzw. in der Begegnung von „Person zu Person", wie Rogers später sagen wird. Rank wendet sich dagegen, daß die therapeutische Beziehung historisierend als Übertragung gedeutet und entwirklicht wird, indem sie lediglich als eine Wiederholung der infantilen Beziehung verstanden wird. Bei dem Bemühen, den Eigenwillen des Patienten zur Entfaltung zu bringen, hat der Therapeut zunächst die Rolle eines Hilfsichs einzunehmen, um im weiteren Prozeß der Therapie zunehmend zum realen Gegenüber und eigenständigen Kommunikationspartner zu werden. In der Auseinandersetzung mit der Person des Therapeuten soll sich der Wille, das Selbstsein des Patienten ausformen.

Diese Positionen von Rank decken sich, wie schon durch die o.g. gemeinsame Arbeit nahegelegt wird, weitgehend mit denen Ferenczis. Ferenczi betont jedoch besonders die sozialen bzw. kommunikativen Ursachen der Neurose (im Sinne einer Störung der frühen Mutter-Kind-Beziehung) und die Notwendigkeit einer Kompensation der störungsbedingten Defizite durch den Therapeuten in Form einer liebevoll-akzeptierenden Haltung. Auch hier finden sich Parallelen zur Neurosentheorie von Rogers, der ja auch einen Mangel an bedingungsfreiem Akzeptieren und Empathie seitens der Eltern als Ursache für die Fehlentwicklung des Patienten ansieht (s. Kap. 5).

In der Folgezeit kommt es zu Weiterentwicklungen dieser Positionen, die sich in drei Strömungen gliedern lassen. Diese Entwicklungen in den 40er und 50er Jahren laufen zeitlich parallel mit den entscheidenden Arbeiten von

Rogers. Obwohl inhaltlich eine Reihe von Gemeinsamkeiten festzustellen ist, finden sich weder bei den Gesprächspsychotherapeuten noch bei den Analytikern kaum gegenseitige Bezugnahmen. So ist schwer zu beurteilen, in welcher Weise wer wen beeinflußt hat. Denkbar ist auch, daß die Entwicklungen innerhalb der Psychoanalyse und der Gesprächspsychotherapie zu diesem Zeitpunkt relativ getrennt und unbeeinflußt voneinander verlaufen sind und daß ähnliche Ergebnisse einfach deshalb zustande kamen, weil die Zeit reif dafür war. Zu bedenken ist auch, daß gerade in den USA der „main stream" der Psychoanalyse bis weit in die 60er Jahre hinein ganz im Banne der orthodoxen Position stand, so daß die Auseinandersetzung mit dieser Richtung das Diskussionsfeld bestimmte.

In etwas schematisierter Form wären drei Merkmale zu nennen, durch die sich diese Weiterentwicklungen von der „orthodoxen" Psychoanalyse unterscheiden, Merkmale, die in ähnlicher Form auch Positionen der Gesprächspsychotherapie widerspiegeln:
- Die Ursache der Neurose wird stärker milieutheoretisch gedeutet, vor allem in einer Störung der frühen Mutter-Kind-Beziehung gesehen (mangelnde Empathie früher Bezugspersonen).
- Die Einsicht wird in ihrer Bedeutung als entscheidende therapeutische Wirkgröße relativiert zugunsten des Angebotes einer stützenden, akzeptierenden, verständnisvollen Beziehung.
- Für den Ablauf des therapeutischen Prozesses wird gegenüber den unbewußten Vorgängen im Patienten dem Handeln des Therapeuten mehr Bedeutung beigemessen. Der Therapeut erscheint stärker als aktiver Beziehungspartner, er ist nur noch in geringerem Maße quasi diagnostizierender Beobachter.

Diese Merkmale finden sich, wenn auch mit etwas unterschiedlichen Akzentsetzungen, in den drei wichtigsten Strömungen wieder, die sich von der klassischen, durch Deutungsparadigma und Triebkonflikt-Hypothese charakterisierten Psychoanalyse abheben.

1. Die Objekt-Beziehungstheorie

Wesentliche Vertreter dieser Richtung sind M. Balint (1981), ein Schüler Ferenczis, J. Bowlby (1982), D.W. Winnicott (1965) und M. Mahler et al. (1978). Sie gehen neurosentheoretisch von einer frühen Beziehungsstörung zwischen Mutter und Kind aus. Es wird sehr ausdrücklich ein interaktionelles Moment in der Nerosen-, aber auch in der Therapietheorie hervorgehoben. Die Therapie vollzieht sich nicht in erster Linie durch den rekonstruierenden Rückgriff auf Vergangenes, nicht durch Einsicht in die ursächliche Bedeutung früher Traumata, sondern durch Einführung eines Neuen, der therapeutischen Kommunikation. Die regressiven Bedürfnisse des Patienten sind nicht in erster Linie z. B. in ihrem Wiederholungscharakter zu deuten, sondern durch eine akzeptierende, bestätigende und Geborgenheit vermittelnde Haltung bis zu einem gewissen Grade auch zu befriedigen. Der Therapeut soll so den Mangel an mütterlicher Empathie ausgleichen. – Die Parallelen dieser therapeutischen Konsequenz zu Positionen von Rogers werden in der folgenden Darstellung der Therapieprinzipien „Bedingungsfreies Akzeptieren" und „Einfühlendes Verstehen" deutlich werden.

2. Die Ich-Psychologie
Wichtige Vertreter dieser Richtung sind H. Hartmann (1960), H. Kris, F. Alexander u. T. French (1946) wie G. u. R. Blanck (1985), wie im weiteren, noch stärker die beziehungstheretische Position betonend, K. Horney und H.S. Sullivan. Die Ich-Funktionen werden in ihrer intrapsychischen Bedeutung als stärker eigenständig konzipiert. Störungen der Ich-Entwicklung werden, wie bei den Objekt-Beziehungstheoretikern, vowiegend als durch soziale bzw. interaktionelle Faktoren verursacht gesehen. In der Therapie wird Wert darauf gelegt, das Ich-Wachstum zu fördern und Autonomietendenzen zu bestärken. Um dies zu erreichen, soll, auch hier eine Parallele zur Gesprächspsychotherapie, der Patient durch entsprechende Vorarbeit befähigt werden, sich seine Deutungen möglichst selbst zu geben. Der Therapeut selbst versucht also, weniger Deutungen, dafür aber Interventionen, z. B. klärende Fragen, zu bieten, die den Patienten zur Selbstdeutung stimulieren. Der Widerstand wird, ähnlich wie schon bei Rank, positiver bewertet und vor allem in seiner Bewältigungsfunktion, d. h. also als positive Ich-Leistung gesehen.

3. Selbstpsychologie
Namhaftester Vertreter dieser Richtung ist H. Kohut. Nach ihm besteht die Neurose in einer Schädigung der Kohärenz des Selbst, deren Zustandekommen er in ähnlicher Weise denkt wie die Objektbeziehungstheoretiker (und die Gesprächspsychotherapeuten), nämlich durch mangelnde Bestätigung und Anerkennung von Seiten früher Bezugspersonen. Der Therapeut versucht zu heilen, d. h. die Selbstkohärenz wiederherzustellen, indem er narzißtische Bedürfnisse durch einfühlsames und akzeptierendes Spiegeln befriedigt bzw. das Selbstwertgefühl durch Achtung und Anerkennung stützt. Der für die Gesprächspsychotherapie so wichtige Begriff „Empathie" steht auch hier an zentraler Stelle und scheint auch in sehr ähnlichem Sinne therapeutisch angewandt zu werden (Kohut 1989). Behandlungspraktisch besteht ein Unterschied zur Gesprächspsychotherapie darin, daß der Therapeut auf genetische Deutungen bzw. Rekonstruktionen im Sinne des oben angedeuteten Konzeptes hinarbeitet. (Zur Auseinandersetzung von Rogers mit Kohut s. Rogers u. Schmid 1991.)

Bei dieser Auflistung der neueren Richtungen innerhalb der Psychoanalyse sollten vor allem jene Punkte hervorgehoben werden, bei denen sich Gemeinsamkeiten oder Ähnlichkeiten mit der Gesprächspsychotherapie feststellen lassen. Die Unterschiede zu betonen schien hier weniger wichtig. Sie liegen ganz allgemein natürlich in der Begriffsbildung und in bestimmten Aspekten der Therapie- und natürlich auch der Neurosentheorie. Zu fragen wäre, wieweit und in welchen Punkten sich Unterschiede im konkreten therapeutischen Vorgehen finden.

4. Therapieprinzipien und Therapietechnik

Wurden in der Therapietheorie die Grundannahmen über die Möglichkeiten psychotherapeutischer Einflußnahme überhaupt beschrieben, so sind in den Therapieprinzipien spezifischer die Charakteristika dieser Einflußnahmen darzustellen. Die Therapieprinzipien beinhalten Grundregeln der therapeutischen Praxis, die im Falle der Gesprächspsychotherapie überwiegend auf der Ebene von Einstellungen bzw. Haltungen des Therapeuten formuliert sind. Aus diesen Einstellungen ist dann das konkrete therapeutische Vorgehen, die Behandlungstechnik, abzuleiten.

In der Gesprächspsychotherpie gelten bekanntlich drei Grundmerkmale als Bedingungen für eine erfolgreiche Psychotherapie: *Bedingungsfreies Akzeptieren, Einfühlendes Verstehen* und *Echtheit / Selbstkongruenz*. In diesen Basismerkmalen sah Rogers ([1]1957) notwendige und hinreichende Bedingungen für den Therapieerfolg. Dies ist auch zutreffend, sofern die sog. Basismerkmale als Therapieprinzipien gesehen werden, aus denen die Behandlungsanweisungen im Sinne einer Therapietechnik erst zu entwickeln sind. Dies wird in der Literatur manchmal nicht mit der genügenden Deutlichkeit herausgestellt. Die nicht selten anzutreffende Verwechslung von Therapieprinzipien und Therapietechnik hat zu mancherlei Irrtümern und Scheindebatten geführt, so z. B. zu der Frage, ob die drei Basismerkmale wirklich notwendige und hinreichende Therapiebedingungen wären. Rogers ging bei seiner diesbezüglichen Behauptung davon aus, daß es sich bei diesen Basismerkmalen nur um Einstellungsmerkmale, nicht schon um Beschreibungen der Therapietechnik handelt (Rogers [1]1957). So wird die Forderung wenig sinnvoll, den „Basisvariablen" noch sog. Zusatzvariablen an die Seite zu stellen, um zu einer genügend differenzierten Behandlungsmethodik zu kommen. Insofern diese „Zusatzvariablen" („Konkretisieren", „Beziehungsklären", „Selbsteinbringen") tatsächlich Interventionen auf der Ebene von Behandlungsanweisungen darstellen, kann man sie nicht, wie ihre Bezeichnung suggerieren mag, in eine Ergänzungsreihe mit den „Basisvariablen" stellen, denn letztere sind auf einer ganz anderen Abstraktionsebene, eben der von Prinzipien, angesiedelt. Die „Zusatzvariablen" ergeben sich nicht aus einer Addition zu, sondern aus einer Ableitung von den Basismerkmalen, also den Therapieprinzipien der Gesprächspsychotherapie.

Aus dem gleichen Grunde erscheint die Gegenüberstellung von „Basisverhalten" und „differentieller Therapie" wenig sinnvoll. Therapeutisches Verhalten sollte immer in dem Sinne differentiell sein, als es den Besonderheiten der jeweiligen therapeutischen Situation zu entsprechen versucht. Auch eine weitere Gegenüberstellung ist zu kritisieren, zumindest zu relativieren, die von Beziehung und Technik. Zwar entspricht diese Polarisierung einer geläufigen Fragestellung in der Psychotherapieforschung; wie schon dargestellt, konnte in vielen Studien die Bedeutung der therapeutischen Beziehung für das Therapieergebnis viel eindeutiger nachgewiesen werden als die der Therapietechnik. Aber es ist ein Unterschied, ob Fragestellungen der Forschung zur rein forschungsmethodisch begründeten Isolierung bestimmter Faktoren einer Therapiemethodik führen oder ob die systematische Darstellung eines Therpieverfahrens beabsichtigt wird, an die auch die Voraussetzung seiner Lehrbarkeit geknüpft ist.

In Hinblick auf die letztgenannte Aufgabe kommt es darauf an, zu zeigen, wie, d. h. durch welche Technik, die therapeutische Beziehung zu gestalten ist. Es ist, mit anderen Worten, zu zeigen, wie ein bestimmtes Beziehungaangebot so zu vermitteln ist, daß der Patient dieses Angebot auch in der vom Therapeuten beabsichtigten Weise wahrnimmt. Die Behandlungspraxis eines Verfahrens muß also immer schon eine bestimmte Vermittlungstechnik enthalten. Für den tätigen Therapeuten ist Beziehung nicht ohne „Technik", und sei es eine unwillkürliche und unreflektierte, zu verwirklichen.

Abb. 2 Therapieprinzipien und Therapiepraxis.

Rogers selbst hatte es abgelehnt, eine Therapietechnik detailliert zu beschreiben. Er wollte wohl hier die schöpferische Individualität des jeweiligen Therapeuten nicht einengen und hatte vor allen Dingen die Sorge, daß eine zu detaillierte und schematisierte Behandlungsanleitung das eigentliche Anliegen der therapeutischen Grundeinstellungen verdecken oder gar verkehren würde. Das Bemühen um ein perfektes Exekutieren therapeutischer Techniken, so etwa Rogers (1973b / [1]1961), könne gerade das Anliegen dieser Grundhaltungen vergessen lassen. Die meisten Gesprächspsychotherapeuten gehen heute aber von der Notwendigkeit der Ausarbeitung einer Therapietechnik aus, schon um das Verfahren als Ganzes präzise beschreibbar und identifizierbar zu machen und auch, um seine Lehrbarkeit und die Überprüfbarkeit seiner gemäßen Anwendung zu gewährleisten. Schon Tausch (1970) hatte ja versucht, aus der Grundhaltung „Einfühlendes Verstehen" eine Behandlungsanleitung abzuleiten. Er nannte dies „Verbalisieren emotionaler Erlebnisinhalte" (VEE). Dazu ist jedoch zu sagen, daß diese behandlungstechnische Umformulierung des entsprechenden Therapieprinzips noch zu global ist. Aus diesem Prinzip sind vielmehr durchaus unterschiedliche therapeutische Interventionen zu entwickeln. Um die Beschreibung einer differenzierteren Behandlungstechnik haben sich inzwischen auch andere Gesprächspsychotherapeuten bemüht (so etwa Sachse u. Maus 1991; Sachse 1992; Tscheulin 1992; Frohburg 1992; Teusch 1993). Vor allem Sachse und Maus unterscheiden strikt die Basismerkmale als Haltungen von dem therapeutischen Handeln, das immer zielorientiert sein müsse und insofern einer Technik entspricht.

Im folgenden soll durch eine phänomenologische Analyse des Gehaltes der drei Therapieprinzipien eine Ableitung verschiedener Interventionsformen durchgeführt werden.

Therapieprinzip *Bedingungsfreies Akzeptieren*

Das *Bedingungsfreie Akzeptieren* (unconditional positive regard) bedeutet zunächst die Haltung des Respekts und der Achtung für die Person des Patienten. Darüber hinaus aber bedeutet es auch eine Bereitschaft zur engagierten Anteilnahme, einer tiefen Bejahung und einem sich sorgenden Interesse am Schicksal des Patienten. Solches von einem Fachmann für Psychotherapie zu fordern, mag seltsam moralisierend, ja vielleicht sogar ein wenig sentimental erschienen. Es handelt sich aber hier genaugenommen um nichts anderes als eine Haltung besonderer Sachlichkeit. Es geht um die entschiedene Hinwendung zur „Sache", hier der Person des Patienten. Solche „Sachlichkeit" erfordert das Absehen von sich selber, von eigenen Vorlieben, Enttäuschungen und Kränkungen. Diese Sachlichkeit bedeutet auch eine besondere Art des Interesses und der „Liebe zur Sache". Das Engagement, die „Hingabe an die Sache" ist von jedem Beruf zu fordern. Beim Psychotherapeuten sind hier lediglich zwei Faktoren zu berücksichtigen: Erstens erschwert gerade die hier gegebene Besonderheit der „Sache", also die Person des anderen, das Absehen von sich selbst. Denn das Persönliche des anderen hat immer einen seltsamen Aufforderungscharakter zur unkontrollierten, ichzentrierten Stellungnahme. Zweitens müssen in der Psychotherapie die Wertschätzung und Anteilnahme auch in besonderer Weise zum Ausdruck gebracht bzw. übermittelt werden.

Die Bedeutsamkeit der hier beschriebenen therapeutischen Haltung für das Therapieergebnis konnte bisher in vielen empirischen Studien nachgewiesen werden (Tausch 1970).

Ziele und Funktionen des *Bedingungsfreien Akzeptierens*

Damit beim Patienten ein Prozeß der Auseinandersetzung mit sich selbst, der Selbstöffnung und der Selbsterfahrung in Gang gesetzt wird, muß vorausgesetzt werden, daß der Patient seine Ängste, seine Scham und seine Tendenz zur Selbstverurteilung eindämmen kann. Nur so kann die schmerzhafte Erschütterung des Selbstkonzeptes ertragen und damit die Verleugnung wesentlicher Aspekte des eigenen Selbst überflüssig werden. Für diesen Prozeß ist es wichtig, daß der Patient im Therapeuten eine Person sehen kann, die ihm Wohlwollen und positive Wertschätzung entgegenbringt und die verleugneten Aspekte seines Selbst mit einer gewissen freundlichen Gelassenheit akzeptieren kann. Der Therapeut muß also dieses Akzeptieren und Wertschätzen zunächst stellvertretend für den Patienten übernehmen und dürfte so für den Patienten ein gutes Modell für eine offene, nicht verurteilende Haltung darstellen. Rogers (1973b / ¹1961) formuliert dies so:

„Je mehr ich den einzelnen zu akzeptieren vermag, je mehr Zuneigung ich für ihn empfinde, desto leichter kann ich eine für ihn nützliche Beziehung schaffen. Akzeptieren heißt hier ein warmherziges Anerkennen dieses Individuums als Person von bedingungslosem Selbstwert – wertvoll, was auch immer seine Lage, sein Verhalten oder seine Gefühle sind. Das bedeutet Respekt und Zuneigung, eine Bereitschaft, ihn seine Gefühle auf seine Art haben zu lassen. [...] Das Akzeptieren jedes schillernden Aspektes dieses anderen Menschen läßt die Beziehung für ihn zu einer Beziehung der Wärme und Sicherheit werden; die Sicherheit, als Mensch gemocht und geschätzt zu werden, ist anscheinend ein höchst wichtiges Element einer hilfreichen Beziehung." Daß der Gesprächspsychotherapeut mit einem so bestimmten Beziehungsangebot dem Patienten ein Beziehungsmuster anbietet, in dem der Therapeut die Rolle des guten Elternteils übernimmt, hat Rogers ausdrücklich formuliert (1977 / ¹1975): „Der gleiche Sachverhalt (des bedingungsfreien Akzeptierens) läßt sich auch so beschreiben, daß der Therapeut den Klienten schätzt wie Eltern ihr Kind schätzen – nicht weil er jede seiner Äußerungen und Verhaltensweisen gutheißt, sondern weil er ihn vollkommen und nicht nur unter bestimmten Bedingungen akzeptiert."

Diese Wertschätzung, dieses Akzeptieren des Patienten in all seinen Stellungnahmen und Reaktionsweisen kann der Therapeut vornehmen, weil er im Grunde von den positiven Entwicklungsmöglichkeiten seines Patienten überzeugt ist, weil er an die „grundlegende Aktualisierungstendenz" glaubt, eine Tendenz, die ja nach Rogers grundsätzlich auf das Konstruktive gerichtet ist. Der Therapeut soll deshalb auch den Patienten nicht aus einer nüchternen oder gar mißtrauischen Distanz daraufhin beobachten, wo dieser ihm möglicherweise im Agieren seines Widerstandes Fallen stellt. Denn, so Rogers (1977 / ¹1975), „der klientenzentrierte Therapeut strebt in mancherlei Hinsicht geradezu eine 'leichtgläubige' Haltung an, bei der der Klient so akzeptiert wird, wie er sich mitteilt, ohne daß der Therapeut insgeheim den Verdacht hegt, der Klient sei im Grunde ganz anders".

Die Unbefangenheit und Gutgläubigkeit, die dem Gesprächspsychotherapeuten ja gelegentlich vorgeworfen wird, ist hier also ausdrücklich zum Prinzip erhoben. Nun wäre eine solche absichtsvolle „Gutgläubigkeit" im Erkennen des Patienten natürlich ein Widerspruch in sich selbst, wenn es hier nur um das Erkennenwollen des Patienten ginge. Es geht unter diesem Aspekt der Beziehung zum Patienten aber gar nicht so sehr um eine Erkenntnishaltung, sondern fast eher um einen Appell an die positiven Möglichkeiten des Patienten. Es geht zunächst darum, den Menschen so zu sehen, wie er nach einem Entwurf zum Konstruktiven sein könnte, um durch diese Sicht an die Freiheit zum Konstruktiven zu appellieren. Durch diese Sichtweise soll der Patient konstituiert werden in dem, was er nach einem Entwurf seiner Möglichkeiten sein könnte.

Diese Grundhaltung wurde auch von psychiatrisch-phänomenologischer Seite durch K. Jaspers (1959) sehr eindringlich beschrieben. Jaspers hat sie das „erhellende Verstehen" oder die „bejahende Grundhaltung" genannt und sie dem „entlarvenden Verstehen" gegenübergestellt. So sagt er: „Verstehende Psychologie hat in ihrem Verfahren eine merkwürdige Doppeltheit. Sie kann oft wie boshaft erscheinen in der Entlarvung von Täuschungen, sie kann gütig erscheinen in dem Bejahen durch Erhellung eines Wesenhaften. Beides ist ihr zugehörig. Im faktischen Betrieb drängt sich oft die boshafte Seite auf. Skeptisch oder hassend meint man ständig nur, 'dahinterzukommen'. Die Wahrheit dieses Verstehens will ein Durchschauen der universalen Unwahrhaftigkeit sein [...] Der Verstehende gerät sich selber in Verzweiflung: „... zwischen hundert Spiegeln vor dir selber falsch' – er scheint in sich das Nichts zu finden. Dagegen ist das erhellende Verstehen eine bejahende Grundhaltung. Sie geht liebend auf das Wesen, sie vergegenwärtigt, sie vertieft dessen Anschauung, sieht das substantiell Seiende vor ihren Augen wachsen. Die entlarvende Psychologie baut ab und findet 'nichts weiter als', die erhellende Psychologie bringt positiv zum Bewußtsein, was ist. Die entlarvende Psychologie ist das unumgängliche Fegefeuer, in dem der Mensch sich prüfen und bewähren, sich reinigen und verwandeln muß. Die erhellende Psychologie ist der Spiegel, in dem das bejahende Selbstbewußtsein und die liebevolle Anschauung fremder Wirklichkeit möglich wird" (Jaspers 1959).

Dieses Zitat macht die hier in Rede stehende Position der Gesprächspsychotherapie in sehr prägnanter Weise deutlich, zeigt aber auch ihre Ergänzungsbedürftigkeit, denn das „entlarvende Verstehen" ist nach Jaspers das „unumgängliche Fegefeuer". Bei der Darstellung des Therapieprinzips *Echtheit* soll der Versuch verdeutlicht werden, diesen Aspekt zu berücksichtigen.

Die Ausführungen von Jaspers zeigen auch, wie sehr die jeweilige Haltung des Therapeuten sein Verstehen des Patienten prägt. Das Einnehmen der akzeptierenden, bejahenden Grundhaltung ist eine Vorentscheidung, die rein formal der Entscheidung entspricht, etwa eine „objektive", emotional-neutrale Haltung einnehmen zu wollen. Auch die emotional-neutrale Haltung gründet also auf einer Wahl, einer willentlichen Entscheidung. Inhaltlich will der Gesprächspsychotherapeut aber eben nicht dem Patienten aus der Position des neutralen Beobachters begegnen, der seine Emotionalität als lediglich diagnostisch relevanten Resonanzboden für die Affekte des Patienten versteht. Die bejahende Haltung bedeutet, dem Patienten in seiner Subjekthaftigkeit und das heißt auch in der Offenheit seiner Möglichkeit begegnen zu wollen, und zwar auch dort, wo diese Möglichkeiten praktisch auf das Erleben des Destruktiven eingeengt zu sein scheinen. Diese bejahende Grundhaltung hat auch die Funktion eines Appells an die konstruktiven und kreativen Möglichkeiten des Patienten. Wenn der ohnmächtig hassende und sich selbst verachtende Patient das Angenommensein und gar die Wertschätzung des Therapeuten spürt, dürfte sich schon hierdurch die Destruktivität seiner Gefühle reduzieren und kann er in Identifikation mit dem Therapeuten sich selbst besser akzeptieren. Eine Appellfunktion dürfte übrigens in der einen oder anderen Weise in jeder Form von Psychotherapie wirksam sein. Jeder einsichtsorientierten Therapie zum Beispiel ist der Appell an die Wahrhaftigkeit des Patienten inhärent.

So ist eine wesentliche Funktion des „bedingungsfreien Akzeptierens" in der Bereitschaft zu sehen, den Patienten auch in seinen „ärgerlichen" Aspekten anzunehmen. Auf das trotzige Festhalten des Patienten an seiner körperlichen Symptomatik, auf seine gereizten oder anklagenden Feststellungen, sich vom Therapeuten nicht verstanden zu fühlen, auf sein beharrliches Zweifeln am Sinn der Therapie, auf sein langatmiges „Drumherumreden", auf seine theatralische Darstellung seiner Beschwerden, auf all das wird der Therapeut nicht seinerseits mit Ärger oder „Unverständnis", sondern mit einer akzeptierenden Gelassenheit reagieren und damit dem Patienten letztlich das Erleben des Getragen und Aufgefangenseins vermitteln. Das schließt nicht aus, daß der Therapeut nicht auch das Verhalten des Patienten bzw. dessen Wirkung auf ihn thematisiert (s. Kap. 4, Therapieprinzip „Echtheit"), aber er wird dies ohne jeden Unterton des Vorwurfes und der Zurechtweisung zu tun versuchen, schon weil er um die Angst und Verzweiflung weiß, die oft hinter solchem Verhalten steht. Selbst also wo der Therapeut aus therapeutischen Gründen dem Patienten zu verdeutlichen sucht, was dieser „mit ihm macht", wird er gleichzeitig versuchen, den Patienten die Achtung vor seiner Person spüren zu lassen.

Auch Freud (zit. nach Tscheulin, 1992) hat schon auf diesen Aspekt von Psychotherapie angespielt, wenn er sagte: „Es ist eigentlich Heilung durch Liebe." Systematischer hat dieses Therapieprinzip ein Pendant im „holding" und „containing" der Psychoanalyse, namentlich ihrer (objekt-)beziehungstheoretischen Ausrichtung. In der „holding function" nimmt nach Winnicott (1974) der Analytiker die bergende und tragende Funktion einer idealisierten Mutter ein, die der Patient zur Restitution seines Ich benötigt. Ähnlich läßt sich im „containing" (Bion 1970) der Therapeut als „container" für die aufgestauten und oft auch quälenden Affekte seines Patienten gebrauchen. Erst wenn der Analytiker, so die Vertreter dieser Richtung der Psychoanalyse, die Projektionen seines Patienten zunächst geduldig auf sich nimmt (ohne sie sofort etwa in reaktiver Aggression zu deuten), kann der Patient langsam ihren projektiven Charakter erleben und so beginnen, seine eigene Identität zu konstituieren. Erst indem der Therapeut die zerstörerischen Affekte des Patienten bei sich behält, sie also weder per „entlarvender", also aggressiver Deutung, noch durch direkte Empörung wieder „zurückgibt", sondern diese Affekte annimmt und diese in sich einer Wandlung zuführt, um sie dann dem Patienten in abgemilderter Form zu spiegeln, kann der Patient sie als seine eigenen Affekte annehmen und sie integrieren. Die liebevolle Spiegelung durch den Therapeuten als „Selbstobjekt" des Patienten, also als anerkennendes, akzeptierendes Alter ego, gilt schließlich in der Selbstpsychologie Kohuts als ein wichtiges therapeutisches Agens.

Etwas schematisierend läßt sich sagen, daß beim *Bedingungsfreien Akzeptieren* zwei Funktionsebenen zu unterscheiden sind. Auf der einen Ebene hat es die Funktion einer notwendigen Rahmenbedingung („therapeutische Athmosphäre"), innerhalb deren der Patient erst zu einer schmerzhaften Auseinandersetzung mit sich selbst in der Lage ist. Auf der anderen Ebene hat das *Bedingungsfreie Akzeptieren* einen eher instrumentellen Charakter, wenn es z. B. darum geht, mittels der aus diesem Prinzip abgeleiteten Interventionen wie Bestätigen, Anerkennen und Loben das Selbstwertgefühl des Patienten aufzubauen.

Die Praxis des Bedingungsfreien Akzeptierens

In der Bereitschaft des Therapeuten, seinen Patienten zu akzeptieren, konstituiert sich die therapeutische „Arbeitsbeziehung". Ohne die Bereitschaft und auch Fähigkeit des Therapeuten, seinen Patienten in einer grundsätzlichen Weise zu bejahen, wäre eine psychotherapeutische Arbeit nicht möglich. Denn diese ist gerade dadurch charakterisiert, daß sie einen Wandel, eine Änderung von Erlebens- und Verhaltensweisen nicht gewissermaßen von außen herbeizwingen will, sondern im Vertrauen auf eine Möglichkeit zum Konstruktiven, zur positiven Entwicklung von innen sich entfalten lassen will.

Das grundsätzliche „Einverständnis" zwischen Therapeut und Patient über die Grundlagen und Voraussetzungen der Therapie erfordert natürlich vom Patienten „Mitarbeit", d. h. die Bereitschaft, solchen Wandel zu ermöglichen. Das bedeutet aber auch, daß der Therapeut ein Verhalten, das solche Bereitschaft scheinbar nicht erkennen läßt, nicht kommentarlos geschehen läßt. Vielmehr wird der Therapeut es ansprechen und den Patienten um Stellungnahme bitten. Aber der Therapeut wird dies in einer Weise tun, die deutlich macht, daß er den Patienten als Person achtet, auch in dem, was dieser im Augenblick an Bereitschaft und Fähigkeit zur Mitarbeit scheinbar nicht zu mobilisieren vermag.

Das Prinzip des unbedingten Wertschätzens und Akzeptierens könnte man in gewisser Weise als ein stützendes Prinzip definieren.[6] Aber die Metapher der Stützung legt zu sehr Assoziationen an mechanische Hilfen nahe. Denn mit dem Prinzip des *Bedingungsfreien Akzeptierens* ist ein sehr fundamentales Bejahen und Bestätigen fremden Wesens gemeint, das auch den Charakter des Anrufens und der Herausforderung hat. Gerade hier kann aber auch eine Gefahr liegen, von der später noch die Rede sein soll.

Das Therapieprinzip *Bedingungsfreies Akzeptieren* beinhaltet die Unvereinbarkeit dieses Prinzips mit bestimmten, in der Alltagskommunikation durchaus üblichen Verhaltensweisen wie Kritisieren, Zurechtweisen, Abwerten, Vorwürfe erheben. Hierzu sind auch Interpretationen zu rechnen, wenn sie einen kritischen oder gar aggressiven Unterton haben, etwa beginnend mit der Redewendung „Das machen Sie doch nur, weil Sie damit im Grunde..."

In positiver Formulierung beinhaltet das Prinzip *Bedingungsfreies Akzeptieren* zunächst das empathische Hinhören. Der Therapeut ist mit seiner ganzen Aufmerksamkeit auf den Patienten gerichtet. Selbst wenn der Patient sich nicht im Sinne der therapeutischen Zielsetzung verhält, sich also nicht intensiv mit seinen Gefühlen und Gedanken auseinandersetzt und etwa ausschweifend über irgendwelche externalen Begebenheiten berichtet, wird der Therapeut sich

---

[6] Sehr ausgeprägt hat kürzlich der Psychoanalytiker Fürstenau (1992) als „progressionsorientierte psychoanalytisch-systemische Therapie" eine Behandlungspraxis beschrieben, die in vielen Einzelheiten mit dem hier dargestellten Prinzip ähnlich ist. Er betont die Bedeutung supportiver Techniken, namentlich bei der Stützung des Selbstwertgefühls und dem Bekunden von Solidarität mit den Heilungswünschen, d. h. den gesunden Ich-Anteilen des Patienten. Die therapeutische Bedeutung des Aufdeckens innerer Konflikte und des Deutens von Abwehrverhalten wird demgegenüber sehr relativiert. Auch die „Übertragungsheilung" wird nicht mehr als Pseudo-Heilung angesehen.

weder mit seiner Aufmerksamkeit zurückziehen noch den Patienten zurückweisen. Er wird vielmehr zu hören versuchen, was jetzt in dem Patienten vorgeht, und er wird den Patienten auch in seinem Abwehrverhalten annehmen. Denn er sucht dieses als Ausdruck von Ängsten, Scham oder Verzweiflung zu verstehen.

Die akzeptierende Anteilnahme wird der Therapeut aber nicht nur gestisch-mimisch durch die Haltung des Hinhörens, sondern auch verbal zum Ausdruck bringen. Dies soll an den folgenden exemplarischen Behandlungssituationen veranschaulicht werden.

Typisch für die Gesprächspsychotherpie ist ein geduldiges Eingehen auf das Klagen von Symptomen. Der Patient soll sich nicht abgewiesen, sondern in dem, was ihn augenblicklich beschäftigt, akzeptiert fühlen. Außerdem will der Therapeut hierdurch Zugang zum aktuellen Erleben des Patienten gewinnen.

Der folgende Ausschnitt aus einem Therapiegespräch soll das verdeutlichen: Die Patientin, eine 44jährige Agraringenieurin, ist verheiratet und hat zwei Kinder. Kurz nach dem Tod ihrer Tante sowie ihrer einerseits recht dominierenden, andererseits aber häufig ängstlich-klagenden und warnenden Mutter erkrankte die Patientin an Panikattacken mit Herzrasen, Schwindel, Atemnot. Hier wurde schon bald in der Therapie deutlich, wie frustrierend eigentlich das Zusammenleben mit ihrem Mann war, den sie bis zum Tode der Mutter als Partner weitgehend „ausgeblendet" hatte. Obwohl der Patientin im Laufe der Therapie bewußt geworden war, daß die Angstsymptome sowohl ihre Angst vor einem weiteren Zusammenleben mit ihrem Mann als auch die Angst, sich von ihm zu trennen, ausdrückten, äußerte sie jeweils nach einigen Sitzungen, in denen diese Zusammenhänge erarbeitet worden waren, wieder die Befürchtungen, daß hinter ihren Symptomen doch eine körperliche Erkrankung stehen könnte.

Pat.: „ Gestern war es wieder so furchtbar, die Todesangst, es war entsetzlich."
Th.: „ In solchen Augenblicken ist es, als stünde der Tod direkt vor Ihnen."
Pat.: „ Ja, aber eigentlich ist es jetzt immer noch so. Ich kann mir nicht sicher sein, daß es nicht doch eine schlimme Krankheit ist."
Th.: „ Wieder und wieder quälen Sie solche Gedanken."
Pat.: „ Ja, aller Mut hat mich verlassen. Ich schäme mich, dem Tod nicht ruhiger ins Auge sehen zu können."
Th.: „ Es ist jetzt wieder wie eine Gewißheit für Sie..."
Pat.: „ Ja."
Th.: „ All Ihr besseres Wissen ist dann wie weggeblasen, und Sie sind jetzt von diesen Ängsten einfach überrollt."
Pat.: „ Ja, ich hatte mich dann an meinen Sohn geklammert, ich wußte nicht, wie ich es überstehen sollte. Ich komme einfach nicht gegen die Angst an, ich kann es nicht mehr aushalten."
Th.: „ Die Angst füllt Sie jetzt völlig aus, so daß Sie kaum noch an Etwas andres denken können."

Der Therapeut deutet also das Verhalten der Patientin nicht als Widerstand (s. „Abwehrbearbeitung"). Er wird auch nicht ungeduldig oder ärgerlich, daß die Patientin wie schon öfter in den Sitzungen davor wieder einmal vor der

Konsequenz fordernden Einsicht in die psychischen Zusammenhänge ihres Leidens ausweicht. Er versucht vielmehr, der Patientin zu vermitteln, daß sie sich auch mit diesem Abwehrverhalten angenommen fühlen darf, um dann später allerdings dieses Verhalten und seine Schutzfunktion zu thematisieren.

Bekunden von Interesse und Sorge

Der Therapeut macht seine persönliche Anteilnahme deutlich, er will dem Patienten ein stützender Begleiter sein. Hierzu folgende Gesprächsskizze:
    35jähriger kaufmännischer Angestellter, der wegen einer recht ausgeprägten depressiven Symptomatik in Behandlung kam. Diese hatte sich entwickelt, nachdem ihn seine Frau angeblich sehr abrupt wegen eines anderen Mannes verlassen hatte.

Pat.: „Es war ein großer Fehler, daß ich in all den Jahren vorher nicht mehr auf meine Frau zugegangen bin, daß ich nicht mehr nach ihr gefragt habe, daß ich sie nicht mehr verwöhnt habe."
Th.: „Diese Vorwürfe quälen Sie immer noch."
Pat.: „Ja, ich habe mich da auch sehr schuldig gemacht."
Th.: „Wieder und wieder müssen Sie sich das jetzt sagen. Es ist, als ob Sie einfach nicht davon lassen könnten, sich immer wieder zu verurteilen."
Pat.: „Sie verstehen mich nicht. Niemand versteht es. Sie können sich da nicht hineinversetzen."
Th.: „Es wäre mir wichtig, daß Sie sich gerade hier verstanden fühlen. Aber wenn Sie sich jetzt unverstanden fühlen, so ist es richtig, daß Sie das jetzt sagen."
Pat.: „Ja, es ist so... Niemand kann sich da wirklich hineinversetzen."
Th.: „Sie fühlen sich dann wie von aller Welt verlassen."
Pat.: „Ja."
Th.: „Ich versuche mich da in Sie hineinzuversetzen: Es ist, als fühlten Sie sich da in einer Welt, in der niemand Sie mehr erreichen kann."
Pat.: „Ja. Niemand versteht mich wirklich. Niemand kann das nachfühlen."
Th.: „Ich glaube es Ihnen, daß Ihnen so zumute ist. Ich wünschte, Sie könnten sich etwas weniger einsam fühlen."
Pat.: „Nein, ich glaub, es wird nie anders werden."
Th.: „Es bekümmert mich, daß Sie gar nicht mehr an eine gute Zukunft glauben können."

    Der Therapeut versucht, den Patienten auch in seinem Willen, sich unverstanden und allein zu fühlen, zu akzeptieren und zu respektieren. Gleichzeitig versucht er aber auch deutlich zu machen, daß er Interesse am Schicksal des Patienten hat und daß er sich um diesen sorgt. Der Therapeut erwartet dabei nicht, daß der Patient diese Sorge etwa schon in positiver Weise zur Kenntnis nehmen könnte. Dieser Schritt des Patienten, sich zu separieren und auf seine Unerreichbarkeit zu pochen, kann auch eine wichtige Bewegung zur Autonomie sein.

So gilt es unter Umständen, hier auch den positiven Aspekt des Widerstandes zu erkennen und anzuerkennen.

Das Prinzip *Bedingungsfreies Akzeptieren* ist für die Gesprächspsychotherapie ein sehr grundlegendes Prinzip, es sollte den Hintergrund für praktisch alle Interventionen bilden. Selbst dort, wo der Therapeut den Patienten konfrontierend auf bestimmte Dinge hinweist oder wo er gar seine Enttäuschung und seinen Ärger ausdrückt, sollte dabei trotzdem eine akzeptierende, bejahende Grundhaltung deutlich werden. Zwei Merkmale dieses Prinzips sind in diesem Zusammenhang herauszustellen:
- positives Aufgreifen der Patientenäußerung und Verzicht auf den Ausdruck des „Hinterfragens" (insofern dieses nicht ausdrücklich thematisiert wird),
- (partielles) Bestätigen der Sicht und Erlebnisweisen des Patienten.

Wenn aber dieses Behandlungsprinzip noch direkter zur Geltung kommen soll, sind zusätzliche Interventionen angezeigt. Folgende sind zu nennen:

Bestätigen:
Th.: „ Ja, so sollten Sie weitermachen."

Loben und Anerkennen:
Th.: „ Sie haben da sehr großen Mut bewiesen."

Bekunden von Solidarität:
Th.: „ Ich verstehe sehr Ihren Wunsch, aus diesen Schwierigkeiten bald für immer herauszufinden, und möchte mit Ihnen einen Weg suchen."

Bekunden von Interesse und Sorge:
Th.: „ Es liegt mir viel daran, daß Sie sich verstanden fühlen, und ich hoffe sehr, daß Sie die Mauer zwischen sich und den anderen bald einreißen können."

Respektieren des Widerstandes:
Th.: „ Es fällt Ihnen im Augenblick noch schwer, darüber zu sprechen; dann brauchen wir das jetzt auch nicht zu tun."

Schwierigkeiten und Gefahren bei der Realisierung des Bedingungsfreien Akzeptierens

Die hier implizit aufgestellten Forderungen an den Therapeuten mögen manchmal so klingen, als würde von diesem ein ganz besonderes Maß an Edelmut und menschlicher Güte gefordert. Diese Forderung wäre in sich sehr problematisch, denn vom Psychotherapeuten ein „Sondersoll an Moral" zu verlangen, fördert letztlich nur die Heuchelei (Waldenfels 1991). Ohne dieses sicherlich schwierige Thema vertiefen zu können, soll hier nur gesagt werden, daß es sich hier einmal nur um die spezifische Ausformung einer allgemeinen Berufsethik und zum anderen um die spezifischen Charakteristika psychotherapeutischen Expertentums handelt. Zu den letzteren gehört durchaus ein hohes Maß an Fähigkeit, eigene

Enttäuschungen, Kränkungen und Ärger bei sich selbst wahrzunehmen und sie in der Interaktion mit dem Patienten kontrollieren zu können. Es gehört weiterhin dazu ein gewisses Ausmaß an Fähigkeit, „von sich selbst" abzusehen und den anderen in seinem eigenen Sosein gelten zu lassen. Diese Fähigkeit ist aber im konkreten psychotherapeutischen Prozeß immer wieder bedroht.

Die Realisierung des *Bedingungsfreien Akzeptierens* kann auf seiten des Therapeuten dadurch behindert werden, daß er sich von den destruktiven Emotionen, etwa Gefühle sehr feindseliger Art, gewissermaßen anstecken läßt. Die Empörung, der Ärger, die Enttäuschung können dann so mächtig werden, daß der Therapeut zumindest für die nächsten Augenblicke nicht mehr in der Lage ist, verstehend nach Gefühlen und Motiven zu fragen, also eine empathische Haltung einzunehmen.

Die bejahende Haltung kann den empathischen Zugang erleichtern. Auch umgekehrt aber kann das empathische Verstehen der Sinngehalte und Bedeutungssetzungen im Erleben des Patienten bei dem Therapeuten die Möglichkeit verbessern, seinen Patienten zu akzeptieren. Wenn beides dem Therapeuten nicht mehr möglich ist, muß er nach der Therapiesitzung versuchen, sich über sein eigenes Erleben Rechenschaft zu geben. Schließlich könnte er in einer Supervisionsgruppe sich bei dieser Selbsterkundung helfen lassen.

Die Möglichkeit zum *Bedingungsfreien Akzeptieren* kann des weiteren dann gestört sein, wenn das Erleben des Patienten an Probleme des Therapeuten selber rührt und in diesem u.U. so heftige, schmerzliche Erinnerungen wachruft, daß sich gegen den aktuellen Anlaß dieses Schmerzes, den Patienten, Ablehnung und Ärger einstellen.

Der therapeutische Sinn des unbedingten Akzeptierens kann dadurch verkehrt werden, daß der Therapeut im scheinbaren Vollzug dieses *Bedingungsfreien Akzeptierens* einer Selbstidealisierung unterliegt. Die Haltung des Akzeptierens und Wertschätzens dient ihm dann gewissermaßen nur noch dazu, sein eigenes Selbstideal zu erfüllen. Als scheinbar grenzenlos Akzeptierender fühlt sich der Therapeut wie auserwählt. Die Folge einer solchen Selbsterhöhung wäre dann natürlich, daß der Therapeut nicht mehr wirklich empathisch sein kann und auch in der Haltung des Akzeptierens unecht würde, was der Patient sehr bald spüren würde. Wenn der Patient jetzt ablehnend reagiert, ist der Therapeut in der Gefahr, seine Selbstidealisierung als bedroht zu erleben und seinerseits feindselig zu reagieren. Stützt der Patient aber, aus Gründen der eigenen Persönlichkeitsproblematik, das Selbstideal des Therapeuten dadurch, daß er ihm signalisiert, wie sehr er sich vom Therapeuten angenommen und verstanden fühlt, kann es zu einem Circulus vitiosus kommen, in dem sich beide Interaktionspartner gegenseitig so in einer Rolle fixieren, daß es immer schwerer wird, die Verkehrung der therapeutischen Situation rückgängig zu machen. Gerade auch in einem solchen Falle könnte wohl nur noch die Supervision, evtl. auch die sog. kollegiale Supervision, eine Wende ermöglichen.

Eine weitere Gefahr bestünde darin, daß der Therapeut sich selbst in der Fähigkeit zum bedingungsfreien Akzeptieren so weitgehend bestätigen will, daß er deshalb Blockierungen im Therapieprozeß und Abwehrverhalten des Patienten in der Wahrnehmung ausblendet, um eben sein Selbstideal nicht zu gefährden. Schließlich auch kann der so gütig erlebte Therapeut im Patienten Schuldgefühle auslösen wegen etwaiger Aggressionen, die er nun gar nicht mehr einzugestehen wagt. Die Güte des Therapeuten würde hier also gerwissermaßen einschüchternd wirken und den Patienten daran hindern, Gefühle von Ärger und Enttäuschung gegenüber seinen Therapeuten wahrzunehmen.

Ihrereseits harmoniebedürftige und konfliktscheue Therapeuten könnte die Forderung des *Bedingungsfreien Akzeptierens* dazu verführen, die eigenen persönlichen Schwierigkeiten auszuleben. Sie könnten die Situation, durchaus mehr oder weniger unabsichtlich, so konstellieren, daß ihre Patienten es gar nicht mehr wagen, Zweifel, Kritik oder sogar Ärger auszudrücken. Denn dies würde dem „ungeschriebenen" Gebot eines allseitigen harmonischen und verständnisvollen Einvernehmens widersprechen.

Ihrerseits sehr harmoniebedürftigen Patienten dagegen käme diese Tendenz ihrer Therapeuten sehr entgegen. Natürlich würde dies bedeuten, daß sie in ihrer Neigung, inter- und intrapersonale Konflikte abzuwehren, bestärkt würden. Die Abwehr würde also therapeutischerseits unterstützt. Sicher brauchen solche Patienten gerade wegen ihrer geringen Spannungstoleranz und Ängstlichkeit zunächst das Erleben einer bejahenden, veständnisvollen und auch die Abwehr zunächst nicht in Frage stellenden Beziehung, um sich überhaupt auf eine Auseinandersetzung mit konflikthaften Themen einlassen zu können. Die Gefahr liegt aber darin, daß der Therapeut das Vermeiden solcher Themen seitens des Patienten ausblendet, um das Klima von Verrständnis und Geborgenheit nicht zu gefährden.

Indikation des *Bedingungsfreien Akzeptierens*

Als Rahmenbedingung ist das *Bedingungsfreie Akzeptieren* in der Therapie eines jeden Patienten unverzichtbar. Erst in einem Klima des Respektes kann sich der Patient mit ängstigenden und konflikthaften Themen auseinandersetzen.

Auf der mehr instrumentellen Ebene definierter Interventionen ist dieses Therapieprinzip jedoch nur bei bestimmter Patienten von besonderer Wichtigkeit. Hier sind besonders sehr selbstunsichere und kontaktgehemmte Patienten mit Soziaängsten zu nennen. Ein sehr ausdrücklich akzeptierendes Vorgehen kann auch wichtig sein bei Patienten, die ihre tiefe Selbstunsicherheit überkompensatorisch zu bewältigen suchen, wie das z. B. oft bei narzißtisch Gestörten zu beobachten ist. Hier erfordert der Einsatz von Bestätigung, Lob usw. jedoch sehr viel Feingefühl hinsichtlich der richtigen „Dosierung" und des richtigen Zeitpunktes.

Sinnvoll können solche Interventionen auch bei Borderline-Patienten sein, wenn sie differentiell eingesetzt werden. Falls diese Interventionen sehr authentisch und mit einer gewissen überzeugenden Unmittelbarkeit gegeben werden, können sie die interaktionsbezogene Wahrnehmung dieser Patienten schärfen und dadurch eine verläßlichere Selbstbewertung und Selbststeuerung aufbauen.

> **Gesprächsregeln** *Bedingungsfreies Akzeptieren*
>
> - Zeigen Sie dem Patienten Ihr Interesse an seinem Schicksal und an seiner Person, indem Sie ihm aufmerksam zuhören.
>
> - Formuliern Sie Ihre Interventionen, auch konfrontierende, immer so, daß darin Wertschätzung und Respekt zum Ausdruck kommen.
>
> - Bekunden Sie u.U. Ihre Sorge und Ihre Anteilnahme.
>
> - Versuchen Sie zunächst, die Sicht und die Beurteilung des Patienten anzunehmen. Verbünden Sie sich mit seinem Heilungswillen.

Das *Therapieprinzip* **Einfühlendes Verstehen**

Wie schon aus dem Terminus „Einfühlendes Verstehen" (empathic understanding) hervorgeht, sind hier zwei Komponenten zu unterscheiden. Das Einfühlen entspricht einem eher emotional-intuitiven Zugang, das Verstehen bewegt sich auf einer eher kognitiven Ebene. Das soll im Folgenden erläutert werden. Das Begriffspaar *Einfühlen* und *Verstehen* ist eng mit der deutschen, verstehenden Psychlogie verbunden. Begründer der Einfühlungstheorie ist der schon genannte Th. Lipps (zit. nach Pongratz 1967). Für ihn ist das Einfühlen ein inneres Mitmachen, eine imaginierende Nachahmung des Erlebens des anderen. Auch für W. Dilthey (1958) ist das Einfühlen ein Nacherleben, ein kreativer Nachvollzug fremden Erlebens, wodurch der Erlebenshorizont auch des sich Einfühlenden, das hieße hier also des Therapeuten, erweitert wird. Das Sich-Einfühlen ist also ein zumindest zeitlich begrenztes Sich-Identifizieren, eine partielle Teilhabe am Erleben des anderen. Rogers hat allerdings auf den Als-ob-Charakter dieses Identifizierens hingewiesen und M. Scheler (1923), ein bedeutender Vertreter der Phänomenologie und der Lebensphilosophie, hatte in diesem Sinne den Unterschied zwischen *Ein*fühlen und *Eins*fühlen herausgestellt. Beim Einsfühlen kommt es zu einer Gefühlsansteckung, zu einer Stimmungsübertragung, also gewissermaßen zu einer Art emotionaler Verschmelzung zwischen Therapeut und Patient. Beim Einfühlen dagegen bleibt für den Sich-Einfühlenden eine gewisse emotionale Distanz gewahrt, er bleibt sich im Akt des Nachempfindens und Nachbildens der Gefühle des anderen seines Getrenntseins bzw. Andersseins bewußt. Diese Unterscheidung zwischen Einsfühlung und Einfühlung ist aus therapeutischer Sicht grundsätzlich berechtigt und wichtig. Es stellt sich hier jedoch die Frage, ob der Therapeut über die Einfühlung hinaus für bestimmte Momente der Therapie auch eine Einsfühlung mit dem Patienten haben, ob er sich auch von den Gefühlen seines Patienten anstecken lassen soll. Vielleicht ist nur durch diese intensive, passagere Teilhabe, durch diese Identifikation auch ein tieferes Erfassen der inneren Welt des Patienten möglich. Therapeutisch bedeutsam scheint aber auf jeden

Fall das Erleben des emotionalen Begleitens durch den einfühlenden Mitvollzug des Therapeuten zu sein.

Darüber hinaus ist es für den Patienten wichtig, sich durch den Therapeuten in bejahender Weise gespiegelt zu sehen. In dieser Spiegelung, in diesem Verstandenwerden durch einen anderen soll der Patient sich selbst erfahren und entdecken. Durch die Teilhabe eines anderen an seinem Erleben soll der Patient sich abgespaltene, entfremdete Erfahrungen wieder aneignen. Hier zeigen sich die zwei Komponenten des *Einfühlenden Verstehens*, die emotionale, die in der identifikatorischen Teilhabe zum Ausdruck kommt, und die kognitive, bei der es um das Verstehen des Erlebens, um das Erfassen von Sinngehalten und Bedeutungsstrukturen geht.

Der Therapeut soll seinen Patienten verstehen, aber dies kann zweierlei bedeuten. Einmal kann es jene Bedeutung haben, die anklingt in der Bemerkung: „Ja, ich verstehe dich." Dies meint meist soviel wie: Ich habe für dich und dein Fühlen oder Verhalten Verständnis, ich kann es nachempfinden, und ich kann es akzeptieren. Zum anderen kann es bedeuten: Ich sehe den Sinn deines Verhaltens oder Empfindens ein, ich erfasse oder erahne hier einen Zusammenhang. Die zweite Form von Verstehen geht davon aus, daß das Phänomen, also etwa das angesprochene Verhalten oder Gefühl, einen Sinn verbirgt, der erkannt, der eingesehen werden muß, daß noch nicht alles getan ist, wenn etwa dieses Gefühl wahrgenommen und nachempfunden wird. Es müsse vielmehr nach einem Zusammenhang gesucht werden, der dem Gefühl oder Verhalten erst seinen Sinn, seine Bedeutung gibt. Es wird also eine Differenz zwischen dem Phänomen und seinem Sinn unterstellt. Die erste Form von Verstehen begnügt sich mit einem mitfühlenden Anschauen des Erlebens des Patienten, die zweite Form versucht, es zu durchschauen auf einen Sinn (Schaeffler 1974). Von der Gesprächspsychotherapie ist nun behauptet worden (Schmidt 1976), daß es sich bei ihrem *Einfühlenden Verstehen* nur um ein Verstehen im ersteren Sinne, um ein „Verständnis-haben" handele. Es gehe dem Verstehen der Gesprächspsychotherapie nicht um eine Einsicht in zunächst noch Unverstandenes, sondern nur um ein Nacherleben, ein Nachbilden von emotionalen Zuständen des Patienten.

Dieses Mißverständnis gründet in dem Umstand, daß in der Tat die Gesprächspsychotherapie, ihrer phänomenologischen Position entsprechend, großen Wert legt auf das unmittelbare Anschauen des Gegebenen. In diesem Anschauen wird versucht, den Bedeutungshof des vom Patienten Geäußerten immer wieder zu umkreisen, um so Schritt für Schritt dieses Geäußerte unter neuen Aspekten aufscheinen zu lassen. Bei dem genannten Mißverständnis wird nun übersehen, daß das Verstehen der Gesprächspsychotherapie ein Prozeß ist, der sich in vielen kleinen Schritten vollzieht, so daß der Übergang vom Anschauen zum Durchschauen fast ein unmerklicher ist, jedenfalls sich nicht an einer einzelnen Verstehenssequenz, an einer einzelnen Intervention ablesen läßt. Dieses „Verstehen in kleinen Schritten" ist konstitutiv für die Gesprächspsychotherapie. Diese ist der Meinung, daß ein abruptes Durchschauenwollen therapeutisch destruktiv ist, da es den Patienten ängstigt und so seinen Widerstand gegenüber einer Auseinandersetzung mit sich selbst erhöht. Das Erfassen von Bedeutungszusammenhängen, also das Interpretieren, erfolgt nicht in einer einzigen Intervention, sondern in einen Prozeß des zunehmenden Verdeutlichens.

4. Therapieprinzipien und Therapietechnik

Ziele und Funktionen des **Einfühlenden Verstehens**

Um den Patienten zu einer Auseinandersetzung mit sich selbst zu ermutigen und um ihm bei diesem Unternehmen das Gefühl einer gewissen Autonomie zu geben, kommt es darauf an, ihn an der Erkundung von Bedeutungszusammenhängen in einem wesentlichen Maße teilhaben zu lassen. Um das zu erreichen und um das Erkennen von Sinnzusammenhängen emotional zu verankern, d. h. zur echten Einsicht werden zu lassen, soll der Abstand zwischen der Äußerung des Patienten und dem verbalisierten Verstehen des Therapeuten, also zwischen dem Zeichen und dem Bezeichneten, zwischen dem Phänomen und dem ihm vorläufig zugeschriebenen Sinn nur so groß sein, daß eben dieser Sinn auch für den Patienten bereits, wie Rogers sagt, „am Rande des Gewahrwerdens liegt". Es geht also um den fließenden Übergang vom Anschauen zum Durchschauen, vom reinen Vergegenwärtigen des Phänomens zum Erfassen seiner Bedeutung, vom Wahrnehmen zum Interpretieren.

Das Verstehen in der Gesprächspsychotherapie ist also durchaus ein Interpretieren. Dies wird auch in dem folgenden Zitat von Rogers (1977 / [1]1975) deutlich: „Für das Verständnis der phänomenalen Welt des Klienten ist es erforderlich, daß der Therapeut mehr als nur den Wortsinn der Mitteilungen des Klienten aufnimmt. Der Therapeut versucht, 'in die Haut des Klienten zu schlüpfen', er taucht ein in die Welt komplexer Sinngehalte, die der Klient ausdrückt. Im Idealfall äußert sich ein solches Verstehen durch kommentierende Bemerkungen, die sich nicht nur auf das beziehen, was dem Klienten bewußt ist, sondern auch auf 'die neblige Zone am Rande der Gewahrwerdung'[...] Ein solches einfühlendes Verstehen heißt, daß der Therapeut in der Welt des Klienten zu Hause ist. Es ist sein unmittelbares Gespür im Hier und Jetzt für die innere Welt des Klienten und ihren ganz privaten personalen Bedeutungen." Das Erfassen von Bedeutungen, von Sinngehalten, von denen Rogers hier spricht, ist ein Interpretieren.

Wenn diese Aussage auch heute weitgehend selbstverständlich ist, was auch aus neueren gesprächspsychotherapeutischen Publikationen hervorgeht (Sachse u. Maus 1991; Swildens 1991; Tscheulin 1992; Baus 1992), so finden sich doch gelegentlich Verweise darauf, daß Interpretationen mit der gesprächspsychotherapeutischen Methodik nicht vereinbar seien (z. B. Tausch 1970; Auckenthaler 1989; Fittkau u. Kalliner 1989). Hier sind aber in der Regel zwei Sonderfälle von Interpretationen gemeint, nämlich das quasi persönlichkeitsdiagnostische Etikettieren von vermeintlich überdauernden Merkmalen (z. B. „das ist bei Ihnen so, weil Sie immer so bestätigungssüchtig und so kränkbar sind!") und das eine komplexe Materialfülle einbeziehende Schlußfolgern („Sie sind sehr neidisch auf Ihren Freund, und dieser Neid gilt eigentlich Ihrem Bruder, weil Sie es immer noch nicht verwinden können, daß Sie sich als Kind von Ihrem Vater so vernachlässigt fühlten!"). Die Intervention im erstgenannten Beispiel wäre aus gesprächspsychotherapeutischer Sicht deshalb wenig konstruktiv, weil sie erstens den Hinweis auf etwas scheinbar Unveränderliches und zweites eine negativ getönte, fast moralisierende Bewertung enthält. Im zweiten Beispiel ist die therapeutische Intervention viel zu intellektualisierend, also zu erlebnisfern. Es handelt sich hier übrigens auch nach psychoanalytischem Verständnis nicht um eine Deutung, sondern um eine ganz besondere Form der Interpretation, nämlich eine Konstruktion bzw. Rekonstruktion (Freud 1978a). Sie erfordert nach der psychoanalytischen Konzeption eine gründliche Vorarbeit und ist so insgesamt auch eher selten zu geben. Neuerdings wird auch psychoanalytischerseits ihre Wirksamkeit in Frage gestellt.

Handelt es sich bei den Interpretationen der Gesprächspsychotherapie auch um Interpretationen im psychoanalytischen Sinne? Der Psychoanalytiker und Therapieforscher A.E. Meyer (Meyer u. Wirth 1988) behauptet dies. Er stellte in vergleichenden Unterusuchungen (bei denen die Gesprächspsychotherapie zu mindestens ebenso guten Therapie-Ergebnissen wie die Psychoanalyse kam) fest, daß Gesprächspsychotherapeuten mit 11 Interpretationen pro Sitzung lediglich seltener als Psychoanalytiker (17 je Sitzung) von dieser Intervention Gebrauch machen.

Praxis des *Einfühlenden Verstehens*

Von den beiden Komponenten des *Einfühlenden Verstehens* soll im folgenden vorwiegend auf die letztgenannte, das Verstehen, eingegangen werden. Zuvor aber noch einige Worte zur erstgenannten, dem Einfühlen. Wie schon dargestellt, ist die Komponente des Einfühlens eine unabdingbare Voraussetzung für das Verstehen. Im Vollzug des Einfühlens versucht der Therapeut, durch eine emotionale Teilhabe in sich ein möglichst plastisches Bild von der „inneren Welt" des Patienten entstehen zu lassen. Sich identifizierend versucht er, diese Welt „mit den Augen des Klienten zu sehen" (Rogers 1977 / [1]1975). Durch ein imaginierendes und phantasierendes Vergegenwärtigen verschiedenster Lebensereignisse und Situationen des Patienten will er Erlebnisräume des Patienten anschaulich und erfahrbar machen. Diese hier zunächst intuitiv erschauten und gefühlten Gehalte geben dem Verstehen dann Orientierungsmarken vor, auf die hin es sich ausrichten, auf die hin es fragen kann. Der Therapeut versucht dann, die Äußerungen bzw. die Rede des Patienten auf diese Orientierungsmarken hin zu verstehen. Dem Therapeuten werden Bedeutungsstrukturen im Erleben des Patienten deutlich, er beginnt das „innere Bezugssystem" (Rogers 1987 / [1]1959) des Patienten zu erfassen und versucht, das Erleben und Verhalten des Patienten aus diesem Bezugssystem heraus zu verstehen.[7]

Das Therapieprinzip *Einfühlendes Verstehen* ist gegenüber den anderen Prinzipien am ehesten handlungsorientiert, d. h., es deutet am unmittelbarsten bereits eine bestimmte Behandlungspraxis an. Zwar ist auch das *Einfühlende Verstehen* zunächst ein Einstellungsmerkmal, das auf die Bereitschaft des Therapeuten hinweisen soll, sich um Empathie und Verstehen zu bemühen. Insofern ist auch

---

[7] Bei der verstehenden Annäherung an das Bezugssystem des Patienten bringt der Therapeut jedoch sein eigenes Bezugssystem, sein eigenes „Vorverständnis", sein eigenes „Vorurteil" (Gadamer 1975) zumindest unausdrücklich mit ein. Er kann nie ganz „voraussetzungslos" verstehen. Siehe hierzu im folgenden „Das Verstehen zwischen Selbstbefangenheit und Fremdbestimmung".

die Vorstellung naheliegend und berechtigt, daß eine solche empathische Einstellung zu sehr unterschiedlichen Handlungsweisen bzw. Interventionen führen kann. Für die präzise Beschreibbarkeit und Lehrbarkeit des Verfahrens ist es wichtig, diese unterschiedlichen Interventionen zu klassifizieren und die Art ihrer Unterschiedlichkeit zu charakterisieren.

Wollte man, wie bisher oft geschehen (Tausch 1970), das *Einfühlende Verstehen* als ein Handlungsmerkmal global beschreiben, so könnte man wie folgt formulieren: Der Therapeut versucht, die Perspektive des Patienten übernehmend, den gefühlshaften Gehalt, den emotionalen „Bedeutungshof" der Äußerungen des Patienten zu erfassen und dieses Erfaßte dem Patienten mitzuteilen. Es dürfte hier aber schnell klar sein (und verschiedenste Therapietranskripte, so von Rogers [1977 / ¹1974] selbst, machen dies deutlich), daß diese globale Formulierung die verschiedenen Möglichkeiten, auf ein und dieselbe Äußerung des Patienten „gefühlsverbalisierend" einzugehen, in keiner Weise abbildet. Ein kurzes Beispiel soll dies verdeutlichen.

Wenn etwa ein Patient sagt: „Als meine Mutter dann wieder ihre vorwurfsvolle Miene aufsetzte, war es, als müßte ich ausrasten, ich bin einfach weggegangen", dann könnte hier der Therapeut antworten:

Th1: „Sie waren in diesem Augenblick außer sich vor Wut."

Th2: „Daß Sie so schroff reagierten, war Ihnen hinterher ziemlich peinlich."

Th3: „Da wurde irgend etwas in Ihnen getroffen, was Sie so wütend machte."

In allen drei Interventionen wird der Patient zur Auseinandersetzung mit sich selbst angeregt, die Beziehung zum Interaktionspartner, hier der Mutter, wird nicht angesprochen. Aber die Verstehensangebote greifen dennoch Unterschiedliches auf, sie bewegen sich auf verschiedenen Bedeutungsebenen. In Th1 spricht der Therapeut das während des berichteten Ereignisses vermutlich vorherrschende Gefühl des Patienten an. Dieser unmittelbar das Ereignis begleitende Affekt dürfte für den Patienten kognitiv weitgehend repräsentiert sein. In Th2 nimmt das therapeutische Verstehen Bezug auf die stellungnehmende, aktivbewertende Instanz im Patienten, und in Th3 wird auf die Möglichkeit von kognitiv kaum repräsentierten, basaleren Antwortbereitschaften und ihre Bedeutungsstrukturen hingewiesen. Es wird also bei den drei verschiedenen Interventionen auf sehr unterschiedlichen Bedeutungsebenen und damit Sinngehalte Bezug genommen. Demzufolge ist die das *Einfühlende Verstehen* begleitende Suchhaltung des Therapeuten auf jeweils Unterschiedliches in der Patientenäußerung gerichtet. So sind unterschiedliche semantische Ebenen bzw. Stufen des Verstehens zu unterscheiden, die unten näher beschrieben werden sollen.

Wenn hier von „Verstehen" die Rede ist, so sind gleichzeitig zwei unterschiedliche Dinge gemeint: zum einen das Verstehen des Therapeuten, also die kognitiven, aber auch emotionalen Prozesse, die in ihm ablaufen, und zum anderen das, was er davon dem Patienten mitteilt. Dadurch, daß in der Rede vom „einfühlenden Verstehen" oft beides gemeint ist, der Verstehensprozeß im Therapeuten und die Mitteilung davon, wird der Eindruck erweckt, als bestehe hier keine Differenz, als würde der Therapeut alles, was er verstanden hat, auch mitteilen. Zwar wird im Laufe der Therapie der Therapeut vieles von dem, was er glaubt, verstanden zu haben, dem Patienten kommunizieren, aber für die einzelne therapeutische Sequenz gilt natürlich, daß der Therapeut nur das für den Patienten unmittelbar Evidenzfähige, das, was für den Patienten „am Rande der Gewahrwerdung" (Rogers) liegt, mitteilen wird. Alle darüber hinausgehenden Mitteilungen würden, da erlebnishaft zu wenig verankert, nur fruchtloses Intellektualisieren fördern. Im folgenden wird, wenn vom Verstehen des Therapeuten die Rede ist, nur jener Teil des erfaßten Bedeutungsgehaltes gemeint, der auch unmittelbar mitgeteilt wird. In der Psychoanalyse wird diese Differenz der Sachverhalte oft durch den Unterschied der Termini Deuten und Interpretieren markiert: die Deutung ist jener Teil der Interpretation des Psychoanalytikers, der verbalisiert wird. Eine entsprechende terminologische Unterscheidung ist in der Gesprächspsychotherapie nicht gebräuchlich.

Das Vermeiden des Intellektualisierens

Ein wesentliches Merkmal gesprächspsychotherapeutischer Praxis besteht in einem erlebnisaktivierenden Vorgehen, d. h., es gilt Intellektualisierungen tunlichst zu vermeiden. Das bedeutet, daß die einzelnen Interventionen des Therapeuten möglichst nicht umfassende Sinnzusammenhänge einzufangen versuchen. Im letzteren Falle würde es sich bei der Tätigkeit des Therapeuten auch nicht mehr um ein Verstehen, sondern um ein Erklären handeln (Jaspers 1959; Körner 1985). Der Therapeut soll vielmehr versuchen, „von Augenblick zu Augenblick" (Rogers) nur das jeweils unmittelbar Gegenwärtige in seiner Bedeutsamkeit zu erfassen. Man könnte hier von einem punktuellen Verstehen sprechen, in dem die verschiedenen Aspekte eines möglichen Sinnzusammenhanges nichtsofort zusammengefügt, sondern „in der Schwebe" gehalten werden. Diese „Bewegung des Verstehens" im unmittelbaren Mitvollzug des Erlebens des Patienten soll nur selten zu fest umrissenen Sinnfiguren gerinnen, d. h. in umfassenden Interpretationsgestalten eingefangen werden. Das Verstehen behält so eine gewisse „Flüssigkeit", um den Erlebnisstrom des Patienten nicht abzubrechen, sondern langsam zu durchdringen. Denn gerade dieses Prozeßhafte des Verstehens ermöglicht am ehesten die Änderung von basalen Erlebnismustern.[8] Sodann soll möglichst der Patient selber, angeregt durch den Therapeuten, die einzelnen Verstehensmomente zusammenfügen und den Sinn-Kreis schließen.
    Eine weitere Praxisrichtlinie betrifft das Tempo des verstehenden Vorgehens. Bei Anfängern in der Psychotherapie ist öfter zu beobachten, daß sie sich und den Patienten hinsichtlich des Erschließens immer neuer Zusammenhänge

---

[8] In dieser Position zeigt sich der für Rogers (und für die Lebensphilosophie) typische Aktualismus und Anti-Intellektualismus: Das Verstehen und die Einsichtvermittlung sind nur als Prozeß, nur als ein Moment des Werdens zu beschreiben. Auch kommt der kognitiv betonten Einsichtvermittlung im therapeutischen Geschehen keine primäre Bedeutung zu: „Die Veränderung im Selbst geht der Wiederentdeckung von geleugnetem oder unterdrücktem Material eher voraus, als daß sie ihr folgt." (Rogers 1973a / ¹1951)

sehr unter Druck setzen. Das in den Äußerungen des Patienten Erfaßte führt dann beim Therapeuten sofort zur nächsten Frage bzw. zum abermals vertiefenden Verstehensangebot, worauf dann prompt ein weiterer Sinnzusammenhang erschlossen werden soll usw. Ein solch forciertes Vorgehen führt den Patienten von seinem eigenen Erleben fort, er wird gezwungen, dem Therapeuten in seinen Überlegungen zu folgen, anstatt Kontakt zu seinem eigenen Erleben zu halten. Für ein therapeutisch effektives Vorgehen ist es wichtig, aus dem gerade Verstandenen oder Erahnten nicht sofort eine weiterführende Frage abzuleiten, sondern bei der erspürten Bedeutung eines bestimmten Phänomens zunächst zu verweilen, ihr im amplifizierenden Umkreisen Schritt für Schritt neue „Konnotationen" abzugewinnen. Der Therapeut darf sich also nicht nur von der Frage drängen lassen „Was habe ich noch nicht verstanden?", sondern er muß gewissermaßen beim Schon-Verstandenen schauend verweilen können. Anders ausgedrückt: Das, was im Bericht des Patienten als Bedeutung schon in Erscheinung getreten ist, gilt es festzuhalten und noch einmal vor den Patienten gewissermaßen hinzustellen, damit er diese Bedeutungsgestalt von allen Seiten betrachten und sein Erleben darin spiegeln kann. Das gesprächspsychotherapeutische Verstehen ist also ein „Interpretieren in kleinen Schritten" (Finke 1981, 1985), in dem die einsichtsvermittelnde Sinnfigur erst aus einem längeren Interaktionsprozeß heraus entwickelt wird.

Die Stufen des *Einfühlenden Verstehens*

Es wurde schon angedeutet, daß weder die gesprächspsychotherapeutische Praxis insgesamt noch die behandlungspraktische Ausgestaltung des Prinzips *Einfühlendes Verstehen* ein homogenes Vorgehen darstellt. Es ist also davon auszugehen, daß sich beim „einfühlenden Verstehen" sowohl hinsichtlich der erfaßten „Tiefe" des Erlebens als auch des Umfangs an Verweisungsbezügen und Bedeutungszuschreibungen unterschiedliche Ebenen bzw. Stufen beschreiben lassen. Diese Stufung ist für die therapeutische Arbeit auch insofern von Belang, als hierdurch nahegelegt wird, bei dem Erarbeiten von Einsicht und neuen Erfahrungen sukzessiv vorzugehen. Ein gestuftes Vorgehen legen auch andere Gesprächspsychotherapeuten nahe, so etwa Swildens (1991), Tscheulin (1992) und Sachse und Maus (1991). Vor allem die letztgenannten Autoren haben eine Schrittfolge von Interventionen bzw. therapeutischen „Bearbeitungsangeboten" vorgelegt, die in ihrer Stufung (nicht jedoch in der inhaltlichen Beschreibung dieser Stufen) Parallelen zu dem hier vertretenen Konzept aufweist.[9]

---

[9] Eine hierarchische Stufung behandlungstechnischer Momente ist auch innerhalb der Psychoanalyse vorgesehen. Hier sei auf die von Greenson (1975) herausgearbeiteten Schritte der Deutungstechnik und der Widerstandsbearbeitung hingewiesen.

Die Stufen des *Einfühlenden Verstehens*

1. *Einfühlendes Wiederholen*
   Der Sinn der Patienten-Äußerung wird mit den Worten des Therapeuten wiedergegeben.
   Therapeut: „Sie hätten regelrecht überkochen können vor Wut."

2. *Konkretisierendes Verstehen*
   Zusammenhang von Situationen und Gefühl bzw. Verhalten des Patienten.
   Therapeut: „Es war also der vorwurfsvolle Blick Ihrer Mutter, der Sie so wütend machte."

3. *Selbstkonzeptbezogenes Verstehen*
   Zusammenhang zwischen erlebtem Gefühl und Reaktion auf dieses Gefühl.
   Therapeut: „Wegen dieser Wut haben Sie sich anschließend richtig geschämt."

4. *Organismusbezogenes Verstehen*
   Zusammenhang zwischen aktuellem Gefühl und vorausliegendem Erleben oder Wunsch.
   Therapeut: „In dieser Wut spürten Sie all' Ihr häufiges Gedemütigtsein."

5. „Interpretieren"
   Zusammenhang zwischen Gefühl und biographischem Ereignis. Therapeut: „Diese Wut hatten Sie oft auch als Kind, wenn die Mutter Sie immer allein ließ."

Insgesamt sind fünf Stufen zu beschreiben:

Einfühlendes Wiederholen. Bei dieser gewissermaßen anfänglichen Stufe wiederholt der Therapeut den Wortsinn der Patientenaussage mit seinen eigenen Worten (also keine echohafte Wiederholung). Es handelt sich hier noch nicht eigentlich um ein psychologisches, sondern eher um ein logisches Verstehen (Jaspers 1959). Der Therapeut versucht, den Aussage-Sinn der Patientenäußerung in formaler Hinsicht zu verdeutlichen. Er versucht, das vom Patienten unmittelbar Gemeinte, aber nicht Verbalisierte herauszustellen. Hierzu gehört auch das Benennen von Gefühlen, die durch eine bestimmte Verhaltensschilderung des Patienten zwar nahegelegt, von diesem aber so nicht formuliert werden. Es handelt sich hier also um das Herausstellen von Bedeutungsaspekten, die für den Patienten zwar relativ bewußtseinsnah sind, mit denen er sich aber bisher möglicherweise kaum ausdrücklich auseinandergesetzt hat. Hier kann auch ein strukturierendes Moment zur Geltung kommen.

Der folgende kurze Auszug aus einem Therapiegespräch soll das verdeutlichen. Es handelt sich um die schon vorgestellte, 44jährige Agraringenieurin, die nach dem kurz hintereinander erfolgten Tod ihrer Tante und ihrer Mutter an einer Panikstörung erkrankte. Die Patientin hatte zu den beiden Verstorbenen, die neben ihrem Mann und ihren Kindern mit im Hause wohnten, ein sehr enges Verhältnis.

Pat.: „ Das Haus war so leer, nachdem beide gestorben waren, entsetzlich leer..."
Th.: „ Sie meinen, daß nun plötzlich im Haus etwas Wichtiges fehlt."
Pat.: „ Ja, ich konnte lange Zeit mich gar nicht in den Zimmern aufhalten, in denen meine Tante und meine Mutter gewohnt hatten."
Th.: „ Es war irgendwie unerträglich für Sie in diesen Zimmern."
Pat.: „ Ich sah sie immer noch da sitzen, die beiden alten Damen."
Th.: „ Es war manchmal für Sie so, als ob sie immer noch anwesend wären."
Pat.: „ Ja, als ob sie dort noch wären. Ich meine immer noch, sie müßten da sitzen, sie müßten mit mir reden."
Th.: „ Es ist, als seien die beiden immer noch für Sie da."

Zwei Funktionen dieses *Einfühlenden Wiederholens* sollen herausgestellt werden:

Der Therapeut macht der Patientin deutlich, daß er sich ganz genau ihre Situation und ihr Erleben zu vergegenwärtigen sucht. Die Patientin bekommt so das Gefühl, daß der Therapeut bemüht ist, ihr Erleben nachzuempfinden und sie in ihrer inneren Welt zu begleiten. Dieses Erlebnis von Teilhaben wirkt als solches ermutigend und bestätigend, d. h., es wirkt entangstend und löst eventuelle Widerstände gegen eine weitere Selbsterkundung auf.

Der Therapeut fordert durch sein Wiederholen die Patientin auf, ihre eigene Aussage noch einmal zu betrachten, sie gewissermaßen hinsichtlich der verschiedenen Aspekte ihrer Bedeutung zu umschreiben und so ihren vielfachen Sinn auszuloten. Dies bedeutet, daß die Patientin ermutigt wird, sich ihre Äußerung selbst zu deuten. Die Wiederholung der Patientenaussage mit den Worten des Therapeuten bedeutet, gerade wegen dieser geänderten Wortwahl, aber ebenso eine, wenn auch nur geringfügige, Akzentverschiebung ihres Sinnes. Diese Interventionsform wurde deshalb auch als „umakzentuierendes Wiederholen" bezeichnet (Meyer 1987). In einer solchen Umakzentuierung kann man bereits ein ansatzweises Interpretieren sehen, denn der Therapeut gibt durch seine Art der Spiegelung bereits eine neue Sinnrichtung vor. Wenn beispielsweise ein Patient von dem Gefühl der Unzufriedenheit berichtet, das er anläßlich eines bestimmten Ereignisses hatte, und der Therapeut nun von dem Ärger oder der Wut des Patienten spricht, wird mit dieser Übersetzung von „Unzufriedenheit" mit „Wut" eine bestimmte Auslegung der Patientenäußerung vorgegeben.

Konkretisierendes Verstehen. Auf dieser Stufe geht es um das Erfassen eines Sinnzusammenhanges zwischen dem Erleben des Patienten und einer konkreten Situation. Es soll also der Situationsbezug des Erlebens herausgestellt werden. Zunächst mehr oder weniger allgemeine Gefühle sollen in ihrer spezifischen Situationsgebundenheit deutlich werden. Auch kann es darum gehen, in einer Situation auftauchende Gefühle und Wünsche möglichst detailliert zu vergegenwärtigen. Dies soll aus einem Gesprächsauszug mit der schon o.g. Patientin deutlich werden:

Pat.: „Ich weiß nicht, alles ist so sinnlos geworden."
Th.: „ Die Traurigkeit verfolgt Sie überall hin und besonders auch in Ihr Zuhause."
Pat.: „ Ja, ich kann es gar nicht mehr richtig als ein Zuhause erleben. Alles ist so leer geworden."
Th.: „ Und es scheint so zu sein, daß Sie diese Leere auch in Gegenwart Ihres Mannes erleben."
Pat.: „ Ich weiß nicht. Ja, ich glaub', da ist kein Unterschied. Mein Mann kann mir da nicht helfen."
Th.: „ Auch wenn Sie spüren, daß er sich Ihnen zuwendet, hilft Ihnen das nicht?."
Pat.: „ Doch, doch, ohne ihn ginge es gar nicht, dann wär' es wohl noch schlimmer."
Th.: „ Vielleicht wünschen Sie sich, daß er in solchen Situationen öfter nach Ihrem Befinden fragt und sich mit Ihnen über Ihre Beschwerden unterhält."

Durch diese Interventionsform soll sich die Patientin des Kontextes bewußt werden, in dem bestimmte Gefühle auftreten. Oft sind es Beziehungskonflikte, die durch eine solche Situationsklärung erst deutlich werden. Bei Patienten, die in ihren Äußerungen lange Zeit sehr vage und allgemein bleiben, also in einer sehr allgemeinen und abstrahierenden Form über sich reden, ist die Anwendung dieser Interventionsform wichtig.

Diese Interventionsform ist auch als Anweisung an den Therapeuten zu verstehen, möglichst anschaulich zu formulieren und sich einer lebendigen, plastischen Ausdrucksweise zu bedienen. Hierdurch soll beim Patienten eine Erlebnisaktivierung bewirkt werden. Andererseits soll er sich, sofern nach konkreten Einzelheiten und Situationsbezügen gefragt wird, des situativen Kontextes seines Erlebens bewußt werden.[10] Die hier genannte Art der Intervention wird in der Gesprächspsychotherapie auch als „Konkretisieren" (Concreteness) beschrieben (Carkhuff u. Berenson 1967; Carkhuff 1969; Minsel 1974).

Selbstkonzeptbezogenes Verstehen. Ein besonderes Kennzeichen der Gesprächspsychotherapie ist der phänomenologisch inspirierte Vorsatz, den Patienten „aus sich selbst heraus" oder, wie Rogers sagte, „aus seinem Bezugssystem heraus zu verstehen". Das, was hier als Bezugspunkt dem Individuum am unmittelbarsten gegeben ist, ist das Selbstkonzept. Das Selbstkonzept ist der Kristallisationspunkt aller Meinungen und Bewertungen des Individuums über sich selbst. Dabei wäre wiederum das Selbstbild im engeren Sinne vom Selbstideal zu unterscheiden. Beide, Selbstbild und Selbstideal, stellen, wie gesagt, jenen Teil des Bezugssystems dar, der dem Individuum am unmittelbarsten verfügbar ist und auf den hin der Therapeut zunächst auch seine Suchhaltung ausrichten sollte. D.h., der Therapeut versucht, einen Zusammenhang herzustellen zwischen den Verhaltens- und Erlebnisweisen des Patienten einerseits und seinen Bewertungen, seinen emotionalen und kognitiven Stellungnahmen andererseits. Solche Stellungnahmen können sowohl kognitive (Meinungen, Beurteilungen) wie emotionale (Angst, Scham, Wut) Reaktionen sein.

---

[10] Eine dem konkretisierendem Verstehen sehr verwandte Interventionsform wird von psychoanalytischer Seite unter dem Terminus „Klarifikation" beschrieben und neben dem Konfrontieren als eine Vorstufe des Deutens genannt (Greenson 1975, Becker 1970).

Die Fortführung der o.g. Fallskizze soll die Praxis dieser Interventionsform verdeutlichen:

Pat.: „ All' meine Sicherheit von früher ist wie weggeflogen."
Th.: „ Das ist etwas ganz Neues für Sie, diese Unsicherheit, und so mögen Sie sich gar nicht."
Pat.: „ Früher habe ich mich um alles gekümmert, den Haushalt, die Kinder. Mein Mann, der lebte nur ganz für seinen Bereich."
Th.: „ Das war Ihnen wichtig, so gut zu funktionieren. So konnten Sie sich richtig akzeptieren."
Pat.: „ Ja, und jetzt fühle ich mich so unselbständig, suche immer Hilfe bei meinem Mann."
Th.: „ Es klingt fast so, als ärgerten Sie sich deswegen regelrecht über sich selbst."
Pat.: „ Ja, es ist so... Es ist, daß ich jetzt erst merke, wieviel Halt ich an meiner Mutter hatte."
Th.: „ Das jetzt zu merken, beschämt Sie fast ein bißchen."

Aus diesem Gesprächsabschnitt wird deutlich, daß die Patientin ein hohes Selbstideal von Autonomie, Eigenständigkeit und lebenspraktischer Tüchtigkeit hat und daß dieses Selbstideal offenbar bisher auch nicht sehr vom Selbstbild differierte. Erst jetzt ist eine größere Diskrepanz zwischen Selbstideal und Selbstbild eingetreten. Der Therapeut spricht sehr behutsam das Gefühl der Beschämung angesichts dieser Diskrepanz an; er benutzt einschränkende Formulierungen wie „fast" und „ein bißchen", um für die Patientin das Schamgefühl erträglich zu halten. So gibt er der Patientin Gelegenheit, sich mit ihrem Selbstkonzept auseinanderzusetzen und die Rolle zu befragen, die dieses Konzept in der Beziehung zu wichtigen Personen spielte. Der Therapeut ist dabei von der Vermutung geleitet, die er aber erst später verbalisiert, daß es der Patientin zur Aufrechterhaltung ihres Selbstwertgefühls wichtig war, auf den Ehemann ein wenig herabblicken zu können und daß dessen bisherige, eher randständige Rolle in der Gesamtfamilie die Patientin keinesfalls störte.

Das hier geschilderte *Selbstkonzeptbezogene Verstehen* ist wegen seiner Bezugnahme auf die stellungnehmende, bewertende Instanz in besonderer Weise kennzeichnend für die Gesprächspsychotherapie (siehe hierzu auch Biermann-Ratjen, Eckert, Schwartz 1979). Durch die Bezugnahme auf die Reaktionen und Stellungnahmen des Patienten ist auch eine Aktualität in der Selbstauseinandersetzung des Patienten sichergestellt. Thematisch bedeutet dieses selbstkonzeptbezogene Verstehen oft eine Auseinandersetzung mit Scham und Schuldgefühlen, mit einem Mangel von Fähigkeiten, mit dem Noch-nicht-Gekonnten, mit „Leerstellen" in der eigenen Selbstentfaltung.[11]

---

[11] Insofern ergeben sich hier zumindest entfernt Parallelen zur sog. Lückentechnik der Neopsychoanalyse (Dührssen 1988), in der es darum geht, die „Lücken" im Erlebnis- und Triebbereich des Patienten anzusprechen. Die Bezugnahme auf das Selbstkonzept als einer wertenden und stellungnehmenden Instanz läßt auch gewisse Entsprechungen zu Konzepten der Ich-psychologischen Ausrichtung innerhalb der heutigen Psychoanalyse erkennen.

Organismusbezogenes Verstehen. Der bei Rogers oft genannte Terminus „Organismus" ist hier nicht so sehr biologistisch, als vielmehr vitalistisch zu verstehen, seine häufige Verwendung durch Rogers ist Ausdruck seiner lebensphilosophischen Position. Der „Organismus" ist die Verkörperung der Lebenskraft und der Aktualisierungstendenz. Er ist der Ort ursprünglicher und ganzheitlicher Erfahrung, er ist der Sitz umfassender Bedürfnisse und originären Erlebens sowie intuitiv-vitalen Wertens. Es sind also zwei Ebenen des Erfahrens und Wertens zu unterscheiden, die des „Organismus" und die des Selbstkonzeptes. Das organismische Erfahren und Werten ist, weil im Widerspruch zum Selbstkonzept stehend, mehr oder weniger verdeckt.[12] Rogers nennt in diesem Zusammenhang zwei Grundbedürfnisse des Menschen, das Bedürfnis nach Entfaltung bzw. „Aktualisierung all seiner Möglichkeiten" und das nach sozialem Kontakt und mitmenschlicher Anerkennung (social-needs). Aufgabe des *Organismusbezogenen Verstehens* ist es somit, basale, aber oft sehr verdeckte Bedürfnisse des Patienten zu erspüren und diesem so wieder den Zugang zu seinem ursprünglichen Erleben zu eröffnen.

Die Ausrichtung des Verstehens ist hier also eine deutlich andere als bei der oben besprochenen Verstehensweise. Welche Verstehensrichtung der Therapeut wählt, welche Suchhaltung er einnimmt, richtet sich natürlich zunächst nach dem Angebot des Patienten. Dennoch kann es für den Therapeuten äußerst schwierig sein, hier eine Entscheidung zu treffen, da dieses Angebot oft nicht einsinnig, sondern vieldeutig ist. Es ist durch eine Mehrschichtigkeit von möglicher Sinngebung gekennzeichnet. Gerade hierin äußert sich die Zwiespältigkeit und Widersprüchlichkeit des Patienten. Der Therapeut steht also vor der Frage, in welche Richtung er hören, auf welche Sinnebene sich sein Verstehen beziehen soll.

So könnte ein Patient, der von einer Auseinandersetzung mit seiner Freundin berichtet, z. B. sagen: „Als sie mir das dann erzählte, da bin ich dann einfach weggegangen."

Hier könnte der Therapeut antworten:

1a: „Das ärgert Sie jetzt, daß Sie so kampflos aus dem Felde gegangen sind."

1b: „Es macht Ihnen jetzt etwas Schuldgefühle, daß Sie ihr nicht Rede und Antwort gestanden haben."

2a: „Es war, als ob Ihre Freundin da an eine tiefe Wunde gerührt hätte."

2b: „Da wurde etwas tief in Ihnen getroffen und Sie waren wie gelähmt vor Scham."

---

[12] Für Rogers ist das organismische Werten nicht nur das ursprünglichere, sondern auch das eigentlich zielsichere, das Individuum zu sich selbst führende. Dagegen vollziehen sich die Bewertungen seitens des Selbstkonzeptes eher im abgeleiteten Modus der Konvention und der entfremdenden Normierung des „man sollte..." Hier sei erinnert an Heideggers (1963) Unterscheidung von „Eigentlichkeit" (des sich auf sich selbst besinnenden „Daseins") und der „Verfallenheit an das Man" Diese Dichotomie von schöpferischer, ursprünglicher Individualität einerseits und verflachender Konventionalität andererseits zeigt sich als Erbe der Romantik bei einigen Vertretrn der Lebensphilosophie und des sich aus ihr entwickelnden Existentialismus. In die Richtung dieser Dichotomie zielt auch Winnicotts Unterscheidung des wahren und des falschen Selbst.

Die Therapeutenäußerungen 1a und 1b liegen auf der gleichen Sinnebene, sie reflektieren die Reaktion, die innere Stellungnahme des Patienten auf sein Verhalten. Sie werden durch das *Selbstkonzeptbezogene Verstehen* erfaßt. Die Äußerungen unterscheiden sich so nicht formal, aber natürlich inhaltlich. Welcher Inhalt (Ärger oder Schuldgefühle) zutreffend ist, muß durch den Kontext, also durch die vorangehenden Patientenäußerungen, entschieden werden. Dabei können bei ein und demselben Patienten beide Gefühle nebeneinander stehen. In diesem Falle sollte das offensichtlichste und vordringlichste Gefühl zuerst angesprochen werden.

Die Interventionen 2a und 2b liegen ebenfalls auf einer prinzipiell gleichen Sinnebene. Sie bringen das zur Sprache, was dem berichteten Verhalten an Gefühlen, Intentionen oder Wünschen vorausging. Solche Interventionen sind hier gemeint, wenn von dem *Organismusbezogenen Verstehen* die Rede ist. Im vorliegenden Falle unterscheidet sich die Intervention 2a von 2b lediglich dadurch, daß erstere etwas stärker den Beziehungsaspekt der angesprochenen Situation betont.

Bei der hier zu erörternden Form des Verstehens ist die Suchhaltung des Therapeuten auf das „Organismische", also ursprünglich-ganzheitliche Erleben und Erfahren, gerichtet. Dieses Erleben ist aber, das macht das Wesen der Neurose aus (s. Kap. 5), beim Patienten mehr oder weniger verschüttet. Der Therapeut muß deshalb via Einfühlung einen Teil dieser Erlebnisfähigkeit übernehmen und zu erahnen versuchen, welche Gefühle, Wünsche oder Bedürfnisse dem berichteten Erleben oder Verhalten vorausgingen. Die Fortführung der o.g. Fallskizze (die Agraringenieurin, die nach dem Tod ihrer Tante und ihrer Mutter an einer Angst- bzw. Panikstörung erkrankte) soll dies wiederum verdeutlichen.

Pat.: „Ich fühl' mich dann so verloren in der Wohnung, ich weiß gar nicht, wohin mit mir. Es ist dann so eine Unruhe und Angst in mir."

Th.1: „Sie vermissen etwas, was Ihnen Ruhe und Halt geben könnte."

Pat.: „Jawohl, ja,...ich weiß nicht. Ich hab' doch meinen Mann und die Kinder sind doch auch meistens da."

Th.2: „Und trotzdem, es fehlt Ihnen etwas, was Sie so richtig auffangen könnte, Ihnen Geborgenheit geben könnte."

Pat.: „Früher habe ich so was nicht gekannt. Aber jetzt ist es wohl so, daß mir da was fehlt."

Th.3: „Jetzt erst merken Sie, daß da vielleicht schon lange was nicht in Ordnung ist in Ihrem Leben."

Pat.: „Ja, mit meinem Mann war es wohl nie so eine innige Beziehung. Aber ich habe es früher nie vermißt."

Th.4: „Sie entdecken, daß Ihnen in dieser Beziehung etwas fehlt, daß Sie da irgendwie unzufrieden sind."

Pat.: „Er zieht sich so sehr zurück oder hockt ständig vor dem Fernseher, eigentlich braucht er mich gar nicht".

Th.5: „Und Sie spüren jetzt, daß Sie es nötig haben, von jemandem gebraucht zu werden."

Pat.: „Ja, ich merke, wie es ihm manchmal regelrecht lästig ist, wenn ich mit

	ihm reden will. Er ist so total zurückgezogen, hat auch sonst keine Freunde."
Th.6:	„Daß er Sie so hängen läßt, macht Sie jetzt auch manchmal regelrecht ärgerlich."
Pat.:	„Ja, es ist dann eben immer wieder so eine Enttäuschung, ich fühl' mich dann so total allein."
Th.7:	„Da kommt dann regelrecht so eine Wut in Ihnen hoch, eine Wut, die Sie vielleicht auch ein bißchen gegen sich selber haben, weil Sie jetzt sich so abhängig fühlen."
Pat.:	„Ja, ... Aber ich weiß nicht, ob ich das Recht hab', gegen ihn ärgerlich zu sein, denn... Ja, ich weiß nicht."
Th.8:	„Dieser Ärger, den Sie da manchmal spüren, der macht Ihnen auch Schuldgefühle?"
Pat.:	„Ja, ja, denn ich weiß ja nicht, ob ich das Recht hab', ob es berechtigt ist, zu verlangen, daß er jetzt für mich da ist. Ich, ich hab' mich früher wohl auch um ihn nicht so recht gekümmert, aber er schien es auch nie zu vermissen. Er lief halt so mit."
Th.9:	„Wirklich nah haben Sie sich ihm nie gefühlt. Und daß er das so mitgemacht hat, fast verachten Sie ihn ein wenig dafür."
Pat.:	„Es lief alles so, es war so eingefahren, ich hatte meine Aufgaben, die Kinder, die beiden Damen, also meine Mutter und meine Tante. Ich weiß nicht, ob er was vermißt hat, gemerkt habe ich es nicht."
Th.10:	„Sie brauchten Ihren Mann früher eigentlich gar nicht. Jedenfalls nicht so richtig als Mann und Beschützer. Es war vielleicht etwas ganz anderes, was sie da brauchten."
Pat.:	„Mmh, ja, ich weiß nicht ... Vielleicht spielte da auch etwas Mitleid eine Rolle. Er war früher in manchem so ungeschickt. Ich fühlte mich für ihn irgendwie verantwortlich. Aber wirklich nötig hatte ich ihn wohl nicht."
Th.11:	„Sie hatten ja Ihre Mutter und Ihre Tante. Die bedeuteten Ihnen viel. Und darüber hinaus brauchten Sie nichts, durften Sie vielleicht auch nichts wirklich brauchen."

In diesem Gespräch versucht der Therapeut also zunächst, den unerfüllten Wunsch nach Anerkennung und Bestätigung zu vergegenwärtigen, der hinter dem Gefühl von Unruhe und Geborgenheitsverlust steht (Th.1–5). Dann geht es um Gefühle des Ärgers und der Wut, die in den Schilderungen der Patientin spürbar werden (Th.6–7). Die Patientin kann sich diese Wut gegen ihren Mann und vor allem auch gegen sich selbst aber noch kaum eingestehen, Schuld- und Schamgefühle hindern sie daran (Th.8; diese Intervention wäre dem *Selbstkonzeptbezogenen Verstehen* zuzurechnen). Das vom Therapeuten angesprochene Gefühl der Verachtung macht ebenfalls noch zu viel Schuldgefühle, um von der Patientin eingestanden werden zu können (Th.9 und nachfolgende Patientenäußerung). Der Therapeut spricht dann in thematisch geänderter Form die Erwartungen und Gefühle an, die die Patientin früher gegenüber ihrem Mann hegte, und die Patientin kann nun sich andeutungsweise verdeutlichen, welche Rolle ihr Mann früher in ihrem Leben spielte. Diese früheren Rollenzuschreibungen herauszuarbeiten, war wichtig, da die Patientin zunächst noch nicht die mit einem Gefühl der Wut einhergehende tiefe Irritation über die jetzige Rollenumkehr sich eingestehen konnte. In einem zweiten Anlauf könnte nun daraufhin gearbeitet werden, daß sich die Patientin auch dieser Gefühle gewahr wird, und zwar könnte nun wiederum der Therapeut auf das Selbstkonzept der Patientin, auf ihr Selbstbild und ihre Leitbilder fokussieren. Der Therapeut würde also im weiteren Vorgehen zwischen dem Fokus „organismische Erfahrung" und dem Fokus „Selbstkonzept" oszillieren.

Das *Organismusbezogene Verstehen* hat sich oft zwischen der Polarität der beiden Grundbedürfnisse Autonomie und Geborgenheit zu bewegen. Dabei besteht für den Therapeuten die Versuchung (gemäß dem kulturellen Leitbild, das von den meisten Psychotherapieverfahren „verinnerlicht" wurde), die als progressiv bewerteten Autonomietendenzen zu betonen und Abhängigkeitswünsche zu „übergehen". Es scheint bei machen Therapeuten die Furcht zu bestehen, daß sie den Patienten durch ein zu intensives Vergegenwärtigen von Geborgenheits- bzw. Abhängigkeitswünschen in dieser „Regression" fixieren würden.

Vom Ansatz einer erlebnisorientierten Psychotherapie erscheint es aber wichtig, den Patienten seine Abhängigkeitswünsche auch in ihren angenehmen und „lustvollen" Aspekten erleben zu lassen. Dabei wird von der Annahme ausgegangen, daß solch gewährendes Durchlebenlassen regressiver Bedürfnisse eher progressive Tendenzen wachruft, als wenn der Patient in eine „Progressivität" hinein gestoßen würde, die er erlebnishaft noch gar nicht ausfüllen kann. Nur so auch kann der Patient seine regressiven Bedürfnisse in das Gesamt seines Selbst integrieren.

Interpretieren. Im strengen Wortsinn stellten natürlich schon die o.g. Interventionen überwiegend Interpretationen dar. Denn Interpretieren heißt, etwas als etwas verstehen, es z. B. verstehen als Teil eines Sinn- oder Bedeutungszusammenhanges. So wurden oben z. B. die Schuldgefühle der Patientin als Reaktion ihrer geheimen Ablehnung und Wut gegenüber ihrem Ehemann interpretiert. Die Schuldgefühle wurden als Teil eines bestimmten Erlebenszusammenhanges verstanden.

Es wurde schon in den Ausführungen zum Therapieprinzip *Einfühlendes Verstehen* gezeigt, daß in der Gesprächspsychotherapie unter „Interpretation" allerdings in der Regel das Einholen eines viel umfassenderen Sinnzusammenhanges verstanden und damit die Ablehnung dieser Intervention begründet wird. Eine Interpretation in diesem Sinne wäre z. B. die folgende, auf den o.g. Fall bezogene Therapeutenäußerung: „Sie haben jetzt Schuldgefühle, weil Sie es nicht akzeptieren können, daß Sie im Grunde genommen Ihren Mann immer schon verachtet haben. In dieser Verachtung waren Sie insgeheim mit Ihrer Mutter einig, die Sie immer vor den ‚schlechten Männern' gewarnt hatte und der Sie nicht untreu werden durften."

Gegen eine solche Intervention ergeben sich aus gesprächspsychotherapeutischer Sicht vielerlei Bedenken. Erstens könnte die hier gewählte Diktion den Eindruck einer unterschwelligen Vorwurfshaltung des Therapeuten aufkommen lassen. Zumindest macht diese Diktion nicht deutlich, daß der Therapeut aus einer bejahenden Grundhaltung heraus versteht, daß er bereit ist, mitzuempfinden. Zu dieser distanziert wirkenden und vor allem auch sehr festlegenden und auch etwas entlarvenden Beurteilerhaltung tragen Formulierungen bei wie „im Grunde genommen", „immer schon", „insgeheim" und „Das ist bei Ihnen so, weil...".

Zweitens fordert eine Intervention von solcher Informationsfülle so sehr die kognitive Aufmerksamkeit der Patientin, daß diese dadurch aus dem „Erlebnisstrom", d. h. aus dem therapeutisch induzierten Wiedererleben ihrer Gefühle und Wünsche herausgerissen und zu einem Intellektualisieren verführt wird. Auch seitens der Psychoanalyse werden übrigens in den letzten Jahren vermehrt Bedenken geäußert, ob solche weitreichenden Deutungen (meist sog. genetische Deutungen, die dann in das übergehen, was dort Rekonstruktionen genannt wird) wirklich in bestimmender Weise zur Änderung von Erlebens- und Einstellungsmustern führen (Thomä 1983; Dührssen 1988; Mertens 1990b).

Diese Kritik soll nun aber nicht bedeuten – und hier ist die Gesprächspsychotherapie oft mißverstanden worden –, daß Einsichten, wie sie durch die oben genannte Intervention umschrieben werden, nicht auch Ziel gesprächspsychotherapeutischer Vermittlungsarbeit sein sollten. In der Gesprächspsychotherapie würde nur diese Einsichtsvermittlung in mehrere Teilschritte zerlegt werden. Deshalb wurde schon oben das gesprächspsychotherapeutische Vorgehen als ein „Interpretieren in kleinen Schritten" (Finke 1981, 1985) gekennzeichnet. Interpretationen von etwas größerem Inhaltsumfang können aber auch in der Gesprächspsychotherapie vorkommen, etwa um am Schluß einer therapeutischen Sitzung das Erarbeitete noch einmal zusammenzufassen oder als (eher seltenes) Resümee der Arbeit von mehreren Sitzungen.

Wie ein gesprächspsychotherapeutisches Vorgehen aussieht, das einem Interpretieren im engeren Sinne nahekommt, soll die abermalige Fortführung unserer Fallskizze zeigen.

Pat.: „Ich weiß nicht, ob es immer so war. Früher, da dachte ich, wir gehörten irgendwie zusammen. Es war dann so bei mir ganz stark das Gefühl, daß ich für ihn verantwortlich bin."
Th.: „Sie wollten für ihn sorgen, für ihn da sein, ihn wie eine Mutter beschützen."
Pat.: „Nun ja, er tat mir immer so leid. Er hatte ja auch die Schwierigkeiten früher in seinem Beruf, stellte sich oft so ungeschickt an, verdarb sich dadurch so manches."
Th.: „Sie haben ihn beschützen wollen, so wie Sie von Ihrer Mutter viel Schutz empfangen haben."
Pat.: „Ja, meine Mutter, die gab mir Schutz, das ist richtig. Aber es war da manchmal auch schwierig. Gerade die erste Zeit zum Beispiel, als ich meinen Mann kennengelernt hatte."
Th.: „Sie war mit Ihrem Mann nicht so ganz einverstanden?."
Pat.: „Nein, er war ihr irgendwie nicht gut genug. Sie stellte sich wohl jemanden mit besserer Ausbildung vor. Aber andererseits, sie hatte mich früher überhaupt immer vor Männern gewarnt."
Th.: „Ihre Mutter hat Sie wohl sehr eingeengt, sie wollte wohl, daß Sie sie nie ver-

lassen. Und Sie haben das im Endeffekt ja auch nicht getan, Sie haben sie schließlich zu sich ins Haus genommen."

Pat.: „Ja, aber das war doch auch aus finanziellen Gründen. Auch konnte sie auf die Kinder aufpassen."

Th.: „Also, es war auch sehr praktisch für Sie. Aber Sie haben sich in dieser Situation ja auch recht wohl gefühlt."

Pat.: „Sie war mir natürlich auch sehr vertraut, obwohl, manchmal war es auch schwierig, zum Beispiel, wenn sie sich allzusehr in die Erziehung der Kinder einmischte, da wußte ich dann oft nie recht, wie ich mich verhalten sollte."

Th.: „Sie waren dann ärgerlich, daß die Mutter Sie so einengte und Sie vielleicht auch immer so verunsichert hatte, daß Sie sich nur einen Mann zu nehmen wagten, demgegenüber Sie sich selbst wie eine Mutter fühlen konnten."

Auch diese Interventionen bedeuten noch keine allzugroßen Verstehensschritte, aber sie führen etwas fort aus dem Hier und Jetzt, indem sie frühere Entscheidungen und Beziehungsmuster etwas intellektualisierend zu erhellen versuchen, also sog. genetische Aspekte einbeziehen. Sie sollen der Patientin helfen, gewahr zu werden, wie stark sie auch heute noch unter den verinnerlichten Geboten der Mutter steht und wie sehr diese Mutterbeziehung für sie einerseits Einengung und Behinderung ihrer Selbstentfaltung, andererseits aber auch Befriedigung ihrer Geborgenheitswünsche bedeutete. Im Verlauf der weiteren Therapie wäre es nun wichtig, diese letztgenannten Wünsche keinesfalls zu diskriminieren, sondern zunächst einmal auch den positiven Erlebnisaspekt, den die Patientin ja hiermit auch verband, herauszuarbeiten. Dies mag der progressiven, auf Autonomie bedachten Orientierung des Therapeuten zuwiderlaufen. Es ist aber nichtsdestoweniger wichtig, die Patientin zu ermutigen, auch die letztlich therapeutisch unerwünschten Aspekte ihres Erlebens in ihrem positiven, Befriedigung gewährenden Aspekt in möglichst erlebnisintensiver Weise sich zu vergegenwärtigen.

Die Verbalisierung von Interpretationen der oben genannten Art sollten nicht zu häufig sein und möglichst an folgende Voraussetzungen geknüpft werden:
– eine schon recht gefestigte Beziehung, der die Patientin vertrauen kann und in der sie weiß, daß sie nötigenfalls auch dem Therapeut widersprechen darf;
– die hier thematisierten Inhalte sollten in der einen oder anderen Form schon vorher angesprochen worden sein, so daß der hergestellte Bedeutungszusammenhang für die Patientin nicht völlig fremd und insofern erlebnismäßig noch gar nicht nachvollziehbar ist;
– der Therapeut sollte seine Interpretationen nur als Hypothesen betrachten, die zu korrigieren er stets bereit ist, und er sollte dies auch durch die Art seiner Formulierungen möglichst zum Ausdruck bringen.

Allgemeine Regeln für das Formulieren therapeutischer Interventionen

Interventionen lassen sich in der Psychotherapie klassifizieren nach bestimmten, der Therapietheorie des jeweiligen Verfahrens entnommenen Kriterien. Ein solches Kriterium war hier z. B. das *Einfühlende Verstehen* und seine verschiedenen Bedeutungsebenen. So erhält man ein System unterschiedlicher und jeweils spezifischer Interventionsformen. Über solche Spezifität hinaus lassen sich aber Regeln für die Formulierung und den Aufbau von Interventionen erstellen, die sich generell, d. h. bei jeder Klasse von Interventionen, als therapeutisch günstig erwiesen haben. Für die Gesprächspsychotherapie sind die folgenden Regeln erstellt worden. Diese Regeln sollen helfen, den Inhalt der Intervention wirksam zu vermitteln. Es ist zu vermuten, daß das Einhalten zumindest eines Teils dieser Regeln bei jeder Form von verbaler Psychotherapie empfehlenswert ist. Die folgende Aufstellung zeigt natürlich nur einen Ausschnitt, andere Regeln werden im Text an anderer Stelle erwähnt.

Gesprächsregeln
(in Anlehnung an Minsel 1974)

1. Greifen Sie häufig in das Gespräch ein.

2. Ihre Anwort soll möglichst kurz sein (die Anzahl der Wörter in Ihrer Antwort soll möglichst unter der Wortzahl des Patienten bleiben).

3. In Ihrer Antwort soll die Benennung des Gefühlszustandes des Patienten am Schluß Ihrer Äußerung stehen.

4. Vermeiden Sie in Ihren Antworten Substantiva, Fremdwörter oder Fachtermini. Besser formulieren Sie in Verben und benutzen Sie eine bildhafte, plastische und erlebnisnahe Ausdrucksweise.

5. Formulieren Sie nach Möglichkeit keine Alternativen („einerseits – andererseits"). Fokussieren Sie zunächst nur eine Seite der Ambivalenz. Oder sprechen Sie die Ambivalenz und ihre Wirkung direkt an.

6. Wenn der Patient sehr allgemein ist, formulieren sie konkreter und spezifischer. Berichtet der Patient sehr konkret und detailreich, antworten Sie verallgemeinernd und strukturierend.

Erläuterung:
Zu 1.: Häufiges Eingreifen ist – abgesehen vielleicht von Anfangskontakten – angebracht, weil es das Engagement des Therapeuten zeigt. Außerdem wird dem Patienten so nahegelegt, sich kommunikativ zu verhalten, und es gibt dem Therapeuten die Möglichkeit, den Patienten immer wieder zur Auseinandersetzung mit sich selbst hinzuführen.
Zu 2: Lange Antworten fordern zu sehr die Aufmerksamkeit des Patienten und lenken ihn eher von sich selbst ab.
Zu 3: Der Gefühlszustand des Patienten soll dadurch besonders herausgehoben werden. Z.B.: „Daß er so nichtssagend antwortet, das *ärgert* Sie."
Zu 4: Es geht darum, schon durch die Sprache möglichst erlebnisaktivierend zu arbeiten.
Zu 5: Bei einer Intervention wie: „Einerseits tat es Ihnen leid, anderererseits haben Sie sich auch sehr geärgert", fällt es dem Patienten schwer, sich auf einen der genannten Gefühlszustände näher einzulassen. Deshalb besser zunächst nur die eine Seite der Zwiespältigkeit ansprechen: „Es hat Sie bei allem auch sehr geärgert." Die andere Seite, das Mitleid, kann dann später bearbeitet werden. Oder aber die Wirkung der Ambivalenz ansprechen: „Sie sind da hin- und hergerissen und das macht Sie ganz konfus."
Zu 6.: Bei Patienten, die dazu neigen, sehr gefühlsfern und abstrahierend zu berichten, kann der Therapeut durch eine sehr konkrete Problemansprache (s. auch Abschnitt „Konkretisierendes Verstehen") die für die therapeutische Arbeit wichtige Erlebnisnähe herstellen. Wenn der Patient dagegen sehr detailfreudig sich in der Schilderung vieler Einzelsituationen ergeht, muß der Therapeut u.U. durch eine zusammenfassende, strukturierende Intervention auf das Grundproblem verweisen.

Schwierigkeiten und Gefahren des Einfühlendes Verstehens

Hindernisse und Störungen des Einfühlens

Beim *Einfühlenden Verstehen* sind, wie schon dargestellt, zwei Komponenten zu unterscheiden, das Einfühlen und das Verstehen. Die Schwierigkeiten des Einfühlens werden deutlich bei der Darstellung seines Vollzuges und seiner Voraussetzungen. Das Einfühlen setzt ein Sich-Hineinversetzen, ein inneres Mitmachen der Erlebnisvollzüge des anderen voraus. Der Therapeut versucht dabei, durch Imagination sich eine intensive, gefühlsgetönte Vorstellung vom Erleben des Patienten zu verschaffen und sich mit diesen Vorstellungsbildern zu identifizieren. Rorgers (1977 / ¹1975) sprach in diesem Zusammenhang davon, daß der Therapeut gewissermaßen in die Haut des Klienten schlüpfen müsse und die innere Welt des Klienten erleben solle, als sei sie die eigene. Der Therapeut muß also die vom Patienten geschilderten Situationen sich so ausphantasieren, daß sie für ihn zu gefühlsgetönten inneren Bildern werden. Bei dem so phantasierenden Vergegenwärtigen einer belastenden Lebenssituation des Patienten kann der Therapeut dann an die Grenzen seiner Einfühlungsbereitschaft kommen, wenn gerade diese intensiv-imaginierten Bilder für ihn etwas Erschreckendes und Abstoßendes bekommen. Das vielleicht zunächst für den Therapeuten nur fremde Erleben des Patienten kann durch dieses imaginierende Sich-Vergegenwärtigen eine solche Dichte und Nähe bekommen und dadurch so nachdrücklich an Tabus und abgewehrte Erfahrungen des Therapeuten selber rühren, daß dieser sich aus der Einfühlung und damit auch vom Patienten abrupt zurückziehen muß. Nun könnte dem Therapeuten auch ein vorbehaltloses Akzeptieren des Patienten sehr erschwert sein.

Eine weitere Möglichkeit, das Einfühlen in den Patienten zu intensivieren, besteht in der erinnernden Vergegenwärtigung eigenen Erlebens. Auch hier können sich vergleichbare Schwierigkeiten ergeben.

Frühere Konfliktsituationen im Leben des Therapeuten, Situationen der Kränkung, der Beschämung, des Ärgers oder der Unsicherheit, die denen des Patienten vergleichbar sind, läßt der Therapeut noch einmal in sich aufsteigen, um so unmittelbar gefühlshaften Zugang zum Erleben des Patienten zu bekommen. Bei diesem Erinnern ist ihm unter Umständen auch die eigene Selbsterfahrung während der Lehrtherapie eine wichtige Hilfe. Hier sollte er zuvor eine solche Integration dieser Erlebnisse erreicht haben, daß keine eigenen Erinnerungsblockaden auftreten und die Einfühlung behindern. Im Einzelfall können aber gerade hier immer wieder Schwierigkeiten auftreten.

Da bei diesem Vorgehen der Rückschluß vom eigenen Erleben auf das des anderen eine Rolle spielt, dürfte es wichtig sein, daß Therapeut und Patient in bestimmten Erlebnisweisen nicht allzu verschieden sind (worauf auch empirische Untersuchungen hinweisen, so Zimmer 1983). Andererseits kann eine zu große Ähnlichkeit in zentralen Erlebnisbereichen, z. B. wenn Berichte des Patienten den Therapeuten an ein fast identisches Erlebnis erinnern, den Therapeuten kognitiv wie emotional so gefangennehmen, daß er zu blockiert ist, um von sich selbst wieder absehen und für das Erleben des Patienten offen sein zu können.

Bisher war von einem mehr aktiven Part der Einfühlung die Rede, was durch Begriffe wie Imaginieren, inneres Mitmachen, Hineinversetzen deutlich wurde. Eine eher passive Weise der Einfühlung bestünde in einem spontanen Mitschwingen, in einem unmittelbaren Sich-Tragen-Lassen von der therapeutischen Situation. Der Therapeut wird sich so als Resonanzboden für die Gefühle des Patienten zur Verfügung stellen, um dann die Interpretation der eigenen „Schwingungen" in die Interventionen einfließen zu lassen.

Um die „innere Welt" des Patienten wirklich ausloten zu können, muß sich der Therapeut vom Erleben des Patienten auch tangieren lassen, muß er ein Stück weit auch eine Gefühlsansteckung zulassen können, darf er nicht jedes Verschmelzungserleben schon im Ansatz abwehren. Daß der Therapeut sich dabei nicht vom Erleben des Patienten überfluten lassen darf, daß er immer wieder dann auch Distanz zu einem eigenen Erleben finden muß, ergibt sich schon aus der Aufgabe der Einfühlung selber, macht aber auch ihre Schwierigkeit aus. Andererseits ist eine Einfühlung in den anderen ohne innere Beteiligung bis zu einem gewissen Grade durchaus möglich (die Einfühlung des „gerissenen" und „eiskalt" kalkulierenden Verhandlungsführers), aber wenn der Therapeut jede innere Berührung durch den Patienten vermeiden würde, würden ihm manche Aspekte im Erleben des Patienten wohl verschlossen bleiben.

Das Verstehen zwischen Selbstbefangenheit und Fremdbestimmung

Das beim Einfühlen gewonnene Material versucht der Therapeut im Vollzug des Verstehens unter verschiedenen Aspekten und unter verschiedenen Bedeutungsebenen zu erfassen. Dabei entwirft er aufgrund eigener theoretischer wie lebenspraktisch bedingter Vorannahmen ein Modell, das ihm gestattet, ein Sinngefüge im Erleben und Verhalten des Patienten versuchsweise herzustellen (s. Kap. „Neurosentheorie"). Die „innere Welt des Patienten in ihren ganz persönlichen Bedeutungen zu erfassen" (Rogers) bedeutet, daß der Therapeut erlebnishafte Sinnzuordnungen erahnen und entschlüsseln muß, die nicht „auf der Hand liegen", die sowohl für den Therapeuten wie für den Patienten nicht unmittelbar zugänglich sind.

Der Therapeut verläßt hier also das „vorurteilslose" phänomenologische Schauen und tritt dem Patienten mit einem „Vorverständnis" gegenüber. Bei dem Bemühen, den Patienten zu verstehen, spielt nämlich die Frage eine wichtige Rolle, woraufhin der Patient verstanden werden soll, innerhalb welchen Zusammenhanges der Sinn des zunächst noch Unverstandenen gesucht werden soll. Dieser Zusammenhang wird üblicherweise durch die Persönlichkeits-und die Neurosentheorie, der sich der Therapeut verpflichtet fühlt, vorgegeben. Auf dem Hintergrund dieser Theorie sind die Phänomene, also z. B. bestimmte Erlebens- und Verhaltensweisen des Patienten, einzuordnen. Hier ergibt sich nun für die Gesprächspsychotherapie eine Polarität der therapeutischen Grundkonzeption. Der eine, der im engeren Sinne „klientenzentrierte" Pol besteht gerade darin, den Patienten „aus sich selbst heraus" oder, wie Rogers sagt, aus seinem eigenen Bezugssystem heraus zu verstehen. Der Patient könne, so die Prämisse dieses Ansatzes, nur dann zu sich selbst und zur vollen Selbstentfaltung kommen, wenn ihm im Prozeß des *Einfühlenden Verstehens* nicht ein fremdes Bezugssystem übergestülpt würde, sondern wenn er sich ganz im Kontext seines eigenen Grundentwurfes ausdeuten könne. Der Therapeut solle also von seinen eigenen Interpretationsmustern und theoretischen Vormeinungen ganz absehen und – in der Unvoreingenommenheit der reinen phänomenologischen Schau – den Patienten nur aus sich selbst heraus verstehen. Bezugspunkt dieses Verstehens sollte dann nur das Bewertungssystem des Patienten selber sein. Die Aufgabe des Therapeuten bestünde dann lediglich darin, zwischen dem Verhalten und Erleben des Patienten und seinen Bewertungen sinnkonstitutiv zu vermitteln. Das bedeutet, daß dem Therapeuten gewissermaßen die Rolle eines Dolmetschers bei dem Zwiegespräch des Patienten mit sich selber zufiele. Der Therapeut hätte sich dabei als bewertende und urteilende Instanz weitgehend auszuklammern und eine reine Spiegelfunktion wahrzunehmen. Die Reinheit des Spiegels bedeutet dabei aber nicht nur die Unbefleckheit von emotionalen Reaktionen des Therapeuten, sondern auch von kognitiv-theoretischen Sinnvorgaben.

Die Konsequenz dieses Ansatzes muß aber in die Frage ausmünden, wie der Patient, so ausschließlich in sich selbst gespiegelt, sich letztlich aus seiner Selbstbefangenheit, aus den Verzerrungen seiner Wahrnehmung befreien kann. Vor einer Unterschätzung der Selbstheilungskräfte, d. h. hier der Fähigkeit zur Selbstauseinandersetzung, soll zwar gewarnt werden, und es muß zugestanden werden, daß Patienten in der Selbsterhellung Erstaunliches leisten können. Wenn sich der Therapeut aber so ausschließlich auf diese Dolmetscherarbeit beschränkt, ist doch zu fragen, ob der Patient nicht in bestimmten Momenten und in bestimmten Erfahrungsbereichen die Spiegelung in einem anderen und eben nicht nur in sich selbst benötigt.

Rogers selbst hatte dann ja auch in der späteren Periode seines Schaffens betont, daß der Therapeut dem Patienten als reale Person begegnen und gerade nicht hinter der Funktion des Spiegelns verschwinden sollte. Gerade in der Begegnung und in der Konfrontation mit dem Therapeuten als konkreter, greifbarer Person sollte sich der Patient selbst erfahren.

Außerdem war der „Spiegel" des Gesprächspsychotherapeuten nie ganz rein von theoretischen Vorannahmen, d. h., sein Verstehen war durchaus an gewisse theoriegeleitete Prämissen gebunden, eben jene, die durch die spezifische Persönlichkeits- und Neurosentheorie vorgegeben sind. Solche Prämissen bestehen etwa in der Position, daß die Symptome des Patienten Folge eines intrapersonalen Konfliktes (Inkongruenz) zwischen verschiedenen Erfahrungsebenen sind und daß die Inkongruenz durch ungünstige, mehr oder weniger frühe Sozialisationserfahrungen vorgebahnt wird und die Therapie gerade in diese Erfahrungsmuster korrigierend eingreifen muß. Solche Positionen sind die das therapeutische Verstehen leitenden Grundannahmen, sie bestimmen die Suchhaltung des Therapeuten. Der Therapeut tritt also keineswegs völlig „vorurteilsfrei" dem Patienten gegenüber. Eine solche voraussetzungslose Haltung ist in letzter Konsequenz gar nicht möglich, dies hat gerade auch die Diskussion in der Hermeneutik gezeigt (Gadamer 1975), vielmehr kann das Verstehen nur auf dem Hintergrund eines Vorverständnisses, also einer Theorie, tätig werden. Nun ist es gerade aber auch das Anliegen eines hermeneutisch bestimmten Ansatzes, die Vorannahmen des Verstehenden in der Auseinandersetzung mit dem Gegenüber, hier dem Patienten, ständig zu korrigieren. So würde sich die gewissermaßen fremdbestimmende Potenz der Vorannahmen schließlich wieder aufheben.

Das Besondere des hier in Rede stehenden „Gegenübers", des Patienten, besteht nun aber darin, daß dieser sich auch schon immer selbst verstehen will, das Verstehen des Therapeuten trifft auf die Verstehensbemühungen des Patienten. Die Sicht des Therapeuten muß sich irgendwie mit der Sicht des Patienten auseinandersetzen. Wenn der Therapeut schließlich ganz die Perspektive des Patienten übernimmt, wäre wieder die Frage zu beantworten, wie dadurch die Selbstbefangenheit des Patienten durchbrochen werden soll. Wenn andererseits der Patient in der Konfrontation mit dem Therapeuten sich der Perspektive des Therapeuten unterwirft, wäre die Frage zu stellen, wie dadurch das Therapieziel der Selbstentfaltung erreicht werden soll. Denn der Patient würde sich in diesem Fall nur entwickeln nach dem Bild, das sich der Therapeut von ihm macht. Der Patient stünde also in dem Dilemma, entweder in der Selbstbefangenheit verharren oder sich der Fremdbestimmung ausliefern zu müssen.

Ein Ausweg aus diesem Konflikt liegt einmal in der schon angedeuteten Bereitschaft des Therapeuten, seine eigenen konkreten Verstehensweisen in der Auseinandersetzung mit dem Patienten ständig zu korrigieren. Im Idealfall wird der Therapeut dem Patienten sein Vorverständnis, sein Bezugssystem verdeutlichen und es insofern zur Diskussion stellen. Dies sollte der Therapeut besonders dann tun, wenn er die Übernahme der Perspektive gar nicht anzielt, sondern seine eigene Perspektive dem Patienten gegenüberstellen will. Es gibt nämlich Situationen in der Therapie, wo es für die weitere Entwicklung des Patienten wichtig ist, daß der Therapeut sehr eindeutig aus der Rolle des „Anderen-Selbst" des Patienten heraustritt und dem Patienten aus der Perspektive des Therapeuten antwortet. Wichtig ist nun, gerade um das oben gekennzeichnete Dilemma zu lösen, daß der Therapeut seine eigene Perspektive auch als eine persönliche und insofern immer letztlich relative Sichtweise kennzeichnet und nicht von der Position eines absoluten Wahrheitsanspruches agiert. Dies bedeutet auch, daß der Therapeut bei aller Konfrontation auch Respekt für die Wertung und Sichtweise des Patienten bekundet. In dieser Konsensbildung, in diesem Aushandeln unterschiedlicher Standpunkte und Perspektiven, geht es nicht um das Gewinnen einer absoluten Wahrheit, sondern um Wahrhaftigkeit (Zurhorst 1993), in erster Linie um die des Patienten, aber auch um die des Therapeuten. Mit diesem hier skizzierten dialogischen Moment ist eine Position beschrieben, wie sie im folgenden bei dem Therapieprinzip „Echtheit" näher ausgeführt werden soll.

Indikation des *Einfühlenden Verstehens*

Das *Einfühlende Verstehen* ist das zentrale Behandlungsmerkmal der Gesprächspsychotherapie, insofern gibt es hier keine spezielle Indikation, bzw. die Indikation für dieses Behandlungsmerkmal fällt hier zusammen mit der Indikation für die Gesprächspsychotherapie überhaupt (s. Kap. 6). Allerdings gibt es bestimmte Patientengruppen, bei denen die Gewichtung dieses Behandlungsprinzips gegenüber anderen weniger ausgeprägt sein sollte oder zu sein braucht. Von diesen Patienten war andeutungsweise schon die Rede bei der Abhandlung des Therapieprinzips *Bedingungsfreies Akzeptieren*, ausführlicher soll davon noch die Rede sein bei der Darstellung des Therapieprinzips *Echtheit* bzw. der aus diesem Prinzip abzuleitenden Interventionskategorien. Diese Indikationsfragen werden auch behandelt bei der Beschreibung der Behandlungspraxis verschiedener Krankheitsbilder.

> **Gesprächsregeln** *Einfühlendes Verstehen*
>
> - Zentrieren Sie Ihre Aufmerksamkeit auf die „innere Welt" des Patienten, auf seine Erlebnisverarbeitung und seine Bedeutungszuschreibungen. Die Klärung externaler Ereignisse sollte nicht im Vordergrund stehen.
>
> - Versuchen Sie, bei jeder Patientenäußerung den emotionalen Gehalt, den gefühlshaften Kontext, die affektive Konnotation zu erfassen und teilen Sie dies dem Patienten mit.
>
> - Formulieren Sie Ihre Interventionen eher in Aussage als in Frageform. Fragen schaffen leicht eine kritische Distanz und blockieren ein spontanes, erlebnisnahes Antworten.
>
> - Arbeiten Sie mit dem Angebot des Patienten! D.h., versuchen Sie nicht, dem Patienten ein Thema aufzudrängen, sondern knüpfen Sie mit Ihrer Intervention an der jeweils letzten Patienten-Äußerung an.
>
> - Stellen Sie Ihre eigenen Überlegungen und Fragen (zunächst) beiseite. Versuchen Sie, zum „Sprachrohr" des Patienten zu werden, indem Sie das von ihm Intendierte (aber nicht Gewußte) verdeutlichen.

Das Therapieprinzip *Echtheit*

Auch beim Therapieprinzip *Echtheit* (genuiness) lassen sich zwei Aspekte unterscheiden, ein auf die kommunikative Haltung und ein auf die Verstehens-Einstellung bezogener Aspekt. Mit dem erstgenannten Aspekt ist die Haltung des Therapeuten gemeint, in der Kommunikation mit dem Patienten relativ offen und frei von Fassaden zu sein und dadurch authentisch und selbstkongruent zu wirken. Dies geht einher mit einer Offenheit auch sich selbst gegenüber, d. h. der gut ausgebildeten Fähigkeit, auch schmerzhafthafte Erfahrung mit sich selbst in weitem Umfang wahrnehmen zu können.

Der zweite Aspekt bezieht sich auf die Empathie-Ausrichtung in der therapeutischen Situation. Hier ist die Überzeugung leitend, daß es für die Entwicklung des Patienten wichtig ist, daß der Therapeut sein Verstehen der therapeutischen Situation zur Verfügung stellt. In der therapeutischen Situation stehen sich dann zwei um Verstehen bemühte Subjekte gegenüber, die nicht nur (sich und den anderen) verstehen wollen, sondern denen es auch um Verständigung geht. Dies bedeutet, daß der Therapeut nicht nur aus dem Bezugssystem des Patienten, sondern auch aus seinem eigenen heraus versteht und sein Verstehen, seine Sicht der des Patienten gegenüberstellt. Diese Konfrontation bedeutet gewissermaßen eine Interaktion der Bezugssysteme, durch die der Patient sein eigenes Selbstverstehen überprüfen und korrigieren kann. Aus dieser Position sind drei Interventionskategorien abzuleiten: das *Konfrontieren*, das *Interaktionsbezogene Verstehen* und das *Selbsteinbringen*. Bevor diese Interventionsformen ausführlich beschrieben werden, soll zunächst noch einmal auf das zugrundeliegende Therapieprinzip *Echtheit* eingegangen werden.

Rogers (1977 / [1]1975) beschreibt dieses Prinzip bzw. diese Haltung so: „Dies ist die grundlegendste unter den Einstellungen des Therapeuten, die den positiven Verlauf einer Therapie fördern. Eine Therapie ist mit größter Wahrscheinlichkeit dann erfolgreich, wenn der Therapeut in der Beziehung zu seinem Klienten er selbst ist, ohne sich hinter einer Fassade oder Maske zu verbergen. Der theoretische Ausdruck hierfür ist Kongruenz; er besagt, daß der Therapeut sich dessen, was er erlebt oder leibhaft empfindet, deutlich gewahr wird und daß ihm diese Empfindungen verfügbar sind, so daß er sie dem Klienten mitzuteilen vermag, wenn es angemessen ist."

Aus diesen Beschreibungen kann man folgern, daß das Therapieprinzip *Echtheit* in gewisser Weise antagonistisch zu den beiden vorher untersuchten Prinzipien, vor allem zum *Einfühlenden Verstehen*, steht. War es für das letztgenannte Prinzip in besonderer Weise kennzeichnend, daß der Therapeut die Perspektive des Patienten übernahm und gewissermaßen ganz in der Person des Patienten aufging (mit den oben gemachten Einschränkungen), so ist bei dem Merkmal *Echtheit* gefordert, daß der Therapeut als eigenständige Person für den Patienten greifbar wird, daß er *seine* Perspektive in der einen oder anderen Form kommuniziert. In welcher Weise er dies im einzelnen tun sollte, wird im folgenden zu erörtern sein.

Daß der Therapeut nicht unecht wirkt und nicht von routinehafter Fassadenhaftigkeit ist, dürfte selbstverständlich sein. Die Echtheitsforderung in dieser Allgemeinheit bedeutet auch, daß der Therapeut in der Identifikation mit der Sicht des Patienten und in der gezielten Suspension des eigenen Standpunktes glaubhaft wirkt, d. h., daß er diese Haltung aus Überzeugung einnimmt. Ebenso selbstverständlich dürfte die Forderung sein, daß der Therapeut sich selbst gegenüber offen ist und daß ihn sein eigenes Erleben weitgehendst zugänglich ist. Die Ausbildungsrichtlinien fast aller Psychotherapieverfahren, so auch der Gesprächspsychotherapie, schreiben mehr oder weniger ausgedehnte Selbsterfahrungsaktivitäten vor, deren Ziel das intensive Vergegenwärtigen eigener Konflikte und Schwierigkeiten ist, gerade auch dort, wo diese die unverstellte Wahrnehmung des Patienten oder der eigenen Reaktionen auf den Patienten verhindern könnten. Der Therapeut muß sich also vorbehaltlos fragen können, was ihn ggf. daran hindert, den Patienten mit dieser oder jener Problematik zu akzeptieren, welche eigenen Konflikte es bewirkten, daß er auf bestimmte Aspekte in der Patientenäußerung nicht eingegangen ist, warum ihn ein Gefühl der Peinlichkeit beschlich, als der Patient von dieser oder jener Problemsituation berichtete. Hierher gehört natürlich auch, daß der Therapeut sich solch ein Gefühl der Peinlichkeit überhaupt zugestehen kann, es also nicht verleugnen muß, weil er glaubt, daß ein solches Gefühl mit der Souveränität des Therapeuten unvereinbar sei.

Weniger selbstverständlich als diese Forderung nach Offenheit sich selbst gegenüber dürfte die Forderung nach der unmittelbaren Gegenwärtigkeit und Transparenz des Therapeuten in der therapeutischen Situation sein. Diese Gegenwärtigkeit, dieses sich als Person zur Verfügung stellen, kann in unterschiedlicher

Weise und in unterschiedlichem Ausmaß erfolgen. In jedem Fall besteht die Grundtendenz darin, daß der Therapeut seine Perspektive ins Spiel bringt und dies dem Patienten auch deutlich macht. Hatte ein besonderer Aspekt des *Einfühlenden Verstehens* darin bestanden, daß der Therapeut seine eigenen Beurteilungen zunächst einmal zurückstellte, um in der Identifikation mit dem Bezugssystem des Patienten sich selbst als ein reales Gegenüber gewissermaßen auszuklammern und wie hinter dem Spiegel zu verschwinden, der den Patienten auf sich selbst zurückverwies, so soll sich nun der Therapeut als ein konkretes Gegenüber, als Dialogpartner, zur Verfügung stellen. Der Therapeut wird also zum Antwortenden, der seine eigene Perspektive transparent macht. Der Therapeut regt nun nicht mehr nur die Zwiesprache des Patienten mit sich selbst an, sondern er läßt es zum Dialog, zum Austausch zwischen zwei Bezugssystemen kommen. Bei diesem Ins-Spiel-Bringen des eigenen Bezugssystems vermeidet es jedoch der klientenzentrierte Therapeut, den Eindruck zu erwecken, als sei dieses eigene Bezugssystem in jeder Hinsicht gültiger als das des Patienten. Der Therapeut ist vielmehr bemüht, seine Beurteilungen auf sein subjektives Meinen zurückzunehmen, um so dem Patienten die Freiheit zu lassen, sich von dieser Meinung auch abzugrenzen.

Im folgenden sollen die drei Interventionskategorien, die sich aus dem Behandlungsprinzip *Echtheit* ableiten, beschrieben werden. Wegen der besonderen Eigenständigkeit, die diese drei Kategorien jeweils haben, wird die bisherige Abfolge der Darstellung geändert. Jede Kategorie wird in einem gesonderten Kapitel abgehandelt.

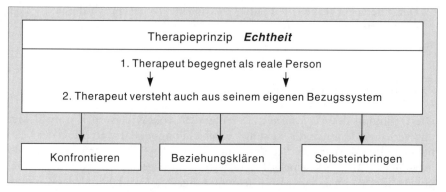

Abb. 3 Die drei Interventionskategorien, die sich aus dem Behandlungsprinzip Echtheit ableiten.

Konfrontieren

Die Bezeichnung der behandlungstechnischen Anweisung *Konfrontieren* (confrontation) drückt sehr gut aus, daß der Therapeut hier sein Bezugssystem dem des Patienten gegenüberstellen soll. In der gesprächspsychotherapeutischen Literatur (z. B. Minsel 1974; Tscheulin 1992) wird diese Intervention als Ansprechen von Widersprüchen beschrieben. Der Therapeut macht den Patienten z. B. aufmerksam auf einen Widerspruch zwischen seinem verbalen und nonverbalen Verhalten oder weist auf einen Widerspruch zwischen der Selbstwahrnehmung des Patienten und der Fremdwahrnehmung durch den Therapeuten hin. Bei diesem Ansatz, die Konfrontation als Aufzeigen von Widersprüchen zu gestalten, wird sichergestellt, daß die Sichtweise des Therapeuten nicht absolut gesetzt wird, sie wird vielmehr gleichwertig neben die des Patienten gestellt. Tscheulin (1992) hat übrigens die therapeutische Bedeutsamkeit dieses Behandlungsmerkmals auch in empirischen Studien nachweisen können.

Schon die Schüler von Rogers, (Carkhuff u. Berenson 1967; Carkhuff 1969) hatten sich mit diesem Behandlungsmerkmal systematisch auseinandergesetzt, und Carkhuff (1969) hatte, wie auch für bereits besprochene Behandlungsmerkmale eine 5stufige Skala erstellt, um das Ausmaß einschätzen zu können, in welchem Therapeuten dieses Merkmal in der therapeutischen Situation verwirklichen. Diese Skala beschreibt dieses Behandlungsmerkmal recht anschaulich. Sie wird deshalb hier (verkürzt) wiedergegeben:

Einschätzskala: Behandlungsmerkmal „confrontation"
1. Der Therapeut greift Widersprüche nicht auf bzw. verdeckt sie sogar durch seine Intervention.
2. Der Therapeut läßt erkennen, daß er Widersprüche zwar wahrnimmt, er greift sie aber nicht auf.
3. Der Therapeut spricht Widersprüche indirekt, z. B. durch eine Frage, an, ohne aber direkt auf sie hinzuweisen.
4. Der Therapeut spricht Widersprüche in behutsamer Weise an.
5. Der Therapeut reagiert auf jeden erkennbaren Widerspruch durch direkten weiterführenden Hinweis.

Ziele und Funktionen des *Konfrontierens*

Die Definition des *Konfrontierens* als Aufgreifen von Widersprüchen im Reden und Verhalten des Patienten weist dieses Behandlungsmerkmal als Mittel der Bearbeitung der Abwehr des Patienten aus. Denn diese Widersprüchlichkeit des Patienten ist Ausdruck seiner Abwehr oder genauer gesagt Ausdruck der Inkongruenz des Patienten, deren Wahrnehmung abgewehrt wird. Durch das Konfrontieren mit den Folgen des inneren Selbstwiderspruchs des Patienten soll diesem die Möglichkeit gegeben werden, diesen Widerspruch zu erkennen und anzuerkennen und ihn sodann durch die Integration divergierender Erfahrungen aufzulösen. Natürlich kann auch ein gewisser Widerspruch vom Individuum als zu ihm selbst gehörend anerkannt und insofern in das Selbstkonzept integriert werden. Diese so akzeptierte und integrierte Zwiespältigkeit (Rogers, 1973b / [1]1961, spricht von „Komplexität") würde sich dann aber nicht mehr ständig in unwillkürlichem Verhalten äußern.

Die Abwehrbearbeitung insgesamt ist ebenfalls als ein schrittweises bzw. gestuftes Vorgehen zu konzipieren. Das Konfrontieren entspricht dann einer bestimmten Stufe dieser Abwehrbearbeitung, wie im folgenden gezeigt wird.

Praxis des *Konfrontierens* und der Abwehrbearbeitung

Gerade beim Einsatz dieses Behandlungsmerkmals ist natürlich die Aufrechterhaltung einer akzeptierenden und bejahenden Grundhaltung wichtig. Der Patient muß spüren, daß der Therapeut nicht etwa aus einer geheimen Aggressivität heraus ihn auf seine Widersprüchlichkeiten und Ungereimtheiten hin anspricht. Der Unterton einer schulmeisterlichen Zurechtweisung oder eines rechthaberischen Insistierens würde die Abwehr des Patienten nur verstärken. Wenn der Patient jedoch diese akzeptierende und verständnisvolle Haltung beim Therapeuten spürt, kann er die Peinlichkeit, die natürlich mit dem Gewahrwerden eines solchen Widerspruchs verbunden ist, viel besser ertragen. Deshalb ist es wichtig, daß der Therapeut diese verständnisvolle Haltung auch in seinen Formulierungen zum Ausdruck bringt.

Der Therapeut sagt z. B. bei einem depressiv-klagsamen Patienten nicht: „Ich glaube, daß Sie viel stärker und leistungsfähiger sind, als Sie jetzt darstellen wollen", sondern er sagt: „Ich höre Sie sagen, daß Sie sich zur Zeit gar nichts mehr zutrauen und sich total aufgegeben haben, aber ich glaube, in vielem bei Ihnen auch sehr viel Stärke und fast kämpferische Zähigkeit zu spüren."

Der Therapeut gibt also dem Patienten zu verstehen, daß er dessen Sicht auch für berechtigt hält, daß hier aber auch eine ganz andere Sicht- und Erlebnisweise möglich ist und daß im weiteren Vorgehen dieser Widerspruch gelöst werden muß.

Solche Widersprüche bzw. Diskrepanzen können auf sehr unterschiedlichen Ebenen bestehen. Folgende Modi des Widerspruches wären demnach zu unterscheiden:
1. Widerspruch zwischen verbaler und nonverbaler Aussage.
   Das oben gerade genannte Beispiel wäre hier einzuordnen, wenn sich besonders aus den Gesten, der Mimik und der Art der Stimmführung des Patienten ein besonderer Kontrast zu seiner depressiven Klagsamkeit ergibt. Der Therapeut könnte dann z. B. auch sagen: „Ich spüre da einen Unterschied zwischen dem, was Sie jetzt sagen, und dem, was viele Ihrer Gesten auszudrücken scheinen."
   Eine andere Intervention in diesem Sinne wäre: „Sie fühlen sich so verzagt und hinfällig und zeigen doch so viel Kraft in Ihrer Stimme und Ihren Gesten."
   Bei solchen Formulierungen bleibt eine bejahende und mitfühlende Grundhaltung spürbar, so daß die Gefahr einer entlarvenden Attitüde vermieden wird.
2. Widerspruch zwischen Selbstbild (des Patienten) und Fremdbild (des Therapeuten).
   Diese Form des Widerspruches ist der eben genannten sehr verwandt. Von dieser Form des Widerspruches wäre dann zu sprechen, wenn der Therapeut seinen Eindruck nicht unmittelbar auf ein bestimmtes Ausdrucksverhalten des Patienten gründen kann. Die Bekundungen des Patienten laufen dauernd dem Eindruck des Therapeuten zuwider, der sich in ihm aufgrund verschiedener Hinweise gebildet hat. Der Therapeut kann sich sein Bild vom Patienten durch Interpretationen verschiedenster Berichte und Schilderungen des Patienten gemacht haben. Zum Beispiel sagt ein Patient, der aufgrund seiner

vielfältigen Schilderungen dazu zu neigen scheint, häufig unnachgiebig und rachsüchtig zu streiten, daß er ein sehr friedfertiger Mensch sei und immer bereit, um des lieben Friedens willen nachzugeben.

Ihm sagt z. B. der Therapeut: „Ich denke, was Sie jetzt von sich sagen, ist das, was Sie sein möchten, was Sie von sich selbst so sehr wünschen, aber es fällt Ihnen wohl oft schwer, das zu verwirklichen."

Es geht dem Therapeuten also auch hier darum, eine gewisse Achtung für die Würde der Person durchscheinen zu lassen, auf jeden Fall jede Beschämung zu vermeiden. Schon deswegen betont er die Ernsthaftigkeit des Wunsches, anders zu scheinen und zu sein, als der Patient sich offenbar oft verhält.

3. Widerspruch zwischen Einsicht und Verhalten.

Ein Beispiel: Eine Patientin berichtet, wie sehr sie überzeugt sei, daß sie sich bisher immer ihrem Mann total unterworfen habe, viel zu wenig Selbstbehauptung geleistet habe. Die Patientin war aber nach kurzzeitigem Auszug aus der ehelichen Wohnung gerade wieder zu ihrem trinkenden und sie öfter schlagenden Mann zurückgekehrt. Hier sagt die Therapeutin: „Obwohl Sie das so klar sehen, war es jetzt zu schwer für Sie, nicht wieder zu ihm zurückzugehen".

Auch hier zeigt die Therapeutin keine scharfe oder gar zurechtweisende Konfrontation mit der Widersprüchlichkeit der Patientin, sondern sie versucht im Gegenteil, Verständnis für die tiefe Ambivalenz der Patientin zu signalisieren.

Solche Widersprüchlichkeiten im Verhalten sind durch den innerpsychischen Widerspruch, also die Inkongruenz, zwischen dem Selbstkonzept und den Inhalten der „organismischen" Erfahrung zu erklären (s. Kap. 5). Diese Inkongruenz wird dadurch aufrechterhalten, daß sich das Selbstkonzept aus Angst vor tiefgreifender Erschütterung dagegen wehrt, die Inhalte der organismischen Erfahrung zu integrieren. Dadurch wird eine Auflösung der Widersprüchlichkeit verhindert. Da diesem das geschilderte Konfrontieren entgegenwirken soll, kann es als eine Form der Abwehrbearbeitung charakterisiert werden. Wie Therapietranskripte zeigen, sind aber in der Praxis der Gesprächspsychotherapie auch andere Formen der Abwehrbearbeitung zu beobachten, die bisher allerdings wenig konzeptualisiert worden sind. So soll hier eine Methodik des gesprächspsychotherapeutischen Umgangs mit Abwehr und Widerstand skizziert werden.

Die Abwehrbearbeitung. Rogers (1972 / [1]1942, 1973a / [1]1951, 1987 / [1]1959) hat sich an mehreren Stellen seines Werkes mit Phänomenen der Abwehr auseinandergesetzt. Dieses Abwehrkonzept, das bei ihm in enger Verbindung zum Konzept der Inkongruenz steht, nimmt eine zentrale Stellung in seiner Persönlichkeits- und Neurosentheorie ein (Rogers 1987 / [1]1959). Rogers hat ferner den Therapieprozeß als eine Stufenfolge (7 Stufen) der Abwehrauflösung dargestellt (Wenn er auch in diesem Zusammenhang den Terminus 'Abwehr' nicht gebraucht, sondern von der Auflösung von Wahrnehmungsblockaden und psychischer Erstarrung spricht, Rogers 1973b / [1]1961). Gerade diese und andere Beschreibungen des Therapieprozesses zeigen, daß auch in den therapietheoretischen Konzepten der Gesprächspsychotherapie Abwehrvorgänge als allgegenwärtig angenommen werden (Panagiotopoulos 1993). Rogers (1973a / [1]1951) regte auch empirische Studien an, in denen die Änderung der Abwehr während der

Therapie mit anderen Parametern des thrapeutischen Prozesses verglichen wurden. So könnte es verwundern, daß Rogers nicht ausdrücklich ein Konzept zur Bearbeitung von Abwehrvorgängen vorgelegt hat. Rogers war aber der Meinung, daß gerade durch die Realisierung der drei Grundhaltungen Abwehrstrukturen aufgelöst werden können bzw. daß der Therapeut durch dieses Vorgehen dem Patienten optimale Voraussetzungen bietet, seine eigene Abwehr überwinden zu können. So war für ihn das geduldige Auflösen der die Abwehr aufrechterhaltenden Ängste des Patienten das wesentliche Element der Therapie überhaupt. Allerdings war Rogers sehr skeptisch gegenüber einem direkten, konfrontativen Aufgreifen von Abwehrprozessen. Er befürchtete die insgesamt eher destruktive Wirkung eines solchen Vorgehens und daß der Widerstand gegen die Therapie hierdurch erst geschaffen würde (1972 / ¹1942, 1977 / ¹1975).

Widerstand, als Abwehr des therapeutischen Angebotes, ist nach Rogers vorwiegend durch technische Fehler induziert, z. B. durch zu drängendes und zu frühes Deuten und eine zu ungeduldige, zu wenig akzeptierende Einstellung gegenüber der Abwehr. Dabei bezeichnet Rogers offensichtlich nur die besonders groben, therapieblockierenden Verhaltensweisen als Widerstand. In anderen Fällen spricht er von Abwehr, auch wenn sich diese als Ergebnis der therapeutischen Interaktion darstellen (Rogers 1972 / ¹1942).

Durch mangelhafte Technik bedingter Widerstand dürfte keineswegs selten sein, schon weil es grade in längeren Behandlungen äußerst schwierig sein kann, die Akzeptation und Empathie immer ganz konsequent und widerspruchsfrei durchzuhalten. Jedoch ist das Aufkommen von Widerstand (als Abwehr des therapeutischen Angebotes) auch bei striktem Einhalten des von Rogers empfohlenen Vorgehens möglich. So kann es z. B. ein autoritätsfixierter Patient als unerträglich erleben, keine Ratschläge und Anweisungen zu bekommen und statt dessen auf sich selbst zurückverwiesen zu werden. Einem anderen Patienten, der früh gelernt hat, seine eigene Depressivität durch aggressives, konfrontationsprovozierendes Verhalten zu bewältigen, mag gerade das geduldig-liebevolle Akzeptiertwerden als sehr bedrohlich erleben. In beiden Fällen könnten die Patienten mit Widerstand als Reaktion auf ein durchaus methodengerechtes Vorgehen antworten. Von solchen speziellen Widerstands-Anlässen abgesehen, ist generell zu bedenken, daß die Abwehr in der Therapie sich ja immer in einer Beziehungssituation ereignet. Die Abwehr des Patienten ist jetzt kein rein innerpsychischer Vorgang mehr, sondern der Therapeut ist interakionell einbezogen, der Therapeut ist auch der von der Abwehr „Gemeinte".

Um aber gewissermaßen fortwährend daran zu erinnern, daß das „widerständige" Verhalten des Patienten zunächst einer innerpsychischen Schwierigkeit, um nicht zu sagen einer inneren Not entspricht, und um den Sprachgebrauch von Rogers beizubehalten, wurde hier für die weiteren Darlegungen der Terminus „Abwehr" und nicht „Widerstand" gewählt. Dieser Sprachgebrauch soll aber nicht die Einsicht verdecken, daß die Abwehr des Patienten auch ein interaktionelles Moment enthalten kann, d. h., daß in ihr auch das Beziehungsangebot des Therapeuten selbst abgewehrt werden kann.

Der Gesprächspsychotherapeut ist immer darum bemüht, in der Abwehr nicht so sehr die Verweigerung, als vielmehr den Versuch der Bewältigung innerer Schwierigkeiten zu sehen und insofern auch der Abwehr zunächst empathisch zu begegnen (Pfeiffer 1985).

Im Kapitel über die Technik des *Einfühlenden Verstehens* wurde ein gestuftes Vorgehen vorgeschlagen, um den Patienten in „kleinen Schritten" und in erlebnisnaher Weise an bestimmte Einsichten heranzuführen. Ein gestuftes Vorgehen ist auch bei der Abwehrbearbeitung zu empfehlen. Hier ist natürlich an Greenson (1975) zu erinnern, der für die Psychoanalyse eine Stufenfolge der Widerstandsanalyse erstellte. Er wollte zunächst das „Daß", also die Tatsache des Widerstandes und sodann das „Wie", d. h. die Äußerungsform des Widerstandes, angesprochen wissen. Dann sollte das Ansprechen des „Wogegen" des Widerstandes (z. B. Abwehr gegen das Eingeständnis von Angst oder Peinlichkeit) und schließlich das „Warum" des Widerstandes (welche Impulse oder Triebkräfte machen dem Patienten Angst?) folgen.

Aus gesprächspsychotherapeutischer Sicht ergeben sich hier vor allem Bedenken, mit dem Ansprechen der Tatsache des Widerstandes zu beginnen. Denn gerade der Hinweis, daß der Patient jetzt ein widerständiges oder vermeidendes Verhalten zeigt, kann leicht wie eine Zurechtweisung wirken, so als habe der Patient seine Aufgabe schlecht gemacht.

Man könnte indes das oben beschriebene „Konfrontieren" zunächst als ein Hinweisen auf das Vorkommen von Widerstand verstehen. Genaugenommen wird hier aber nicht auf die Anwesenheit von Widerstand bzw. Abwehr hingewiesen, sondern es werden nur die Konsequenzen der Abwehr, nämlich das widersprüchliche Verhalten, angesprochen.

Wenn wir diese Überlegungen in eine Stufenfolge der Abwehrbearbeitung umsetzen (Finke 1989), so ergeben sich folgende Stufen:

Abwehr-Bearbeitung
Einem Patienten, der pausenlos und weitschweifig über verschiedenste alltägliche Begebenheiten berichtet, antwortet der Therapeut:
Stufe 1: Erscheinungsbild der Abwehr verdeutlichen
    Th.: „Sie berichten hier fast atemlos über unterschiedlichsten Begebenheiten aus Ihrem Leben. Irgend etwas scheint Ihnen dabei wichtig zu sein."
Stufe 2: Die Konsequenzen der Abwehr ansprechen *(Konfrontieren)*
    Th.: „All diese äußeren Begebenheiten nehmen jetzt so Ihr ganzes Denken ein, daß Sie kaum dazu kommen, über sich selbst nachzudenken."
Stufe 3: Die Intention der Abwehr ansprechen
    Th.: „So richtig in sich selbst hineinzugucken, das macht Ihnen jetzt regelrecht Angst. Da lassen Sie sich ganz gerne ablenken."

Stufe 1: Das Erscheinungsbild der Abwehr verdeutlichen.
Hier soll das Abwehrverhalten verdeutlicht werden, ohne in seinem Abwehrcharakter gedeutet zu werden. Der Therapeut beschreibt akzeptierend und empathisch das Abwehrverhalten, er macht gewissermaßen die Bewegungen der

Abwehr mit. Die Gesprächspsychotherapie geht davon aus, daß durch die Verwirklichung der Therapieprinzipien *Bedingungsfreies Akzeptieren* und *Einfühlendes Verstehen* meist schon wesentliche Teile der Abwehr aufgelöst werden können. Hier geht es also nicht um Interventionen, die die Abwehr direkt aufgreifen, sondern eher um eine Behandlungspraxis, die so entangstend und ich-stützend auf den Patienten wirkt, daß er von sich aus das Selbstvertrauen und den Mut findet, sich selbst mit ängstigenden beschämenden oder frustrierenden Ereignisse zu konfrontieren. Der Therapeut übernimmt dabei stellvertretend für den Patienten eine gewährende, tolerante, das Gewissen und das Selbstideal des Patienten versöhnende Haltung. „Es ist die Haltung [des Therapeuten], die mit größter Wahrscheinlichkeit dazu führt, daß der Klient Vertrauen faßt, sein Selbst weiter erkundet und unrichtige Äußerungen korrigiert, sobald sich sein Vertrauen gefestigt hat" (Rogers 1977 / [1]1975).

Der Patient soll sich nicht durch ein abrupt aufdeckendes Vorgehen bedroht fühlen, der Therapeut zeigt Verständnis für die Not-Wendigkeit der Abwehr. Er greift in seinen Verbalisierungen zunächst nur die Äußerungsformen der Abwehr auf:

Ein Patient mit einer Herzangstneurose (bzw. einer somatoformen Störung i. S. ICD 10) berichtet wieder und wieder von seinen Herzsymptomen. Der Therapeut: „Sie machen sich große Sorgen um Ihr Herz." Der Patient fährt fort mit den angstvoll-hektischen Schilderungen seiner Herzsensationen. Therapeut: „Ich spüre, wie diese Sorgen Sie einfach nicht loslassen." Und dann weiter: „Diese Sorgen erfüllen Sie total, die fressen Sie regelrecht auf."

Der Therapeut versucht, die innerpsychische Auseinandersetzung des Patienten mit seinem Symptom, die kognitiven und emotionalen Reaktionen auf das Symptom zu thematisieren. Bei somatischen Beschwerden, die wie hier im Dienste der Abwehr stehen, könnte der Therapeut auch stärker auf das Körpererleben als solches eingehen.

Die manchmal geäußerte Besorgnis, es könne die Abwehr des Patienten verstärkt werden, wenn der Therapeut den Bewegungen der Abwehr gewissermaßen folge, ist in der Regel unbegründet. Allerdings kann es sein, daß Patienten ihre Abwehr so nicht überwinden können. Dann würde der Therapeut auf der folgenden Stufe intervenieren.

Stufe 2: Die Konsequenzen der Abwehr ansprechen.
Der Therapeut versucht zu erfassen und zu verdeutlichen, was dem Widerstand unmittelbar folgt, und zwar sowohl an emotionalen und kognitiven Reaktionen im Patienten wie an Änderungen des sozialen Beziehungsgefüges. Die Abwehr kann z. B. zu Widersprüchlichkeiten im Verhalten des Patienten führen, wie oben schon beschrieben. Das oben beschriebene *Konfrontieren* entspricht weitgehend dieser Stufe der Abwehrbearbeitung.

Dem Patienten mit der Herzangstneurose, der unbeirrbar fortgefahren war, von seinen Herzsensationen zu berichten, sagt der Therapeut: „Die Herzschmerzen nehmen jetzt ihr ganzes Denken ein, so daß es Ihnen schwerfällt, von etwas anderem zu sprechen (obwohl Sie das doch eigentlich wollten)." Der Therapeut spricht hier, zumindest indirekt, den Widerspruch an zwischen der erklärten

Absicht des Patienten, sich mit seinen Gefühlen und Gedanken auseinanderzusetzten, und seinem tatsächlichen „Klageverhalten". Das Ansprechen dieses Widerspruchs geschieht aber nicht in einer kalt-konfrontierenden oder gar beschämenden Weise. Der Therapeut versucht zu verdeutlichen, wie sehr der Patient Opfer seiner eigenen Abwehr ist, wie sehr er durch sie in der Verwirklichung seiner Absichten gehindert wird. Der Therapeut versucht aber auch hierbei, sich in die die Abwehr begleitende Angst und Bedrängung einzufühlen, er sagt deshalb nicht: „Mir fällt auf, daß Sie es immer vermeiden, von seelischen Dingen zu reden." Eine solche Äußerung würde nahelegen, dem Patienten ein absichtsvolles Sabotieren der Therapie zu unterstellen.

Wenn der Patient sich gut vergegenwärtigen kann, wie sehr er sich durch die Abwehr „selbst im Wege steht", wie sehr die Abwehr seine eigenen Vorhaben und Pläne durchkreuzt, kann der Therapeut auf der nächsten Stufe intervenieren.

Stufe 3: Die Intention der Abwehr ansprechen.

Es wird hier versucht, Gefühle zu verdeutlichen, die der Abwehr vorausgehen als ihr Motiv. Ähnlich wie bei der entsprechenden Stufe der Widerstandsanalyse bei Greenson (1975) soll dem Patienten das erfahrbar werden, wogegen die Abwehr ihn schützen soll.

In Fortführung der oben genannten Fallskizze des herzneurotischen Patienten könnte der Therapeut sagen: „Angst spielt überhaupt eine große Rolle in Ihrem Leben." Wenn der Patient hier bejaht, könnte der Therapeut fortfahren: „Es ist Angst vor so vielem und sie ist manchmal so stark, daß Ihnen die körperliche Erkrankung fast als das kleinere Übel erscheint." Wenn dies dem Patienten einsichtig ist, könnte der Therapeut vorsichtig über die verschiedenen nicht körperbezogenen Ängste und andere damit einhergehende Gefühle sprechen: „Es ist da auch so die Angst, daß Ihre Frau sich dann nicht mehr so um sie kümmern würde... und dann ist es manchmal auch so, daß Sie sich fast ein bißchen schämen, von ihr so abhängig zu sein." Wenn der Patient aber nun doch wieder solche Ängste und Schamgefühle verneint, sollte der Therapeut der Bewegung der Abwehr zunächst nachgeben und etwa sagen: „Im Moment spüren Sie nur die Angst vor dem körperlichen Versagen."

Im Zusammenhang mit der Angst können natürlich wieder andere Gefühle stehen. So könnte der Patient z. B. gegenüber seiner Frau Aggressionen haben, gerade weil er sich von ihr so abhängig fühlt. Es kommt nun aber darauf an, diese verschiedenen Gefühlsschichten nicht in einem ersten Durchgriff offenlegen zu wollen, sondern sie im geduldigen Sich-Bewegen an der „Abwehrlinie" sich wie von selbst entfalten zu lassen.

Wichtig für die Bearbeitung von Abwehrvorgängen ist auch die Art der Formulierungen. Nicht selten ist es geboten, daß der Therapeut durch Ausdrücke wie „ein bißchen", „fast", „ziemlich", „manchmal" die Nachdrücklichkeit seiner Aussage einschränkt, um sie nicht zu apodiktisch und für den Patienten bedrohlich festlegend und endgültig erscheinen zu lassen. Auf den Patienten wirken in dieser Weise gemilderte Aussagen viel weniger ängstigend, und er kann sich daher besser auf die Verstehensangebote des Therapeuten einlassen (ähnlich auch Heigl-Evers 1983).

Schwierigkeiten und Gefahren des *Konfrontierens* und der Abwehrbearbeitung

Die Schwierigkeit für den Therapeuten besteht hier darin, seine konfrontierenden Interventionen so einzusetzen und so zu formulieren, daß sich der Patient nicht attackiert, nicht ertappt bzw. überführt, nicht zurechtgewiesen zu fühlen braucht. Die Gefahr für den Therapeuten besteht darin, daß ihn ein angespanntes Achten auf Widersprüche oder andere Äußerungen der Abwehr in eine geradezu kriminalistische Suchhaltung hineingeraten läßt. Auf diese Gefahr wollte auch K. Jaspers (1959) hinweisen, wenn er schrieb: „Mit dem Deuten verbindet sich eine Grundstimmung des Dahinterkommens. Man deckt auf, entlarvt, zeigt gleichsam die Kunst der Zeugenbefragung und des Polizeitalents."

Aus solcher „Grundstimmung" ergäbe sich die Schwierigkeit, daß der Patient dem Therapeuten gegenüber zunehmend mit Angst und Mißtrauen reagiert. Der Therapeut würde so seinerseits ein Abwehrverhalten des Patienten (sog. technisch bedingten Widerstand) induzieren. Vor dieser Möglichkeit hat Rogers ausdrücklich gewarnt.

Im Zusammenhang mit dem Hinweis auf diese Gefahren soll noch einmal die hier vertretene Begriffswahl begründet werden, von „Abwehr" und nicht von „Widerstand" zu reden. Zwar ist es wichtig in der „Abwehr" des Patienten auch das interaktionelle Moment, auch den Beziehungsaspekt zu sehen (van Kessel u. van der Linden 1993). Hierauf wurde ja besonders auch durch die Psychoanalyse hingewiesen. Der Terminus „Widerstand" soll hier gerade diesen Beziehungsaspekt markieren: Der therapeutischerseits beabsichtigten Auflösung der Abwehr setzt der Patient Widerstand entgegen (Thomä u. Kächele 1986).

Jedoch könnte durch die Rede vom „Widerstand" die (dem Therapeuten u.U. kaum bewußte) Versuchung befördert werden, im Patienten stets „widerständige", die therapeutischen Bemühungen sabotierende Tendenzen auszumachen. Die Vorstellung einer permanenten Opposition des Patienten könnte beim Therapeuten zu einer ständig mißtrauisch-beargwöhnenden Suchhaltung führen. Daß eine solche Haltung schnell kontraproduktiv, also lähmend oder gar Widerstand provozierend, wirken würde, dürfte einsichtig sein. Bei der Rede von der „Abwehr" dagegen mag der Blick stärker auf die innere Not des Patienten, auf seine Ängste und Bewältigungsbemühungen gelenkt werden. Dies kann es dem Therapeuten erleichtern, sich akzeptierend und auf die Kräften zur Selbstkorrektur vertrauend dem Patienten zuzuwenden. Diese bejahende und vertrauende Grundhaltung dürfte bei der Bearbeitung von Abwehrprozessen, auch dann, wenn das therapeutische Beziehungsangebot selbst abgewehrt wird, wichtig sein.

Gerade weil es in der Therapie ohnehin stets um die Abwehr des Patienten geht, braucht sich der Therapeut nach gesprächspsychotherapeutischer Meinung nicht von der ständigen Sorge leiten zu lassen, einem spezifischen Widerstand des Patienten aufzusitzen. Auch für Psychoanalytiker sind Abwehrvorgänge allgegenwärtig und zwar in dem Sinne, daß der Patient mit jeder Äußerung, mit jedem Versuch der Auflösung einer Abwehr gleichzeitig etwas anderes wiederum abwehrt. So könne der Patient z. B. mit den Berichten einer bisher verdrängten, stark rivalisierenden Wut gegen den Vater gleichzeitig Wünsche nach Anerkennung und Zärtlichkeit von seiten dieses Vaters abwehren (Greenson 1975).

Gerade aber diese Allgegenwärtigkeit von Abwehr müßte eigentlich bedeuten, daß der Therapeut weder sich selbst noch den Patienten in rastloser, detektivischer Suche nach Widerständen unter Druck zu setzen brauchte, sondern Therapie ganz im Sinne von Rogers verstehen kann als einen im letzten unabschließbaren Prozeß zunehmender Selbstöffnung, der eher durch eine geduldige und vertrauende Haltung des Therapeuten gefördert wird. Gerade wenn der Therapeut nicht jeden Widerstand sofort anspricht, sondern vielmehr die Bewegungen des Widerstandes zunächst geduldig und die Not des Patienten verstehend und gelegentlich auch ansprechend „mitmacht", wird der Patient schließlich von sich aus manche Widerstände überwinden.

Eine zu ausdrückliche Forcierung der Abwehrbearbeitung birgt die Gefahr in sich, daß in der therapeutischen Beziehung eine Stimmung des Entlarvens und Demaskierens aufkommt, in der der Patient der ständigen Unwahrhaftigkeit und des Ausweichens überführt werden soll. Therapie als ständige Arbeit am Widerstand zu begreifen, kann eine Kampfstimmung induzieren, in der der Therapeut wähnt, ständig gegen den widerständigen, die therapeutische Arbeit sabotierenden Patienten auf der Hut sein zu müssen. Eine solche gewissermaßen kriminalistisch-beargwöhnende Grundhaltung muß schon deshalb antitherapeutisch wirken, weil sie den Widerstand des Patienten erhöht oder gar oft erst schafft. So sollte nach gesprächspsychotherapeutischer Meinung Widerstand bzw. Abwehr erst dann thematisiert werden, wenn er zu eindeutigen Blockaden im therapeutischen Prozeß führt.

Gerade im Bewußtsein der letztgenannten Gefahr hatte Rogers dem Therapeuten ausdrücklich eine „leichtgläubige Haltung" empfohlen, in der der Therapeut sich nicht ständig von dem Verdacht bestimmen lassen solle, der Patient sei im Grunde ganz anders, als er sich darstelle (Rogers 1977 / [1]1975).

Auch in der Psychoanalyse werden heute vergleichbare Positionen eingenommen. So vertritt die sog. Mount-Zion-Gruppe (Weiss, Samson, Horowitz, 1986, zit. nach Mertens 1991) die Ansicht, daß der Patient in einer Atmosphäre von Wohlwollen und Akzeptanz viel konsequenter nach der Bewältigung traumatischer Erlebnisse und innerer Konflikte sucht und zu einer erfolgreichen Suche auch in der Lage ist, als dies nach bisherigen psychoanalytischen Positionen konzidiert worden sei. Der Patient sei von sich aus um ein Überwinden der Abwehr bemüht. Es sei dabei ganz selbstverständlich, daß der Patient zunächst mit Angt und Mißtrauen und so auch mit Widerstand auf den Therapeuten reagiere. Um so mehr käme es darauf an, daß der Therapeut sich in seinem Bemühen um echte Akzeptanz und Empathie bewähre.

Der Psychoanalytiker Schafer hat mit seinem „affirmativen Ansatz" der Widerstandsanalyse (zit. nach Mertens 1991) eine Position beschrieben, in der sich Entsprechungen zum oben Dargestellten finden lassen. Auch er gibt zu bedenken, daß schon die Redeweise vom Widerstand die Gefahr impliziere, dem Patienten ein letztlich doch willentliches Blockieren der therapeutischen Arbeit zu unterstellen und dies dem Patienten übelzunehmen. Schafer zeigt auch, wie sehr der Patient eine Widerstandsdeutung als Demütigung oder Zurückweisung erleben kann. Er plädiert für viel Geduld im Umgang mit Widerstand und gibt – auch dies käme der gesprächspsychotherapeutischer Position in dieser Frage entgegen — die große Irrtumsmöglichkeit im Deuten von Widerständen zu bedenken. In diesen Punkten zeigt sich also eine große Annäherung zwischen der Gesprächspsychotherapie und der Psychoanalyse.

Indikation des *Konfrontierens* und der Abwehrbearbeitung

Der Einsatz des *Konfrontierens* als der entscheidenden Stufe gesprächspsychotherapeutischer Abwehrbearbeitung ist überall dort indiziert, wo das Verhalten des Patienten den Fortgang der Therapie nachhaltig blockiert. Hierunter ist zu verstehen, daß ein bestimmtes, z. B. widersprüchliches Verhalten über längere Zeit bestehen bleibt und letztlich den Patienten an einer intensiven Auseinandersetzung mit sich selbst (sog. Selbstexploration) hindert. Ein solches Verhalten kann z. B. vorliegen, wenn der Patient häufig mit fast theatralischer Nachdrücklichkeit über bestimmte Gefühle berichtet, aber in seinem nonverbalen Verhalten (Tonfall, Mimik, Gestik) erkennen läßt, daß diese Gefühle ihn kaum wirklich sehr zu bewegen scheinen. Wichtig ist natürlich, daß der Therapeut in einem solchen Falle es nicht bei dem Konfrontieren mit diesem Widerstand beläßt, also sozusagen nicht auf dieser Stufe der Abwehrbearbeitung stehenbleibt. Er sollte vielmehr, wenn der Patient den Hinweis auf die Widersprüchlichkeit seines Verhaltens als berechtigt anerkennen kann, diesen auffordern, zusammen mit ihm die Gründe für dieses Verhalten zu erkunden.

Gesprächsregeln Konfrontieren und Abwehrbearbeitung

- Greifen Sie Widersprüche oder Vermeidungsverhalten nicht sofort auf. Vertrauen Sie zunächst darauf, daß sich der Patient selbst korrigiert.

- Zeigen Sie Vertrauen in den Willen des Patienten zur Wahrhaftigkeit. Aber lassen Sie auch spüren, daß Sie wissen, wie schwierig der Weg dahin oft sein kann.

- Sprechen Sie die Widersprüchlichkeit des Patienten mit Verständnis für ihre Motive an, indem Sie auf seine Ideale (Selbstideal) und die Schwierigkeit ihrer Erreichbarkeit hinweisen. („Das ist es, was Sie sich von sich selbst so sehr wünschen.")

- Drücken Sie Verständnis für den Wunsch des Patienten aus, „anders zu scheinen, als man ist". Machen Sie deutlich, daß Widersprüchlichkeit nichts Anstößiges ist.

- Zeigen Sie dem Patient auf, wie er sich durch seine Widersprüchlichkeit bzw. seine Abwehr selbst blockiert

- Machen Sie beim Ansprechen von Widersprüchen und Abwehrverhalten deutlich, daß es Ihnen auch darum geht, dieses Verhalten zu verstehen.

Das Konfrontieren ist eine differenziell einzusetzende Interventionsform. Anders ausgedrückt bedeutet dies, daß die Abwehrbearbeitung nicht bei jedem Patienten in gleicher Weise und vor allem mit gleicher Nachdrücklichkeit indiziert ist. In empirischen Untersuchungen konnte Tscheulin (1992) die Vermutung bestätigen, daß das Konfrontieren vor allem bei eher extrovertierten, primär wenig introspektionsbereiten und wenig zur Selbstbeobachtung neigenden Patienten angezeigt ist, um ein gutes Therapieergebnis zu erreichen. Außerden hängt die Indikation von der Entwicklung der therapeutischen Beziehung ab. Man wird in den ersten Therapiephasen die Indikation zurückhaltender stellen als in späteren.

Beziehungsklären

Das Behandlungsmerkmal *Beziehungsklären* ist ebenfalls aus dem Prinzip Echtheit abzuleiten, da auch hier das Bezugssystem des Therapeuten eine besondere Rolle spielt. Zunächst richtet sich wie beim *Einfühlenden Verstehen* der Therapeut auf die innere Welt des Patienten aus. Diese „innere Welt" kann nun einerseits unter einem selbstbezüglichen bzw. selbstreferentiellen Aspekt gesehen werden, insofern sich der Patient hier mit sich selbst, mit seinen Wünschen, Gefühlen und Wertungen auseinandersetzt. Sie hat andererseits auch einen fremdbezüglichen Aspekt insofern, als der Patient auch Bedürfnisse und Erwartungen gegenüber den anderen hat. Dieser Beziehungsaspekt in der „inneren Welt" des Patienten, diese Bezogenheit seiner Gefühle auf den anderen wurde in der Gesprächspsychotherapie öfter formuliert (Carkhuff 1969; Pfeiffer 1991; van Baalen 1992; van Kessel u. van der Linden 1993. Für die Psychoanalyse hat vor allem Lacan betont, daß das Wünschen und Begehren immer ein Begehren und Sichsehnen nach dem anderen ist.) Diese anderen können wichtige Bezugspersonen des Patienten, aber eben auch der Therapeut selber sein. Der Therapeut muß spüren, wann er selbst ein wichtiger Teil der „inneren Welt" des Patienten, also seines Hoffens, Befürchtens, Wünschens geworden ist. Das so Erspürte und Verstandene sollte der Therapeut zum richtigen Zeitpunkt angemessen verbalisieren. Da sich dieses Verstehen auf die Therapeut-Patient-Beziehung bezieht, also diese Beziehung selber thematisiert, könnte man von einem interaktionsbezogenen Verstehen sprechen.

Dieses *Interaktionsbezogene Verstehen* ist, da es das Einfühlen des Therapeuten in den Dialogpartner voraussetzt, auch eine Form von einfühlendem Verstehen. Von der bisher besprochenen Form dieses Verstehens ist es aber insofern unterschieden, als hier die therapeutische Beziehung thematisiert wird bzw. alles auf diese Beziehung hin verstanden wird. Von seinen Voraussetzungen unterscheidet sich das *Interaktionsbezogene Verstehen* vom *Einfühlenden Verstehen* dadurch, daß hier nicht nur das nacherlebende Einfühlen in den anderen, d. h. in den Patienten, eine Rolle spielt, sondern auch die Reaktionen des Therapeuten auf das Beziehungsangebot des Patienten.

Ein Bezugspunkt dieses *Interaktionsbezogenen Verstehens* ist also die emotionale Resonanz des Therapeuten auf den Patienten. In das *Interaktionsbezogene Verstehen* geht auch das Erfassen der „inneren Welt" des *Therapeuten* ein. Dies ist besonders dann der Fall, wenn der Patient seine Beziehungsansprache nur sehr indirekt oder verschlüsselt vornimmt. Der Therapeut versucht dann auf dem Boden *seines* Erlebens der therapeutischen Situation zu erkunden, welches noch nicht offensichtliche Beziehungsangebot der Patient ihm macht, welche Rolle dieser ihm zuschreiben will. So hat das *Interaktionsbezogene Verstehen* hinsichtlich seines Bezugspunktes eine Zwitterstellung, es gründet sich sowohl auf dem Bezugssystem des Patienten wie dem des Therapeuten. Carkhuff (1969) sprach von der Brückenfunktion dieses Verstehens zwischen der Erfahrung des Patienten und der des Therapeuten.

Der Terminus *Interaktiosbezogenes Verstehen* wird hier gleichgesetzt mit den Bezeichnungen „Beziehungsklären" oder „Unmittelbarkeit hinsichtlich der zwischenpersönlichen Beziehung" bzw. „Immediacy". Carkhuff hatte 1969 diese Interventionsform unter dem Terminus „immediacy" systematisierend beschrieben und eine 5stufige Skala entwickelt, mit der das Ausmaß erfaßt werde sollte, in welchem der Therapeut auf Beziehungsanspielungen des Patienten eingeht (hier verkürzt wiedergegeben):

Einschätzskala: Behandlungsmerkmal „immediacy"
1. Der Therapeut ignoriert alle Beziehungsanspielungen des Patienten.
2. Der Therapeut greift die Bezugnahme auf seine Person gelegentlich indirekt, meistens aber gar nicht auf.
3. Der Therapeut geht in sehr allgemeiner Weise auf die Beziehungsanspielungen des Patienten ein.
4. Der Therapeut greift die Beziehungsandeutungen des Patienten in behutsamer Weise auf.
5. Der Therapeut bezieht sich direkt und intensiv auf die seine Person betreffenden Andeutungen.

Dem Thematisieren der therapeutischen Beziehung kommt es darauf an, daß sich der Therapeut in sehr direkter Weise von seinem Patienten „meinen" läßt, d. h., daß er die Äußerungen seines Patienten als eine Botschaft an sich versteht und gewillt ist, die Einzelheiten und die Umstände dieser Botschaft zusammen mit dem Patienten zu klären.

Dieses Thematisieren der therapeutischen Beziehung ist das Ergebnis der zunehmend dialogischen Ausrichtung der Behandlungstheorie und -praxis durch Rogers seit Ende der 50er Jahre.

Die behandlungstechnischen Konsequenzen aus dieser geänderten Grundposition wurden vor allem von Rogers' Mitarbeitern in systematischer Weise gezogen (Carkhuff u. Berenson 1967; Truax u. Carkhuff 1967; Carkhuff 1969). Sie konzipierten eine Behandlungstechnik, die sowohl das Intervenieren bei Abwehrverhalten („Konfrontieren") wie das Aufgreifen von Beziehungsaspekten ermöglichen sollte. Insbesondere Carkhuff systematisierte diese Behandlungsanweisungen, und er legte (die hier vorgestellten) Skalen zur Einschätzung des entsprechenden Therapeutenverhaltens vor. Diese Entwicklungstendenzen in der Gesprächspsychotherapie in den 60er Jahren wurden im deutschen Sprachraum, zumindest was die Behandlungspraxis anbelangt, in manchen „Schulen" kaum rezipiert. So konnte hier in einer Vergleichsstudie festgestellt werden, daß

Gesprächspsychotherapeuten Beziehungsanspielungen ihrer Patienten viel seltener aufgriffen als Psychoanalytiker (Bechmann u. Meyer 1989). Generell sollte aber deutlich geworden sein, daß das Nicht-Aufgreifen von Beziehungsandeutungen des Patienten höchstens für die sehr frühe Gesprächspsychotherapie als halbwegs methodenkonform gelten kann.

Das Fokussieren der therapeutischen Beziehung als ein wichtiges Behandlungselement setzt ein Grundverständnis dieser Beziehung voraus. In der Gesprächspsychotherapie wird diese Beziehung in besonderer Weise unter dem Aspekt des Dialoges und der Begegnung, d. h. einer durch das Hier und Jetzt geprägten Interaktion gesehen.

Exkurs: Das Konzept der Therapeut-Patient-Beziehung in der Gesprächspsychotherapie und in der Psychoanalyse

Die Therapeut-Patient-Beziehung wird nicht um ihrer selbst willen geführt, sondern sie soll dem Zweck dienen, die Heil- und Entwicklungsmöglichkeiten des Patienten zu fördern. Insofern ist sie eine Zweck- oder Arbeitsbeziehung. Im Rahmen einer solchen Beziehung kann und sollte im Regelfall zwischen Therapeut und Patient ein Verhältnis entstehen, das die Grenzen eines reinen Zweckbündnisses insofern überschreitet, als Beziehungserwartungen und -erfahrungen aktiviert und thematisiert werden, die in einem üblichen Arbeitsverhältnis vom Diskurs und oft auch von der Wahrnehmung der Interaktionspartner ausgeschlossen sind. Diese vom rationalen Kalkül entbundene Komponente der therapeutischen Beziehung, die sowohl „reale" wird „irreale" Aspekte enthält, ist gewissermaßen das Medium des Arbeitsbündnisses zwischen Therapeut und Patient. Von dieser Komponente soll im folgenden die Rede sein. Durch die Eigenart, wie hier zwei Beziehungsebenen verschränkt sind, unterscheidet sich die therapeutische Beziehung von einer Alltagsbeziehung, sei sie privater oder beruflicher Natur.

Die Diskussion um die therapeutische Beziehung ist sowohl auf seiten der Gesprächspsychotherapie wie der Psychoanalyse vor allem von zwei Fragen bestimmt:
- Ist die therapeutische Beziehung und insbesondere das Beziehungserleben und -verhalten des Patienten stärker von der Gegenwart oder von der Vergangenheit determiniert?
- Durch welchen der beiden Interaktionspartner wird das Geschehen in der therapeutischen Beziehung in erster Linie bestimmt, d. h., wie verteilt sich die Gewichtigkeit des beziehungsgestaltenden Einflusses zwischen Therapeut und Patient?

Diese beiden Fragen wurden früher von Gesprächspsychotherapie und Psychoanalyse jeweils sehr unterschiedlich beantwortet. Es soll gezeigt werden, wie sich diese Positionen inzwischen einander anzunähern beginnen.

Das ausdrückliche Thematisieren der therapeutischen Beziehung war in der frühen Phase der Gesprächspsychotherapie weniger vorgesehen. Denn der Therapeut sollte ja nur das Alter ego des Patienten sein, sollte als solches nur das Gespräch des Patienten mit sich selber, eine Art inneren Zwiegespräches, anregen. Hier zeigte sich die anfänglich individualistische oder gar solipsistische Position von Rogers, in der die Entwicklung der Persönlichkeit fast ausschließlich als ein innerpsychischer Entfaltungsprozeß gedacht wurde, der durch Fremdbeeinflussung nur von seiner eigentlich vorbestimmten Richtung abgelenkt würde. Sozialität erschien so vorwiegend im defizienten Modus der Fremdbestimmung, d. h. der deformierenden Verinnerlichung fremder, nicht dem Selbst zugehöriger Werte und Normsetzungen, die zur Selbstentfremdung führten. Diese Position änderte sich bei Rogers, wohl auch unter dem Eindruck der Begegnung mit Martin Buber Ende der 50er Jahre (Pfeiffer 1991; Beck 1991; van Bahlen 1992). Rogers konzipierte nun die Psychotherapie als ein dialogisches Geschehen, in dem der Therapeut auch *seine* Perspektive zur Verfügung stellt, den Rekurs auf sein eigenes Bezugssystem ausdrücklich vollzieht.

Das nun entwickelte gesprächspsychotherapeutische Beziehungskonzept ist wesentlich von der Begegnungsphilosophie (Bökenhoff 1970) geprägt. Die Begegnung bzw. ihre verschiedenen Definitionen als Mitsein (Heidegger 1963), Kommunikation (Jaspers 1973) oder Zwischen-Sein (Buber 1962) gilt als ursprüngliche, nicht weiter rückführbare Gegebenheit. Phänomene wie z. B. das der Übertragung und der Projektion gelten dabei als spezifische und z.T. defiziente Ausformungen dieser Gegebenheit (Pfeiffer 1987). Dieses Beziehungskonzept steht dem der Daseinsanalyse (Condrau 1978) und anderer, der sog. humanistischen Psychologie (Quitmann 1985) zurechenbarer Verfahren nahe.

Die Position der Begegnungsphilosophie legt eine Sicht nahe, in der die therapeutische Beziehung stärker von der Gegenwart als von der Vergangenheit geprägt erscheint. Dieses schließt, wie auch Rogers (1973a / [1]1951, 1990 / [1]1987) vermerkt, die Annahme einer Beeinflussung des gegenwartsbestimmten Beziehungserlebens durch Übertragungsgefühle keineswegs aus. Die Beziehungserwartungen und das Beziehungsverhalten werden natürlich von frühen Beziehungserfahrungen beeinflußt. Das gesprächspsychotherapeutische Veränderungskonzept sieht aber nicht das systematische Wiederholenlassen der Vergangenheit vor, um in solche Beziehungsstörungen korrigierend einzugreifen. Die früh geprägten Wahrnehmungsverzerrungen und pathologischen Reaktionsmuster sollen vielmehr unmittelbar durch die korrigierende Kraft der gegenwärtigen Beziehung, durch die schöpferische Potenz des Neuen[13] in der therapeutischen Begegnung umgeformt werden. Die nachhaltige Erfahrung des Patienten, daß die alten Beziehungsmuster in der therapeutischen Begegnung sich als unangemessen erweisen, ist ein wichtiges Moment der Veränderung. Dies schließt jedoch nicht aus, daß sich der Therapeut den pathologischen Beziehungsmustern seines Patienten empathisch zuwendet, um sie gemeinsam mit dem Patienten zu vergegenwärtigen und ihren Sinn zu verstehen sucht.

Dabei soll hier mit Pfeiffer (1987) zwischen Übertragungen und „Projektionen" unterschieden werden. Mit letzteren ist hier das Wirksamwerden allgemeiner Leitfiguren und die Phantasie bestimmender Bedürfnisse in der therapeutischen Beziehung gemeint. Dies ist z. B. zu beobachten, wenn ein Schwerkranker im Arzt in fast magischer Weise den großen, alles beherrschenden Heiler sieht oder

---

[13] Ähnliches meint wohl auch M. Balint mit seinem Konzept des „Neubeginns" (Thomä 1983).

der Patient im Psychotherapeuten die große, gütig-weise, alles verstehende Vaterfigur. Solche projizierten, quasi überindividuellen, d. h. nicht nur aus den Besonderheiten der individuellen Lebensgeschichte ableitbaren, sondern kulturell geprägten Leit- und „Wunschbilder" haben eine verbindende Funktion zwischen Vergangenheit und Gegenwart, da sie einerseits natürlich durch frühe Erlebnisse mitgeprägt wurden, andererseits aber durch gegenwärtige Lebenssituationen und durch die therapeutische Beziehung ständig modifiziert werden. Gerade solche „Projektionen" und die sie begleitenden Phantasien müssen Gegenstand des *Interaktionsbezogenen Verstehens* sein. Wenn von der besonderen Bedeutung der Realbeziehung in der Gesprächspsychotherapie die Rede ist, so heißt dies also nicht, daß die Beziehungsphantasien des Patienten stets sofort auf das rein Faktische zurückzuschneiden wären. Dies bedeutet lediglich die prinzipielle Bereitschaft des Therapeuten, in der therapeutischen Reaktion auf diese Phantasien für den Patienten auch greifbar zu werden. Es bedeutet zudem, daß für den Gesprächspsychotherapeuten die Realbeziehung nicht völlig in der Arbeitsbeziehung aufgeht.

Es dürfte, wie schon Rogers (1973a / ^{1}1951) vermutete, gerade die Perspektive und die mit ihr einhergehenden Erwartungen des Therapeuten darüber mitbestimmten, in welchem Ausmaß ein eher vergangenheits oder gegenwartsgeprägtes Erleben beim Patienten auftritt. Mit anderen Worten: Ob es zur Ausbildung einer eigentlichen Übertragungsneurose kommt, hängt wesentlich auch von den Erwartungen und Vorstellungen des Therapeuten ab, wie natürlich auch vom übertragungsfördernden oder übertragungshindernden Setting (z. B. Couchlage oder Vis-à-vis-Position, Frequenz der Sitzungen, Dauer der Therapie).

Der Umstand, daß schon aufgrund der für die Geschprächspsychotherapie üblichen Rahmenbedingungen nicht regelhaft mit dem Entstehen intensiver Übertragungsgefühle zu rechnen ist, bedeutet jedoch nicht, daß das Auftauchen solcher Gefühle unerwünscht sei oder therapeutisch keine Beachtung fände. Zum einen bedeutet das Aufgreifen solcher Gefühle (ohne daß sofort der Übertragungsaspekt als solcher angesprochen wird) zunächst ein erlebnisintensives Arbeiten im Hier und Jetzt. Zum anderen fordert gerade die Berücksichtigung der lebensgeschichtlichen Dimension (s. Kap. 3) das Achten auf solche früheren Erfahrungen in den Erwartungshaltungen des Patienten. Das Beziehungserleben und -verhalten des Patienten ist jedoch immer mehrdeutig, es ist weder einseitig vergangenheitsdeterminiert noch in bruchloser Ausschließlichkeit durch das Hier und Jetzt bestimmt.

Drei Beziehungsaspekte sind zu beachten: Der Aspekt des Hier und Jetzt (=die therapeutische Beziehung), der Aspekt des Dort und Jetzt (= die aktuelle Beziehung des Patienten zu Lebenspartner, Freunden, Eltern) und der Aspekt des Dort und Damals (= die erinnerte Beziehung zu Eltern und anderen frühen Bezugspersonen). Im therapeutischen Prozeß beginnen diese Aspekte sich gegenseitig zu beeinflussen. Das Dort und Damals färbt das Hier und Jetzt, also die therapeutische Beziehung (= Übertragung), aber auch das Hier und Jetzt der therapeutischen Beziehung verändert das Erleben der Vergangenheit des Patienten.

Die strikte Unterscheidung von Realbeziehung und Übertragungsbeziehung im therapeutischen Prozeß erweist sich so nur annäherungsweise als sinnvoll. Sie setzt auch voraus, daß der Therapeut immer zu einer objektiven Beurteilung der jeweils vorliegenden Beziehungsform in der Lage ist. Ein objektiver „Richter über die Realität" kann aber der Therapeut nicht sein, da ihm in der therapeutischen Situation auch seine eigene Realität nur begrenzt zugänglich sein dürfte, d. h., er kann nie sicher beurteilen, welche den Patienten beeinflussende Signale er tatsächlich ausgesendet hat. Insofern kann er auch nicht mit Sicherheit entscheiden, ob etwa das Beziehungsverhalten des Patienten wirklich völlig situationsunangemessen, also übertragungsbedingt ist. Das, was realitätsangemessen ist, muß in einem Prozeß der Konsensbildung bzw. eines auf Verständigung zielenden Verstehens zwischen Therapeut und Patient erst ausgehandelt werden. Darin besteht ein wesentliches Moment einsichtsorientierter Psychotherapie.

Eine weitere Konsequenz aus der Position der Begegnungsphilosophie liegt darin, die therapeutische Interaktion als ein wechselseitiges Geschehen anzunehmen. Therapeut und Patient treten sich jeweils mit einem bestimmten Beziehungsangebot gegenüber. Das Angebot des Therapeuten ist erstens durch die methodischen Vorgaben (z. B. *Bedingungsfreies Akzeptieren*), zweitens durch persönlichkeitseigene Merkmale und drittens durch das Verhalten des Patienten beeinflußt. Es ist, auch jenseits unterschiedlicher Verantwortlichkeiten und Aufgabenstellungen für Therapeut und Patient, mit einer gegenseitigen Beeinflussung von Erwartungshaltungen und Handlungsbereitschaften zu rechnen.

In der Gesprächspsychotherapie ist häufig auf die Bedeutsamkeit der therapeutischen Beziehung hingewiesen worden, diese wurde aber manchmal etwas zu einseitig durch das von der Theorie geforderte Beziehungsangebot des Therapeuten definiert (z. B. Biermann-Ratjen, Eckert, Schwarz 1979; Franke 1983; Fittkau u. Kalliner 1989). Das Beziehungsangebot des Patienten in seinen verschiedensten Ausgestaltungen und in seinen möglichen Auswirkungen auf das des Therapeuten wurde oft nicht ausführlich genug dargestellt. So kam die Verdeutlichung der Wechselseitigkeit der Therapeut-Patient-Beziehung zu kurz. Im Verhältnis zur klassischen Psychoanalyse, in der vorwiegend das Beziehungsangebot des Patienten und seine Folgen beschrieben wurden, thematisierte die Gesprächstherapie die therapeutische Beziehung als „Einbahnstraße" genau in entgegengesetzter Richtung: Hier wurde nicht selten vorwiegend die Wirkung des Therapeuten auf den Patienten ins Blickfeld gerückt.

Zusammenfassend ist die gesprächspsychotherapeutische Konzeption der therapeutischen Beziehung in drei Punkten zu skizzieren:

- *Die humanistische Position*
  Dem Patienten wird, trotz aller möglichen Beschädigungen, zunächst die Fähigkeit zu einer realitätsgerechten Wahrnehmung der therapeutischen Interaktion zugesprochen. Daraus folgt, daß sich der Therapeut ernsthaft mit dem interaktionsbezogenen Feststellungen und Reaktionen des Patienten auseinandersetzt und sensibel bleibt für die stets möglichen Widersprüchlichkeiten und Unzulänglichkeiten seines eigenen Beziehungsangebotes.

- *Die aktualistische Position*
  Der Patient hat, wenn auch in eingeschränktem Maße, die Fähigkeit, sich die Wirklichkeit des Hier und Jetzt auf originäre Weise anzueignen und zu gestalten. Das Interaktionsverhalten des Patienten ist nicht nur durch frühe, sondern

durch aktuelle Erfahrungen, auch solche der therapeutischen Beziehung, geprägt.
- *Die dialogische Position*
Der Therapeut ist Interaktionspartner, d. h. mitgestaltendes Moment der therapeutischen Beziehung. Aber er selbst ist auch, zumindest bis zu einem gewissen Grade, in diese Beziehung involviert und so seinerseits in seinen Reaktionen vom Beziehungsangebot des Patienten geprägt.

Die klassische Psychoanalyse[14] hatte die erste der beiden o.g. Fragen, also die nach der Herkunft des Beziehungserlebens des Patienten, durch ihr Übertragungsmodell sehr eindeutig beantwortet. Zwar unterscheidet sie von der Übertragungsbeziehung eine Realbeziehung, wobei unterstellt wird, daß in der letzteren der Patient angemessen auf das Hier und Jetzt reagiert. Diese Realbeziehung geht aber ganz in der Arbeitsbeziehung auf. Therapeutisches Medium im eigentlichen Sinne ist die Übertragungsbeziehung, in der das Erleben des Patienten ausschließlich als durch frühkindliche Erfahrungen determiniert gedacht wird. Therapietheoretisch spielt dieses Konzept für die Psychoanalyse insofern eine herausragende Rolle, als der Therapeut, so die Annahme, durch die zwangsläufige Reinszenierung frühkindlicher Kommunikationsmuster seines Patienten in der Therapie unmittelbar Zeuge und Interpret dieser neurotisch verformten Verhaltensweisen werden kann, also nicht nur auf die Berichte des Patienten angewiesen ist. Das hier zum Zuge kommende szenische Verstehen (Lorenzer 1976), also die am Beziehungs*verhalten* des Patienten, seinen „Inszenierungen" orientierte Übertragungsanalyse, habe den Vorteil, sich nicht von der Rede des Patienten mit ihren vielfältigen Verdeckungen und Entstellungen leiten lassen zu müssen. In dem Interaktionsverhalten des Patienten, in seinen Rollenzuschreibungen und Erwartungshaltungen würde seine Vergangenheit mit ihren Beschädigungen in fast unverhüllter Form zur Darstellung kommen. Diese Position setzt aber, abgesehen von der Annahme, daß der Patient tatsächlich so tief regrediert und in der therapeutischen Situation die Realität seines ganzen späteren Lebens weitgehend suspendiert, voraus, daß der Therapeut seinerseits das Beziehungsgeschehen in keiner Weise beeinflußt. Genau von dieser Grundannahme ging die klassische Psychoanalyse aus. Nach ihr hat sich die Rolle des Therapeuten auf eine reine Spiegelfunktion zu beschränken, so daß er nie der vom Patienten eigentlich Gemeinte sein kann. Alle Erwartungen und Befürchtungen, alle Reaktionen des Patienten sind lediglich „Wiederholungen der Vergangenheit" (Freud 1978b).

Seit einiger Zeit wird jedoch diese klassische Position von einigen Neuerern in der Psychoanalyse (z. B. Gill, Hoffman, [zit. n. Mertens 1990]; Klüver 1983; Sandler u. Sandler 1985; Ermann 1993; König 1993) in wichtigen Aspekten in Frage gestellt. Die hier vorgenommene Revision des klassischen Übertragungskonzeptes könnte man wie folgt zusammenfassen:
- In der psychosozialen Wahrnehmung des Menschen sind tradierte, frühgeprägte Wahrnehmungsmuster so sehr verschränkt mit der Bereitschaft, neue

---

[14] Die sog. Neoanalyse mit Vertretern wie K. Horney und H.S. Sullivan, hatte, etwa zur gleichen Zeit wie Rogers, ebenfalls die Bedeutung der Realbeziehung betont.

Erfahrungen zu machen und die Erwartungshaltungen immer wieder neu an solchen Erfahrungen auszurichten, daß de facto eine Übertragungsreaktion nie eindeutig von einer realitätsangemessenen Einstellung zu unterscheiden ist. Eine Übertragungsreaktion ist also nie „reine" Übertragung. Insofern ist „die Übertragung" nur das Konstrukt einer von der Komplexität faktischer Gegebenheiten abstrahierenden Denkoperation. Eine reine Übertragungshaltung sei konkret nie aufweisbar, da sie immer schon von aktuell realitätsorientierten Wahrnehmungs- und Einstellungsmustern durchmischt sei.

– Das Konzept der therapeutischen Beziehung, die ausschließlich von den Übertragungsbereitschaften des Patienten geprägt erscheint und in der dem Therapeuten lediglich die Position des neutralen Beobachters zugedacht ist, wird als asozial zurückgewiesen. Der Therapeut sei auch bei bestem Vorsatz und hochgeschulter Fähigkeit, eigene Impulse zu kontrollieren, zu solch kommunikativer Abstinenz gar nicht in der Lage. Er steuere und präge schon durch sein manifestes Rede- und Frageverhalten, durch die zwangsläufig erfolgende Selektion bestimmter Themen usw. ganz eindeutig den interaktionellen Prozeß. Auch sei die Illusion zu verabschieden, der Analytiker könne sein nonverbales Ausdrucks- und Kontaktverhalten so bis ins einzelne kontrollieren, daß er nicht doch unbewußte Regungen und Neigungen signalisiere und so seinerseits zum Auslöser für bestimmte Reaktionen, z. B. spezifische Übertragungsreaktionen des Patienten, werde. Er sei vielmehr Mitspieler im interaktionellen Prozeß. Das habe zur Konsequenz, daß die Übertragungsdeutungen des Analytikers nie letztgültige, sondern immer nur sehr vorläufige und stets zu relativierende Einsichten seien, da sie das Ergebnis eines sehr vielschichtigen gegenseitigen Austausches darstellten.

Diese Konzeption der therapeutischen Beziehung, die auch mit einem betonten Arbeiten im Hier und Jetzt unter Zurückstellung des Dort und Damals (= genetische Deutungen und Rekonstruktionen) verbunden ist (Ermann 1993), ähnelt in wesentlicher Hinsicht der o.g. und auch a. O. dargelegten gesprächspsychotherapeutischen Position (Carkhuff 1969; Shlien 1990; Rogers 1990 / [1]1987). Fragt man jedoch nach Unterschieden, so wäre vor allem auf die Nachdrücklichkeit zu verweisen, mit der die psychoanalytischen Neuerer die therapeutische Beziehung zum Gegenstand des therapeutischen Intervenierens gemacht sehen wollen. Allen nicht diese Beziehung fokussierenden Interventionen scheint nur noch die Bedeutung einer Vorarbeit für die Übertragungsanalyse (im o.g., modernen Sinne) zuzukommen. In der Gesprächspsychotherapie dagegen ist das Beziehungsklären nur ein, wenn auch sehr bedeutendes, Methodenelement unter anderen.

Ziele und Funktionen des *Beziehungsklärens*

Die Interventionskategorie *Beziehungsklären* bzw. *Interaktionsbezogenes Verstehen* ist für eine Methode wie die Gesprächspsychotherapie, die sich als ebenso erlebnisaktivierend wie einsichtsorientiert versteht, sehr bedeutsam. Das *Interaktionsbezogene Verstehen* garantiert auch in besonderer Weise das Einhalten des Prinzips des Hier und Jetzt.

Die meisten Gesprächspsychotherapeuten sind der Meinung, daß die therapeutische Beziehung das wichtigste Moment in der Therapie sei, und sie begründen ihr spezifisches Beziehungsangebot gerade damit, daß es den negativen Beziehungseinflüssen der Kindheit entgegenwirken und gewissermaßen antagonistisch zum vermuteten traumatisierenden elterlichen Beziehungsangebot stehen soll. Diese zum destruktiven Einfluß gegenläufige Haltung des Therapeuten kann den Patienten sehr unmittelbar die Unangemessenheit seiner (negativen) Beziehungserwartungen erfahren lassen. Für die Auflösung der durch diese Erwartungen bedingten Kommunkationsmuster ist es förderlich, wenn der Therapeut solche Muster und Erwartungen auch direkt anspricht. Durch dieses unmittelbare Vergegenwärtigen unangemessener Gefühle und Erwartungen dem Therapeuten gegenüber kann der Patient sehr direkt Einsicht gewinnen in seine pathologischen Beziehungsmuster. Auch wirkt das einfühlende Benennen der auf die Person des Therapeuten gerichteten Gefühle und Wünsche ermutigend auf den Patienten, überhaupt über derartiges zu sprechen. Indem so die therapeutische Beziehung selber Gegenstand des Gespräches wird, ist am unmittelbarsten das Hier- und Jetzt-Prinzip erfüllt.

Die gelungene Verbalisierung des Trennungsschmerzes beim Verlassenwerden durch die Freundin oder beim kürzlichen Tod der Mutter kann zwar auch zu einem sehr intensiven Erleben dieser Gefühle in der therapeutischen Situation führen. Doch bezieht sich strenggenommen der Anlaß solcher Gefühle immer nur auf ein Dort und Damals oder höchstens auf ein Dort und Jetzt.

Natürlich kann die Unangemessenheit von Erwartungshaltungen, von Schuldgefühlen und Ängsten auch in der inneren Auseinandersetzung mit anderen, außertherapeutischen Bezugspersonen des Patienten deutlich werden. Insofern bleibt diese Auseinandersetzung und damit auch die Interventionskategorie *Einfühlendes Verstehen* bedeutungsvoll. Anderseits enthält jeder Bericht des Patienten immer auch eine Frage und oft auch einen Appell an den Therapeuten, er ist also nie beziehungsneutral. Deshalb darf die therapeutische Beziehung nicht als spannungsfreier Raum gesehen werden, der nur von der gleichmäßig wohlwollenden und akzeptierenden Haltung des Therapeuten und der ebenso gleichmäßig dankbaren Rezeption dieser therapeutischen Haltung durch den Patienten gekennzeichnet ist, so daß sich jede Thematisierung der Beziehung erübrigen würde.

Dabei ist davon auszugehen, daß der Patient die therapeutische Beziehung oft auch dann nicht von sich aus thematisieren wird, wenn er sie als zwiespältig oder sonst wie problematisch erlebt. Deswegen muß der Therapeut ihn durch die Art seiner Beziehungsansprache ermutigen, von seinen geheimsten Wünschen, von seinen „albernsten" Gefühlen und merkwürdigsten Phantasien dem Therapeuten gegenüber zu berichten.

Die Praxis des *Beziehungsklärens*

Wenn der Patient Beziehungserwartungen direkt anspricht, ergibt sich zunächst kein besonderes methodisches Problem. Wie schon Rogers (1973a / [1]1951) bemerkte, soll der Therapeut versuchen, diese Beziehungsansprache des Patienten wie beim *Einfühlenden Verstehen* aufzugreifen. „Es beschäftigt Sie sehr, wie ich zu Ihnen stehe" oder „daß ich mich nicht wirklich, auch außerhalb meiner berufsmäßigen Rolle, für Sie interessieren könnte, das schmerzt Sie im Augenblick sehr". So oder ähnlich könnten typische Therapeutenäußerungen lauten. Es ist hierbei selbstverständlich, daß der Therapeut die ihn betreffenden Gefühle und Phantasien seines Patienten einfühlsam und verständnisvoll „entgegennimmt", daß er sich als Person vom Patienten auch auf die skurrilste oder eventuell „peinlichste" Weise wirklich „meinen" läßt. Ganz verkehrt wäre es, würde der Therapeut vorschnell auf die Unangemessenheit solcher Einstellungen hinweisen. Vielmehr muß er gerade hier mit Geduld und bejahender Grundhaltung die innere Welt des Patienten erkunden, um so dem Patienten zu helfen, sich selbst in seinen Erwartungen und Wünschen zu verstehen. Der Therapeut sollte natürlich auch nicht das Äußern der um seine Person kreisenden Phantasien des Patienten durch eilige, sog. Übertragungsdeutungen abschneiden, etwa in der Form: „Sie meinen ja doch bloß Ihren Vater, wenn Sie sich hier mir gegenüber so ungeduldig benehmen." Solche schnellen Übertragungsdeutungen können Ausdruck des Widerstandes des Therapeuten sind, sich mit den um seine Person kreisenden Gefühlen des Patienten zu befassen und wären auch aus psychoanalytischer Sicht so nicht angemessen.

Jede Äußerung des Patienten läßt sich prinzipiell auch als Botschaft an den Therapeuten verstehen. So gibt es, wie schon gesagt, zwei Möglichkeiten des Verstehens, die, hier im spezifischen Sinne, patientenzentrierte und die beziehungszentrierte. Einem introvertierten, selbstunsicheren Patienten z. B., der sich mit seinen Leistungsängsten auseinandersetzt und von seiner Neigung zu schnellem, resignativem Rückzug berichtet, könnte der Therapeut antworten:

Th.1: „Gegenüber diesem lähmenden Selbstzweifel fühlen Sie sich oft ganz wehrlos."

oder

Th.2: „Wenn ich Sie so von Ihren vielen Zweifeln sprechen höre, ist es mir, als ob Sie mich davon überzeugen wollten, daß alles zwecklos sei."

Bei Th2, dem beziehungszentrierten Verstehen, versucht der Therapeut den möglichen kommunikativen Gehalt der Patientenäußerung zu erfassen. Er betont jedoch den subjektiven Charakter seines Verstehens, d. h., er versucht, es auf seinen persönlichen Eindruck zurückzunehmen. Er ist bemüht, seine Aussage nicht im Sinne einer objektiven Feststellung erscheinen zu lassen, wie es z. B. in der Aussage wäre: „Sie wollen mich von der Aussichtslosigkeit Ihrer Situation überzeugen." Im letzteren Fall hätte der Patient das ärgerliche oder einschüchternde Gefühl, daß der Therapeut ihm eine Absicht unterstellen will, die ihm noch gar nicht bewußt ist oder die er so vielleicht auch gar nicht hatte. Subjektiv hätte der Patient hier in jedem Falle recht, da der Beziehungsaspekt in dieser Form ihm noch nicht zugänglich ist. Aber auch objektiv kann er recht haben, da der Therapeut sich ja tatsächlich irren kann.

Dieses Problem stellt sich besonders, wenn der Patient die therapeutische Beziehung nicht direkt anspricht, gleichwohl aber aus anderen Hinweisen zu erkennen gibt, daß ihn die therapeutische Situation bzw. die Person des Therapeuten sehr beschäftigt. Hier muß der Therapeut eine besonders behutsame und den Patienten nicht festlegende Form der Beziehungsansprache finden. Hinzu kommt noch, daß der Patient u.U. sogar vor sich selbst sein Beziehungserleben zu verbergen bzw. herabzuspielen versucht. So könnte er sich darüber hinwegtäuschen wollen, wie stark er sich über eine Reaktion des Therapeuten ärgerte, wie sehr er wünscht, von diesem mehr beachtet zu werden, usw. Der Therapeut wird hier ein „helles Ohr" für die seine Person betreffenden Andeutungen des Patienten haben. Er wird durch sofortiges, aber behutsames Aufgreifen solcher Andeutungen ein nachdrückliches Interesse für die diesbezüglichen Erwartungen und Befürchtungen des Patienten bekunden, ohne den Patienten unter Druck zu setzen und ihn zu schnell auf eine bestimmte Verstehensweise festzulegen. Er wird so versuchen, den Patienten zu ermutigen, über solche Gefühle auch in direkter Form zu sprechen. Dies kann aber nur gelingen, wenn der Therapeut möglichst jede Form des „Objektiv"-Beurteilens, das schnell den Charakter des Vorwurfs bekommen kann, vermeidet.

Der Therapeut wird sich also immer fragen müssen, ob nicht die Äußerung des Patienten auch als Botschaft an ihn zu verstehen sei (van Kessel u. van der Linden 1993). Dabei ergibt sich natürlich die Frage nach konkreteren Hinweisen, wann ein solches Verstehen besonders angemessen ist. Dies könnte dann der Fall sein, wenn der Patient öfter wiederkehrend von immer gleichen Erfahrungen, Enttäuschungen oder Verletzungen mit einer ihm nahestehenden Bezugsperson spricht. Der Therapeut darf hier erwägen, ob der Patient möglicherweise auch ihn meint, und er könnte dann sagen: „Immer wieder erzählen Sie mir von diesen Kränkungen, so daß ich mich jetzt frage, ob Sie sich manchmal auch ein wenig durch mich so behandelt fühlen."

Eine weitere Anzeige für den Versuch einer Beziehungsklärung ist ein sehr die Zuwendung des Therapeuten erzwingendes Verhalten, etwa durch lautes Verweisen auf die Beschwerden oder aber der gegenteilige Versuch, sich den Therapeuten vom Leibe zu halten, etwa durch häufiges Vorbeireden. Der Therapeut könnte im ersten Falle z. B. sagen: „Sie erzählen häufig von Ihren unerträglichen Beschwerden, so, als ob Sie auch die Angst hätten, daß ich mich nicht mehr so intensiv um Sie kümmern würde, wenn Sie weniger leiden würden."

Eine Indikation für das Beziehungsklären ist auch therapieblockierendes Verhalten, wie z. B. häufiges Zuspätkommen, Verschieben der Sitzungen, häufiges Ablenken vom zentralen Thema usw. Bei all diesen letztgenannten Fällen besteht natürlich auch die Möglichkeit, mit dem oben beschriebenen Konfrontieren zu reagieren. Der Therapeut muß in der jeweiligen Situation seine eigene emotionale Resonanz auf den Patienten befragen, um zu entscheiden, ob er vom Patienten in besonderer Weise gemeint ist, ob der Patient ihm mit seinem Verhalten ein definiertes Beziehungsangebot macht. Der Therapeut wird, wenn er diese Frage für sich bejaht, dem Patienten zunächst vorsichtig die Bereitschaft bekunden, sich als Adressat der Äußerungen des Patienten zu sehen, bzw. diese Äußerungen als Botschaft an sich zu verstehen. Die Weise, in der der Patient dann auf dieses Angebot eingeht, entscheidet über die weiteren Interventionen.

Folgender Ausschnitt aus einem Therapiegespräch soll das verdeutlichen: Der 35jährige Patient, der wegen plötzlicher Panikattacken die Behandlung aufsuchte, berichtete sehr gefühlsfern und überkontrolliert von seiner Neigung, sich im Beruf als Computerfachmann zu überfordern, um möglichst viel Anerkennung zu bekommen. Der Therapeut hat das etwas quälende Gefühl, den Patienten kaum dazu motivieren zu können, von den ihn unmittelbar bewegenden Dingen zu berichten. Andererseits scheint sich dieser große Mühe zu geben, nach psychischen Gründen für sein „Versagen" zu suchen.

Th.: „Ich glaub', es ist Ihnen wichtig, nicht für gleichgültig und bequem gehalten zu werden."
Pat.: „Ja, Leistung war mir immer sehr wichtig."
Th.: „Daß man Sie anerkennt wegen dieser Leistung."
Pat.: „Ich will, daß diese Anerkennung dann auch berechtigt ist, daß sie durch Leistung wirklich begründet ist."
Th.: „Manchmal kommt mir das Gefühl, daß Sie sich auch von mir Anerkennung wünschen, also, daß ich Sie als jemanden sehe, der seine Aufgaben wirklich gut macht."
Pat.: „Ich weiß nicht, ... aber ich bemühe mich natürlich, man muß doch wirklich versuchen, das Gute daraus zu machen."
Th.: „Sie denken vielleicht, daß ich Sie nicht so richtig achten könne, wenn Sie es hier nicht ‚gut' machen."
Pat.: „Vielleicht ist was dran, ich hab's von meinem Vater gelernt, so das Bemühen, immer das Beste zu geben."
Th.: „Sie denken, daß ich das jetzt so wie ihr Vater von Ihnen auch fordern könnte."
Pat.: „Ja, ja, mh..., ich glaub', vielleicht ist das so ein Problem bei mir, daß ich es immer allen beweisen will."
Th.: „So als ob Sie fürchten, daß ich sonst nicht sehen könnte, was Sie wirklich wert sind."

Der Patient hatte in diesem Fall von sich aus die therapeutische Beziehung nicht thematisiert. Der Therapeut hatte aber die Vermutung, daß das etwas steife, allzu detailreiche und den Therapeuten auch etwas langweilende Erzählen einen aktuellen kommunikativen Bezug hatte, und sprach diesen an. Der Patient wich dieser Beziehungsansprache zunächst aus, um dann seinerseits mit dem Bezug auf seinen Vater fast so etwas wie eine Übertragungsdeutung zu liefern. Der Therapeut verweilte jetzt aber nicht bei der Vaterproblematik des Patienten, sondern stellte die Verbindung zur aktuellen therapeutischen Situation wieder her, weil es ihm zur Zeit wichtiger erschien, den aktuell kommunikativen Gehalt im Redeverhalten des Patienten zu klären.

Einen Rekurs auf die Vaterproblematik zu diesem Zeitpunkt hätte der Therapeut als eine Flucht aus der Verbindlichkeit und Unmittelbarkeit der aktuellen Situation empfunden. Das soll nicht heißen, daß der Verweis auf die Vaterbeziehung zu einem späteren Zeitpunkt nicht auch wichtig wäre, zu früh vorgenommen, kann er aber leicht zu einem bloß kognitiven, gefühlsfernen „Reden über" führen.

Eine absolute Indikation zum „Beziehungsklären" sind natürlich Situationen, in denen der Patient mehr oder weniger direkt eine Erwartung an den Therapeuten formuliert, bzw. eine Enttäuschung über eine nicht erfüllte Erwartung kundgibt.

Die 28jährige Sozialarbeiterin war wegen depressiver Verstimmungen, die sich seit zwei Jahren verstärkt hatten, in Behandlung gekommen. Es war mit ihr eine Therapiedauer von 50 Stunden vereinbart worden, und sie begann in der 35. Stunde das Gespräch mit der trotzig und hektisch geäußerten Vermutung, daß die letzten 15 Stunden „nichts mehr bringen" würden, da die Therapeutin für sich innerlich ja schon die Therapie beendet hätte.

Th.: „Sie haben das Gefühl, daß ich nicht mehr an Ihnen interessiert bin?"
Pat.: „Ja, ich glaube, es interessiert Sie nicht mehr sehr. Sie sind ja bereits dabei, an das Ende zu denken. Eine solche Bemerkung haben Sie ja schon gemacht."
Th.: „Das klingt jetzt fast so, als würden Sie denken, daß ich nie an Ihnen interessiert war."
Pat.: „Ja, ja,... na ja, vielleicht anfangs schon ein bißchen, aber jetzt ist es bald ein abgeschlossener Fall für Sie."
Th.: „Sie fühlen sich da schon jetzt von mir hängengelassen."
Pat.: „Das ist halt Ihr Beruf, Ihre berufliche Routine: Wieder ein Fall zu Ende!"
Th.: „So, als ob Sie für mich nur eine namenlose Nummer wären."
Pat.: „Ja, irgendwie ist das ja letzten Endes auch so. Das ist halt Ihr Beruf."
Th.: „Sie würden sich wünschen, daß wir noch sehr oft miteinander sprechen könnten."
Pat.: „Es geht mir noch ziemlich schlecht. Die ganze letzte Woche habe ich mich verdammt 'rumgequält..." (Pat. beginnt jetzt über verschiedenste Ereignisse der letzten Woche zu berichten und sagt dann:) „Ja, und dann noch die Sache mit meinem Bruder. Ich hatte Ihnen ja schon erzählt, daß er (aus Kanada) jetzt über Weihnachten hier war. Wir wollten uns vor seinem Abflug noch einmal ohne unsere Eltern treffen, hatten uns bereits für letzten Mittwoch fest verabredet. Da ruft er kurz vorher an und sagt, daß er doch nicht kommen könne."
Th.: „Und von mir fühlen Sie sich genauso abgehängt."
Pat.: „Früher ist mir mit anderen so etwas schon öfter passiert, ich hatte mir vorgenommen, daß ich so etwas nie mehr erleiden wollte."
Th.: „Und jetzt hat Sie dieses Ereignis mit Ihrem Bruder daran denken lassen, daß ich Sie bald auch so enttäuschen könnte."
Pat.: „Ja, obschon..., ich weiß ja, daß es nicht anders..., Sie tun ja Ihre Pflicht."
Th.: „Es schiene Ihnen im Moment sehr schön, wenn ich immer für Sie da wäre, wenn es zwischen uns nie einen Abschied gäbe."

Die Patientin sprach ihre Erwartungen zu Beginn des Gespräches recht direkt an, und die Therapeutin versuchte auch, diese Erwartungen und Wünsche in ihren verschiedenen Facetten zu verdeutlichen (was hier nur ausschnittweise wiedergegeben werden konnte). Als die Patientin dann auf eine Enttäuschung außerhalb der therapeutischen Beziehung zu sprechen kam, ließ sich die Therapeutin nicht dazu verleiten, das für sie sicher unverfänglichere Thema der Bruderbeziehung zu bearbeiten, sondern sie fokussierte wieder auf die therapeutische Beziehung. So bestand die Chance, daß die Patientin sich intensiv mit ihren Beziehungsphantasien auseinandersetzt und Einsicht gewinnt in ihre Neigung, ihren jeweiligen Partner durch unangemessene Erwartungen zu bedrängen. Es bestand aber auch die Chance zu erörtern, daß möglicherweise auch die Therapeutin durch eine evtl. unbedachte Bemerkung ihrerseits die Beziehungserwartungen stimuliert hatte. So konnte geklärt werden, auf welche möglicherweise spezifischen Botschaften der Therapeutin (und evtl. anderer Dialogpartner) die Patientin mit überschießenden Zuwendungserwartungen reagiert und in welcher Weise ihr Kontaktverhalten in ihrem Gegenüber, hier der Therapeutin, distanzierende oder nähesuchende Reaktionsbereitschaften auslöste. Diese Zuwendungserwartungen, hier die Sehnsucht nach einer quasi urmütterlichen Geborgenheit, versucht die Therapeutin etwas später in der gleichen Sitzung noch einmal zu verdeutlichen, indem sie die Beziehungswünsche der Patientin zu konkretisieren versucht:

Pat.: „Sie legen das Ende der Therapie einfach so fest, so wie Sie's sich von vornherein vorgenommen haben. Gut, ich find' mich ja damit ab. Aber es ist eben so für mich, als sei das Ende jetzt schon da."
Th.: „Sie würden sich wünschen, wenn ich nicht nur so rein beruflich für Sie da wäre."
Pat.: „Eigentlich schon, aber ich weiß ja, das geht nicht."
Th.: „Eigentlich schon...", also Sie stellen sich vor, daß ich mit Ihnen befreundet wäre, daß ich irgendwie Ihre Freundin wäre."
Pat.: „(verlegen und zögernd) Ja, daran denke ich manchmal."
Th.: „Sie malen sich das dann so richtig aus, wie das so wäre mit uns beiden. Und Sie stellen sich das dann sehr harmonisch vor?"
Pat.: „Ja, ja, vielleicht gäb's auch manchmal Streit, aber das gehört ja auch dazu. Aber ich glaube, daß es insgesamt doch auch gut wäre. Also ich glaube, also ich mal mir das halt so aus, daß es eigentlich 'ne gute Ergänzung wäre."
Th.: „Sie würden so denken, daß wir eigentlich sehr fair miteinander umgehen würden und auch ich Ihnen nicht unütz weh tun würde?"
Pat.: „Ja schon, aber ich weiß ja, das sind nur Träume, also ich meine, dieser wirkliche Kontakt über das Therapiemäßige hinaus."
Th.: „Aber davon träumen Sie gern, von so einer ganz tiefen Freundschaft, wo man sich so richtig auf den anderen verlassen kann, wo man sich so richtig geborgen fühlen kann."
Pat.: „Ja, ja schon, so..., ja, das wünsche ich mir. Da denke ich schon öfter dran."
Th.: „Das ist so'n Wunschbild, das Sie schon lange mit sich 'rumtragen, so was, wonach Sie sich oft gesehnt haben und wo Sie jetzt hier denken,..."
Pat.: „Ja, eigentlich schon, ja. Also ich weiß ja, daß die Wirklichkeit immer ganz anders ist."
Th.: „Wenn Sie so dieses Wunschbild in Bezug auf mich haben, was malen Sie sich da aus, was würden wir gemeinsam machen, wie gemeinsam unsere Zeit verbringen?"

Diese zunächst sehr betonte Arbeit im Hier und Jetzt schließt zu einem späteren Zeitpunkt den Blick auf lebensgeschichtliche Zusammenhänge, also die Frage, wie solche Erwartungsmuster entstanden seien, keinesfalls aus.

Oft berichteten Patenten nach solch intensivem Vergegenwärtigen des Beziehungserlebens ganz spontan von thematisch naheliegenden Kindheitserinnerungen. Anderenfalls können solche Erinnerungen angestoßen werden durch Fragen wie: „Woher kennen Sie dieses Gefühl?" oder „Woran erinnert Sie das?". Das Einsetzen eines Veränderungsprozesses zentraler Erlebensmuster dürfte zwar von der Klärung biographischer Zusammenhänge nicht unbedingt abhängig sein, da solche Änderungen bereits entscheidend durch aktuelle, sehr unmittelbare Erfahrungen stimuliert werden. Andererseits kann ein sehr erlebnisnahes Rückerinnern aus Anlaß solch aktueller Erfahrungen den Änderungsprozeß seinerseits fördern. Darüber hinaus erweitert die auch kognitive Auseinandersetzung mit der eigenen Lebensgeschichte die „Selbstgewißheit" und festigt das Identitätserleben.

Schwierigkeiten und Gefahren des *Beziehungsklärens*

Es kann manchmal schwierig sein, den richtigen Zeitpunkt für das Beziehungsklären einzuschätzen. Es ist zu beachten, daß hier auch die Tragfähigkeit der therapeutischen Beziehung eine Rolle spielt. So wird der Therapeut etwa im frühen Stadium einer Therapie besonders vorsichtig und auch sparsam mit dieser Interventionsform umgehen. Denn die Beziehungsansprache von seiten des Therapeuten kann durchaus irritierend auf den Patienten wirken, besonders dann, wenn der Patient noch sehr von Beziehungsängsten oder gar Mißtrauen erfüllt ist.

Es kann sogar therapeutisch kontraproduktiv werden, wenn der Therapeut zu häufig Beziehungsaspekte aufgreift. Das unmittelbare Angesprochenwerden auf Beziehungsphantasien kann im Patienten starke Ängste mobilisieren und Widerstand provozieren. Auch kann der Patient seinen Therapeuten als merkwürdig egozentrisch oder narzißtisch empfinden, wenn dieser jede Äußerung auf sich bezieht oder zu meinen scheint, der Patient solle oder würde sich ständig mit seiner Person beschäftigen. Ängstliche oder auch zwanghaft-kontaktabwehrende Patienten können dann ihren Therapeuten als bedrängend, aufdringlich, jede Distanz durchbrechend erleben. Auch kann der Patient den Eindruck gewinnen, alle nicht die Beziehung betreffenden Inhalte interessieren den Therapeuten gar nicht.

Aber ebenso sensibel wird der Patient im gegenteiligen Falle registrieren, wenn der Therapeut Beziehungsandeutungen nicht aufgreift. Der Patient mag dann den Eindruck bekommen, daß sich sein Therapeut verschanzen und ihn aus Ängstlichkeit oder aus Hochmut nicht zu nahe an sich herankommen lassen will. Überwach wird der Patient dann aus feinsten Signalen die Einstellung des Therapeuten ihm gegenüber herauszulesen versuchen. Und er wird u.U. auch das Erschrecken seines Therapeuten registrieren, der Patient könne ihm zu nahe kommen. Denn es ist ja für die meisten Therapeuten zunächst durchaus schwierig und mit Gefühlen der Peinlichkeit verbunden, so unmittelbar als Person angesprochen zu werden. Nicht nur der letztlich außenstehende, untangierbare Experte zu sein, sondern plötzlich als Person „ins Spiel zu kommen", wird von vielen Therapeuten zunächst als bedrohlich erlebt. Die Versuchung, hier therapeutischerseits mit Widerstand zu reagieren durch Ablenken auf ein anderes Thema oder durch Schweigen, ist dann groß. Gerade dann sollte sich der Therapeut aber fragen, welche Ängste ihn jetzt im einzelnen bestimmen. Ist es die Vorstellung, der Patient könnte ihn mit immer zügelloseren erotischen Phantasien bedrängen, wenn er dem Patienten entgegenkommt und dessen Bezugnahme auf seine Person aufgreift? Wäre es also nicht doch besser, so könnte sich der Therapeut im ersten

Schrecken auch sagen, auf ein anderes Thema überzugehen, um so die Kontrolle über die Situation wieder herzustellen oder wenigstens durch „Überhören" den Patienten nicht noch in seiner Zudringlichkeit zu bestärken? Wichtig ist in jedem Falle, daß der Therapeut im erinnernden Rückblick auf die jeweils vergangene Sitzung sich seine Gefühle und Einstellungen gegenüber dem Patienten vergegenwärtigt, gerade auch dann, wenn diese den Forderungen eines *Bedingungsfreien Akzeptierens* oder *Einfühlenden Verstehens* nicht entsprechen sollten.

Schwierigkeiten können sich für das *Beziehungsklären* auch ergeben, wenn der Patient erhebliche Aggressionen gegenüber dem Terapeuten zum Ausdruck bringt. Hier könnte der Therapeut von der Wucht des gespürten Hasses so getroffen sein, daß ihm eine einfühlende Haltung kaum mehr möglich ist und er in ein Defensiv-Verhalten verfällt. Eine andere Gefahr bestünde in der Neigung, diese destruktiven Gefühle durch den baldigen Rekurs auf ihre vermuteten Motive zu bagatellisieren. Der Therapeut würde dann sehr schnell etwa auf das Gekränktsein oder die Trauer (z. B. über Liebes- und Zuwendungsverlust) des Patienten zu sprechen kommen und dabei das volle Vergegenwärtigen der Aggressivität überspringen. Aufgrund ihrer anthropologischen Prämissen könnten besonders Gesprächspsychotherapeuten dieser Gefahr leicht unterliegen (Gurtberlet 1990).

Es sollte hier angedeutet werden, an welchen Widerständen, Ängsten und Barrieren gerade auch von seiten des Therapeuten das Beziehungsklären scheitern kann. Die Überlegung, daß der Psychoanalytiker es hier einfacher habe, da er durch eine Übertragungsdeutung das Gespräch schnell von sich wieder abbiegen kann, mag sich bei flüchtiger Betrachtung zunächst anbieten. Es kann auch durchaus zutreffen, daß Übertragungsdeutungen gelegentlich aus diesem Grunde eingesetzt werden, also das Ergebnis eines Widerstandes des Therapeuten sind. Jedoch wäre solches Vorgehen auch aus der Sicht der Psychoanalyse ein „Kunstfehler". In seinem Standardwerk zur psychoanalytischen Technik beschreibt Greenson (1975) sehr eindrücklich, wie unbeirrbar und geduldig er die seine Person betreffenden Fragen, Erwartungen und Vorstellungen des Patienten entgegennimmt, wie sehr er sich auch bei den „obszönsten" Phantasien seines Patienten als „Objekt", als Person zur Verfügung stellt, bevor er sehr spät dann die Erinnerungsarbeit des Patienten stimuliert.

Wenn der Therapeut solche, die Erinnerung des Patienten bemühenden Fragen nicht zu früh stellt, d. h., wenn es für sein konkretes Intervenieren zunächst folgenlos bleibt, mag es auch legitim sein, die Vorstellung „im Hinterkopf" zu haben, der Patient meine eigentlich jemand ganz anderen, nur nicht ihn, den Therapeuten. Hierdurch erst mag es manchem Therapeuten ermöglicht werden, die sonst unerträgliche Nähe oder Feindseligkeit des Patienten auszuhalten. Der Therapeut sollte sich nicht schämen, solche und andere „Stützen" zu brauchen, um die Beziehungsphantasien des Patienten zu ertragen. Er sollte diese Phantasien nur nicht dadurch abzuschneiden versuchen, daß er möglichst schnell ihre Realitätsunangemessenheit deutlich macht. Vielmehr wird er sie im Gegenteil zunächst einmal so, wie sie sind, annehmen und ihre verschiedensten Verzweigungen und Facetten geduldig anschauend begleiten. Hierdurch zeigt der Therapeut, daß er wirklich bereit ist, die „innere Welt" des Patienten zu betreten und „in der Welt des Klienten zu Hause zu sein" (Rogers).

Natürlich besteht generell auch die gewissermaßen gegenteilige Gefahr, daß der Therapeut die Beziehung zum Patienten benutzt, um seine eigenen Nähebedürfnisse auszuleben. Ein solcher Mißbrauch der therapeutischen Beziehung wäre natürlich auch bereits dann gegeben, wenn der Therapeut die Situation manipuliert, um immer wieder zu hören, wie sehr sich der Patient mit seiner Person beschäftigt, wie sehr dieser ihn bewundert oder von ihm abhängig ist.

Indikation des *Beziehungsklärens*

Schon die Darstellung der Ziele und Funktionen des Beziehungsklärens machte es nötig, auch Fragen der Indikation dieses Behandlungsmerkmales zu behandeln. So sollen entsprechende Angaben hier nur noch einmal in thesenartiger Kürze gegeben werden.

Eine absolute Indikation besteht, wenn der Patient die Beziehung selber anspricht. Dieses Ansprechen kann oft ein scheinbar beiläufiges sein. Eine relative Indikation für das *Interaktionsbezogene Verstehen* ist gegeben, wenn der Therapeut nur aus indirekten Hinweisen den Eindruck gewinnt, daß der Patient sich mit seiner Person zu beschäftigen scheint oder diesem die therapeutische Beziehung zum Problem geworden ist. Im letzten Falle könnte etwa ein bedrängendes Vortragen verschiedenster Beschwerden oder ein das therapeutische Setting in Frage stellendes Verhalten, wie häufiges Zuspätkommen, ein Hinweis darauf sein, daß der Patient die therapeutische Beziehung bzw. die Zuverlässigkeit oder die Geduld des Therapeuten „testen" will. In solchen Fällen muß der Therapeut den richtigen Zeitpunkt für eine Beziehungsansprache abwägen. Er muß sich fragen, ob die Beziehung schon tragfähig oder ob die Introspektionsbereitschaft des Patienten schon entwickelt genug ist, um überhaupt ein Eingehen auf die Intervention des Therapeuten erwarten zu können. Wenn der Patient auf die Beziehungsansprache nur irritiert und mit um so höherer Abwehr reagiert, ist die Indikation falsch gestellt worden.

Auch ist therapeutischerseits abzuschätzen, wie direkt und gewissermaßen zupackend die Beziehungsansprache sein sollte. Es lassen sich hier nämlich auch Formen der Beziehungsklärung denken, die entsprechend der Irritierbarkeit des Patienten diesem ein Ausweichen oder nur ein bedingtes Eingehen gestatten, so z. B., wenn der Therapeut etwas „überpersönlich" sagt: „Im Moment scheinen Sie mit der Therapie hier nicht so gut zurechtzukommen." Hier ist es dem Patienten offengelassen, eine Thematisierung der Beziehung mit sehr unterschiedlicher Direktheit zu vollziehen.

Die bisherigen Überlegungen erörterten die Indikationsfrage unter den Aspekten des Therapieprozesses. Wenn diese Frage unter nosologischen Gesichtspunkten gestellt wird, so ist zunächst zu sagen, daß es hier keine grundsätzlichen Differenzierungen gibt. Bei allem (im weitesten Sinne neurotisch bedingten) Symptombildern und bei allen Persönlichkeitsstörungen empfiehlt sich der Einsatz des *Interaktionsbezogenen Verstehens*. Wenn diese Frage jedoch weniger prinzipiell, sondern mehr im Sinne einer unterschiedlichen Gewichtung gestellt wird, ist zu sagen, daß das *Interaktionsbezogene Verstehen* besonders wichtig ist bei Patienten, die weniger zu einer spontanen Selbstexploration und Selbstauseinandersetzung in der Lage sind. Dies sind aber nicht nur die weniger introvertierten und wenig introspektionsbegabten, sondern auch die wenig selbstsicheren und wenig autonomen Persönlichkeiten. Sie sind stärker von einer Klärung des „Kontextes", also der therapeutischen Beziehung und von einer Rückkoppelung mit dem Therapeuten abhängig. Bei sog. narzißtischen und Borderline-Persönlichkeitsstörungen ist wegen der – jeweils unterschiedlich begründeten – Störung der Realitätsprüfung eine intensive Auseinandersetzung mit den eigenen Beziehungserwartungen und -ängsten wichtig.

> **Gesprächsregeln** *Beziehungsklären*
>
> - Greifen Sie Ihre Person betreffende Bemerkungen, Klagen, Lob, Wünsche, unbedingt auf.
>
> - Versuchen Sie, die hinter solchen Bemerkungen stehenden Gefühle, Erwartungen und Beurteilungen zu erfassen und zu verbalisieren.
>
> - Zeigen Sie Interesse an den Vorstellungen, Phantasien und Wünschen, die der Patient in Bezug auf Ihre Person und Ihre Rolle als Therapeuten hat.
>
> - Verweilen Sie lange bei der Beschäftigung des Patienten mit Ihrer Person, verdeutlichen Sie die verschiedenen Aspekte dieser Einstellung, bevor Sie biographische Zusammenhänge ansprechen.
>
> - Denken Sie immer daran, daß auch Äußerungen des Patienten, die nicht direkt die Beziehung thematisieren, als Botschaft an Sie gemeint sein können.

Selbsteinbringen

Das Behandlungsmerkmal *Selbsteinbringen* oder „Selbstöffnen" („selfdisclosure", Carkhuff u. Berenson 1967; Carkhuff 1969) steht in einem besonders unmittelbaren Verhältnis zu dem Prinzip Echtheit / Selbstkongruenz. Denn dieses Prinzip besagt ja, daß der Therapeut „ohne Fassade" sein, daß er „frei und tief er selbst" sein soll (Rogers 1957; Truax u. Carkhuff 1967). Der Therapeut ist hiernach frei von Rollenstereotypen wie von Widersprüchen in seinem Ausdrucks- und Kontaktverhalten. Er soll nicht hinter der ausdruckslosen Neutralität seines Expertentums verschwinden, sondern dem Patienten als konkrete, „reale" Person deutlich werden.

Echtheit in diesem Sinne bedeutet dann zunächst, daß der Therapeut für den Patienten kongruent ist, also z. B. keine Diskrepanzen zwischen verbalem und nonverbalem Verhalten erkennen läßt. Darüber hinaus bedeutet diese Echtheit dann aber auch, daß der Therapeut für seinen Patienten bis zu einem gewissen Grade transparent ist, d. h., daß er sich als Person nicht entzieht, sondern für den Patienten in seiner Individualität, also in seinem Denken, Urteilen und Fühlen, greifbar wird. Der Therapeut sollte in diesem Sinne nicht nur ein empathisch

Spiegelnder, sondern auch ein Antwortender[15] sein, also sein eigenes Bezugssystem deutlich machen. Basiert das Beziehungsklären sowohl auf dem Bezugssystem des Patienten wie des Therapeuten, so rekurriert der Therapeut beim *Selbsteinbringen* vorwiegend auf sein eigenes.

Bevor im Folgenden auf die Grenzen und Möglichkeiten solchen Vorgehens eingegangen wird, sei darauf hingewiesen, daß auch dieses Behandlungsmerkmal schon früh konzeptualisiert wurde. Carkhuff (1969) erstellte eine 5stufige Einschätzskala des Merkmals *Selbsteinbringen* bzw. „Selbstöffnung" (selfdisclosure). Diese Skala mag zur weiteren Erläuterung dieses Merkmals beitragen:

Einschätzskala: Behandlungsmerkmal „selfdisclosure"
1. Der Therapeut schirmt sich gegen jede seine Person betreffende Einsichtnahme des Patienten ab.
2. Der Therapeut antwortet nur zögerlich und indirekt auf seine Person betreffenden Fragen.
3. Der Therapeut äußert zwar seine Gedanken zur therapeutischen Situation, gibt aber keinen weiteren Einblick in seine Person.
4. Der Therapeut gibt Einblick in seine (die Therapiesituation betreffenden) persönlichen Vorstellungen und Wertungen.
5. Der Therapeut macht sich in besonderer Weise transparent, so daß der Patient es in konstruktiver Weise nutzen kann.

Voraussetzungen des *Selbsteinbringens*

Wie transparent muß der Therapeut sein, um authentisch zu wirken? Diese mehr rhetorisch gemeinte Frage soll andeuten, daß die Transparenz des Therapeuten selbstverständlich immer begrenzt sein wird, keine absolute sein kann, weil das zur Rollenumkehr führen würde. Diese Transparenz soll kein Selbstzweck sein, sondern letztlich dem Patienten und seinem Therapieziel dienen. Um aber in der konkreten therapeutischen Situation über Ausmaß und Inhalte des *Selbsteinbringens* entscheiden zu können, muß der Therapeut sich selbst möglichst weitgehend zugänglich sein, d. h., daß er zu einer sehr subtilen Wahrnehmung seiner in der therapeutischen Situation oft schnell wechselnden Gefühle, Gedanken und Wunschbilder in der Lage sein muß. Die Möglichkeit zur wirklichen Transparenz hängt schon deshalb von dieser Wahrnehmungsfähigkeit ab, weil der Therapeut im anderen Falle schnell sich selbst und dann eben auch den Patienten über seine Gefühle und Bedürfnisse täuschen würde.

Da solche Gefühle naturgemäß nicht nur positiv sind, sondern auch mit der geforderten Idealposition einer bedingungsfrei akzeptierenden, bejahenden und mitfühlenden Haltung im Widerspruch stehen können, ist damit zu rechnen, daß die Selbstwahrnehmung in dieser Hinsicht mehr oder weniger stark abgewehrt wird. Der Therapeut sollte also in der Lehrtherapie und in Selbsterfahrungsgruppen einen gewährenden und akzeptierenden Umgang auch mit sich selbst

---

[15] Das „Prinzip Antwort" wurde in einem analogen Sinne auch von den Psychoanalytikern Heigel-Evers und Heigel (1988) beschrieben.

gelernt haben. Denn natürlich beschädigt es zunächst sein Selbstideal, in sich Gefühle entdecken zu müssen, die dem Bild des mitfühlenden, zugewandten und engagiert anteilnehmenden Therapeuten zuwiderlaufen. So kostet es einiges an geduldiger Mühe empathischer Selbstbeobachtung, um Gefühle von Neid und Rivalität oder Hochmut und Verachtung gegenüber den Schwächen des Patienten oder auch Angst und Unsicherheit gegenüber seinen verlockenden Näheangeboten bei sich wahrnehmen zu können.

Wenn der Therapeut sich solche Gefühle eingestanden und vergegenwärtigt hat, was allerdings auch bei guter Selbsterfahrungsschulung nie unbegrenzt möglich sein dürfte, wird er versuchen, ihre Herkunft zu erkunden. Er wird sich fragen, ob es das Beziehungsangebot des Patienten ist, das in ihm solche Gefühle induziert hat. So könnte z. B. ein Patient, dem aus Gründen seiner Persönlichkeitsstörung die fürsorgliche Nähe seines Therapeuten unerträglich ist, versuchen, diesen in die Rolle des aggressiv Strafenden oder des gleichgültig Distanzierten zu manipulieren. Es könnten andererseits aber auch relativ belanglose Merkmale des Patienten im Therapeuten lebensgeschichtlich bedingte Erlebnismuster reaktivieren. In diesem letzteren Falle müßte er versuchen, Erinnerungsbilder in sich aufsteigen zu lassen, um den Bedeutungsgehalt solcher Gefühle für sich zu klären. Nicht selten gibt es hier aber Überschneidungen, d. h. ist die Frage nicht eindeutig entscheidbar, ob ein bestimmtes Gefühl des Therapeuten in seinen eigenen Erlebniskonfigurationen oder aber im Verhalten des Patienten seinen Ursprung hat. So spürte z. B. eine Therapeutin angesichts des bedrückenden Schicksals ihrer Patientin (mit sexuellem Mißbrauch und vielen körperlichen Züchtigungen in der Kindheit durch den Vater sowie einer kalt-abweisenden Behandlung durch die Mutter) eine zunehmend mit Angst durchmischte Ablehnung gegenüber dieser Patientin. Dies erschwerte ihr erheblich das Einhalten einer therapeutischen Rolle. Diese Patientin hatte nun schon öfter baldige Abweisungen durch Therapeuten erfahren, so daß zu vermuten war, daß die Patientin durch ihr Beziehungsangebot (u. a. durch das drastische, bedrängende Schildern ihres Lebensschicksals) in den Therapeuten Gefühle der Ablehnung und Distanzierungsbedürfnisse induzierte. Bei der hier genannten Therapeutin stiegen in der therapeutischen Situation aber auch Erinnerungsbilder an die eigene Kindheit auf, in denen sie immer mit großer Angst einen weiten Bogen um Bettler und Krüppel am Rande des Marktplatzes ihrer Heimatstadt machte. Diese kindlichen Beschädigungsängste beim Anblick menschlichen Elends waren in der besagten therapeutischen Situation reaktiviert worden. Das wiederholte Vergegenwärtigen dieser frühen Ängste und ihr Besprechen in der Supervision ermöglichten es der Therapeutin dann ziemlich schnell, zu der Patientin eine gelöste und recht empathische Haltung finden zu können. Nicht immer natürlich ist mit einer relativ schnellen Auflösung solcher Hindernisse zu rechnen.

In diesem Fall konnte die Therapeutin für sich klären, daß ihre ängstlich-ablehnende Haltung gegen die Patientin in hohem Maße mit der eigenen Persönlichkeitsproblematik zusammenhing. In einem solchen Falle wird sich eine Selbstöffnung in der Regel weniger empfehlen bzw. wird bei ihrer Anwendung besondere Umsicht geboten sein müssen. Erst wenn hinreichend geklärt ist, daß die eigene Persönlichkeitsproblematik am Zustandekommen von blockierenden

Gefühlen keine oder nur eine untergeordnete Rolle spielt, ist eine Indikation für die Intervention *Selbsteinbringen* eindeutig gegeben. In dieser Frage wird man aber mit Selbsttäuschungen stets rechnen müssen, zumal die von Rogers geforderte absolute Offenheit für sich selber ein nie zu erreichendes Ideal bleiben dürfte. Der Therapeut tut deshalb gut daran, das Wirksamwerden der eigenen Persönlichkeitsproblematik in der therapeutischen Situation nie ganz auszuschließen. Er wird also nicht vorschnell den Patienten als alleinige Ursache seiner Befindlichkeit ansehen. Mit anderen Worten: Der Therapeut wird seine eigenen Gefühle nicht nur als Resonanz auf das Beziehungsangebot des Patienten interpretieren.

Eine weitere Voraussetzung für das *Selbsteinbringen* besteht darin, daß der Therapeut seine Gefühle schon einer Bearbeitung unterzogen hat, bevor er sie den Patienten mitteilt. Er sollte im Augenblick der Mitteilung nicht mehr unter einem unmittelbaren Affektdruck stehen, also eine gewisse Distanz zu seinen Gefühlen gewonnen haben. Das bedeutet, daß er z. B. seinen Ärger relativiern kann und ihm bereits die destruktive Komponente genommen hat.

Ziele und Funktionen des *Selbsteinbringens*

Wenn der Therapeut den Eindruck hat, daß die ihn blockierenden Gefühle wie Langeweile, Ärger, Müdigkeit usw. vom Patienten induziert sind, scheint es aus folgenden Gründen sinnvoll, den Patienten hierüber Mitteilung zu machen:
- Der Patient wird ohnehin, meist schneller als der Therapeut es vermutet, merken, daß etwas mit dem Therapeuten „nicht stimmt", daß dieser gegen eine Ungeduld zu kämpfen scheint, daß er seltsam abgespannt oder fahrig wirkt. Diese Wahrnehmungen können, sofern sie mit dem Therapeut nicht geklärt werden, Anlaß für ein ängstliches Distanzieren oder ein mißtrauisches Umdeuten der Situation seitens des Patienten sein.
- Der Therapeut kann schon durch das Mitteilen seines Unbehagens dieses überwinden und so seine Funktionsfähigkeit und „Stimmigkeit" wiedergewinnen.
- Solche Mitteilungen des Therapeuten über sein Erleben der Situation können den Patienten dazu führen, sich in vertiefter Weise mit der Art seines Beziehungsangebotes und seinen Erwartungen an den Therapeuten auseinanderzusetzen.
- Für den Patienten ist es wichtig zu erfahren, daß er seinen Therapeuten emotional erreichen konnte, daß letzterer aber auch mit negativen Emotionen, z. B. Ärger, in „vorbildhafter" Weise umgeht: Er zeigt dem Patienten, daß man auch zerstörerische Gefühle in sich bearbeiten und konstruktiv in einer Beziehung zur Geltung bringen kann.

Gerade bei diesen Interventionen ist es natürlich wichtig, jede Schuldzuweisung, und sei diese noch so indirekt, zu vermeiden. Schon deshalb sollte der Therapeut seine eigenen emotionalen Reaktionen nie unmittelbar auf das Beziehungsangebot des Patienten rückbeziehen, sondern durch die Art der Formulierung immer auch die Möglichkeit einräumen, daß die Schwierigkeit im Therapeuten selber liegen könnte.

Eine weitere Funktion des *Selbsteinbringens* resultiert aus der Überlegung, daß die Asymmetrie der Therapeut-Patient-Beziehung zwar unaufhebbar ist (wenn sie eine therapeutische Beziehung bleiben soll), aber doch vielleicht nicht zu ausgeprägt sein sollte. Wenn der Therapeut deutlich macht, daß er jede Frage nach seiner Person als Zumutung oder jedenfalls als nicht wirklich beantwortbar empfindet, wird dies das Mißtrauen oder die Ängstlichkeit bei bestimmten Patienten sehr erhöhen und ihre Fähigkeit zur vertrauensvollen Mitarbeit vermindern.

Bei Patienten mit Störungen des Identitätserlebens und der Differenzierungsfähigkeit in der psychosozialen Wahrnehmung kann das *Selbsteinbringen*, d. h. das Sich-Gegenüberstellen als konkrete Person, den Patienten bei der Selbstdemarkation helfen. Dies wird später bei der Besprechung einzelner Krankheitsbilder (vor allem narzißtische Störungen und Schizophrenie) zu zeigen sein. Auch kann das *Selbsteinbringen* im Dienste der Abwehrbearbeitung stehen, was im folgenden erörtert werden soll.

Praxis des *Selbsteinbringens*

Bei der Interventionskategorie *Selbsteinbringen* sind unterschiedliche Aspekte zu unterscheiden. Diese können zum einen Informationen zur Person bzw. Lebenssituation des Therapeuten und zum anderen das Mitteilen des Erlebens der therapeutischen Situation betreffen. Der erstgenannte Aspekt ist innerhalb der Gesprächspsychotherapie nicht unumstritten. Auf ihn wird bei der Darstellung der Indikation dieses Behandlungsmerkmals noch näher eingegangen.

Im folgenden Praxisbeispiel soll der zweite Aspekt exemplifiziert werden. Der Therapeut macht sein Erleben der therapeutischen Situation deutlich (die Psychoanalytiker könnten vom „Zur-Verfügung-Stellen der Gegenübertragung" sprechen), um den Patienten zu bewegen, sich mit seinem Interaktionsverhalten auseinanderzusetzen.

Ein 44jähriger Patient mit einer depressiven Episode und sekundärem Alkoholmißbrauch zeigt häufig Interaktionsmuster, die offenbar auch in gravierender Weise die Beziehung zu seiner Ehefrau geprägt hatten (die sich inzwischen von ihm trennte). Diese Verhaltensweisen hatten sich vermutlich in der Auseinandersetzung mit der als emotional kühl und abweisend erlebten Mutter ausgebildet. Der Patient versuchte immer wieder, Absprachen über das Setting, Regelungen über die Terminfrequenz u. a. eigenwillig zu ändern, offenbar um das für ihn wichtige Erleben von Autonomie sich so zu sichern. Der Patient ging hierbei aber so vor, daß die besagten Änderungen als von außen bestimmte Notwendigkeiten oder als Konsequenz einer ganz anderen Absprache erscheinen mußten. Der Therapeut reagierte hierauf natürlich mit zunehmender Verärgerung.

Th.: „Also, es ist mir wichtig, Ihnen zu sagen, daß mich die so kurzfristige Terminabsage vorgestern doch ziemlich geärgert hat."
Pat.: „Ich hatte doch das selbst gar nicht früher erfahren, konnte Ihnen so vorher gar keine Mitteilung machen."
Th.: „Was mir dabei so unter die Haut ging, war ja, daß so etwas nicht zum ersten Mal geschah. Es könnte natürlich sein, daß ich hier besonders empfindlich reagiere."

Pat.: „Nein, nein, ich sehe schon ein, es war wirklich sehr knapp. Aber ich konnte es nicht anders hinkriegen."
Th.: „Ich versuche zu verstehen, daß es wichtig für Sie war, den Termin abzusagen. Aber ich hätte es schön gefunden, wenn wir ganz offen über Ihre Gründe hätten sprechen können."
Pat.: „Da waren nur diese Gründe. Ich hatte auch nicht gedacht, daß es Ihnen so viel ausmacht."
Th.: „Ja doch, es hat mir etwas ausgemacht. Es hat mich innerlich ganz schön beschäftigt, was das wohl sein könnte zwischen uns."
Pat.: „Das wußte ich nicht, das wollte ich nicht. Ich hätte nicht gedacht, daß es Sie so ärgern würde."
Th.: „Es war Ihnen wichtig, daß Sie das taten, was Sie für richtig hielten. Sie wollten sich da von mir ganz unabhängig fühlen?"
Pat.: (unsicher): „Ja, ich weiß nicht, ja, irgendwie auch schon, ja."
Th.: „Vielleicht glaubte ich da bei Ihnen einen Trotz zu spüren, das war es wohl, was mich ärgerte. Es fiel mir in dieser Situation wohl schwer, für Sie und Ihr Bedürfnis nach Unabhängigkeit das nötige Verständnis aufzubringen."

Der Therapeut versucht im weiteren Gespräch, dem Patienten zu verdeutlichen, daß dieser ihn ärgerlich machen wollte, so wie er früher die Mutter durch vermeintliche Beweise seiner Unabhängigkeit ärgern wollte, um deren Bindung an ihn zu prüfen. Der Therapeut tut dies aber nicht durch eine intellektuell distanzierende Deutung, sondern er versucht vielmehr so zu reagieren, wie der Patient es sich früher vermutlich von seiner Mutter gewünscht hatte: Er spricht seine Enttäuschung, vielleicht auch Verletztheit an, Gefühle, die Ausdruck einer positiven Bindung sind. Diesen „Bindungserweis" versucht der Therapeut zu erbringen, indem er die ihm zugewiesene Rolle der liebenden und so auch verletzbaren Mutter ein Stück weit mitvollzieht, um dann Schritt für Schritt dem Patienten nicht nur seine Interaktionsmuster, sondern auch die damit verbundenen Sehnsüchte erfahrbar zu machen.[16]

Der Therapeut vermeidet aber beim Zeigen seines Ärgers oder seiner Enttäuscheung jeden Unterton des Vorwurfes. Er will ja vermeiden, daß der Patient mit Schuldgefühlen reagiert. Er will lediglich erreichen, daß der Patient diese „Rückmeldung" als Anregung für die Selbstauseinandersetzung nutzen kann. Das Erreichen dieser Absicht ist das Kriterium für die gelungene Handhabung dieser Intervention.

Das *Selbsteinbringen* kann auch unter dem Aspekte des „guten Modells" gesehen werden, das der Therapeut für den Patienten hinsichtlich einer offenen Auseinandersetzung mit sich selbst darstellt. So können gerade solche „Ich-Botschaften", in denen der Therapeut sein Erleben der therapeutischen Situation mitteilt, den Patienten anregen, sich mit seinen Beziehungserwartungen und seinem

---

[16] So befremdlich früher für viele Analytiker eine Interventionsform wie „Selbstöffnung" gewesen sein dürfte, so ist heute zu sagen, daß von manchen Analytikern gegenwärtig eine Interventionsweise unter dem Terminus „Mitagieren" diskutiert wird (Klüver 1983), die in Analogie zu bestimmten Aspekten des hier skizzierten Therapeutenverhaltens steht.

Kontaktverhalten auseinanderzusetzen. Diese Ich-Botschaften können darüber hinaus die Funktion des Konfrontierens haben und sind dann ein Mittel der Abwehrbearbeitung. Der Therapeut könnte z. B. sagen: „Ich spüre da schon seit einiger Zeit einen Ärger in mir und ich frage mich, inwieweit das was mit unserer Situation zu tun hat." Je nach der Antwort des Patienten könnte der Therapeut dann fortfahren: „Wie wirkt das jetzt auf Sie, wenn ich Ihnen von meinem Ärger erzähle?" Es müßte nun darum gehen, die verschiedenen Reaktionen des Patienten auf die Mitteilung des Therapeuten abzufragen, ob der Patient erschreckt und verängstigt ist, ob er mit geheimer Genugtuung oder mit trotzigem Unverständnis darauf reagiert. So kann der Patient dann Schritt für Schritt in der Auseinandersetzung mit dem Therapeuten seine Abwehrbedürfnisse und seine vielleicht auch destruktiven Neigungen gegenüber der therapeutischen Situation klären.

Schwierigkeiten und Gefahren des *Selbsteinbringens*

Bei der Interventionskategorie *Selbsteinbringen* sind, dies wurde schon angedeutet, zwei Modi zu unterscheiden. Der eine Modus sieht vor, daß der Therapeut sein Erleben der therapeutischen Situation mitteilt. Er gibt, wenn auch selektiv, seine emotionale Reaktion auf den Patienten zu erkennen. Diese Form des Intervenierens ist unter Gesprächspsychotherapeuten unumstritten. Anders verhält es sich hinsichtlich der Frage, ob der Therapeut relevante Ereignisse der eigenen Biographie oder sonstige Informationen zu seiner Person mitteilen sollten, die in einem bestimmten Kontext zur therapeutischen Situation stehen.

Ein *Selbsteinbringen* in diesem letztgenannten Sinne wird nur in besonderen, eher seltenen Situationen indiziert sein. Die Gefahr dieser Intervention besteht darin, daß der Patient von sich selbst abgelenkt wird oder gar in eine verwirrende Rollendiffusion gerät. Auch könnten hierduch im Patienten derart starke Emotionen mobilisiert werden, daß er die akzeptierende Grundhaltung des Therapeuten nicht mehr als solche erleben und sich kaum mehr auf die Verstehensangebote des Therapeuten einlassen kann. Auch der Therapeut selber kann hierdurch in eine Rollendiffusion gelangen, die es ihm sehr erschwert, den Patienten anschließend wieder auf sein eigenes Erleben zurückzuverweisen. Dies sollte der Therapeut jedoch in jedem Falle versuchen, d. h., er sollte darauf achten, den Patienten nach einer solchen Intervention möglichst schnell wieder zur Beschäftigung mit sich selbst hinzuführen, z. B. durch die Frage, wie die Äußerung des Therapeuten auf ihn, den Patienten, gewirkt habe.

Es dürfte selbstverständlich sein, daß das *Selbsteinbringen* in jeder Form nie Selbstzweck sein darf, sondern einerseits zur Gestaltung einer konstruktiven therapeutischen Beziehung eingesetzt werden und andererseits die Selbstauseinandersetzung des Patienten stimulieren soll. Der Therapeut wird auf der Hut sein müssen, daß der Einsatz dieser Interventionsform nicht insgeheim doch seiner Selbstdarstellung dient. Diese Gefahr gilt zwar für jedwedes Therapeutenverhalten, dürfte jedoch gerade im hiesigen Falle besonders verhängnisvoll sein.

Eine ganz andere Gefahr besteht darin, daß der Patient die Mitteilung von Ärger oder dem Gelangweiltsein seines Therapeuten als eine besonders scharfe Form der Kritik und der Zurechtweisung empfinden könnte. Es könnte dann schließlich so scheinen, als sei der Patient für das Wohlbefinden seines Therapeuten verantwortlich. Die Schwierigkeit besteht hierbei für den Therapeuten darin, so zu formulieren, daß seine emotionalen Reaktionen nicht als nur durch den Patienten bewirkt erscheinen. Der Therapeut müßte also seine Feststellungen weitgehend auf seine eigene, subjektive Erlebnisweise zurücknehmen. Er müßte den Eindruck vermeiden, als seien seine Reaktionen ein letztgültiges Kriterium für die Beurteilung des Patienten.

Auch unabhängig von der Rücksicht auf den Patienten ist hier für den Therapeuten Vorsicht geboten, da er sich über den Ursprung seiner emotionalen Reaktionen nie ganz sicher sein kann. Die komplexen Vorgänge gegenseitiger Beeinflussung in der Interaktion können nämlich nie in einem einzigen Umgriff faßbar werden. Dies ist besonders beim *Selbsteinbringen* zu bedenken, deshalb sei noch einmal gesagt: Der Therapeut muß sich hüten, mit der Verbalisierung z. B. seines Ärgers oder seiner Langeweile schon eine bestimmte, vor allem den Patienten betreffende Interpretation dieser seiner Befindlichkeit nahezulegen („Das ist jetzt bei mir so, weil Sie...."). Der Sinn dieser Befindlichkeit erschließt sich erst in der Dauer eines Gespräches, das der Therapeut mit dem Patienten, aber auch mit sich selber führt.

Indikation des *Selbsteinbringens*

Die Interventionskategorie *Selbsteinbringen* bedarf, wegen der hier gegebenen Gefahren, einer ganz besonders sorgfältigen Indikationsstellung. In diesem Zusammenhang ist noch einmal auf die beiden Aspekte des *Selbsteinbringens* zu verweisen.

Zu dem Aspekt, der die Mitteilung des Erlebens der therapeutischen Situation betrifft, wurden obenstehend schon mehrere Indikationsangaben gemacht. Zusammenfassend ist zu sagen, daß hier die Auseinandersetzung des Patienten mit seinem Interaktionsverhalten bewirkt und so ein Klären von Beziehungserwartungen und Abwehrverhalten angeregt werden soll.

Hinsichtlich der Auskünfte zur Person des Therapeuten ist die Indikation enger zu stellen. Bei sehr ängstlichen oder auch mißtrauischen Patienten kann es jedoch gerade am Beginn der Therapie förderlich sein, wenn der Therapeut auf Anfragen, je nach Situation eventuell auch spontan, Angaben zu seiner Person macht (Wie lange ist er schon in seinem Beruf tätig, welche „Weltanschauung" hat er, d. h., welche Lebens- und Therapieziele sieht er als sinnvoll an, ist er verheiratet, hat er Kinder?). Der Therapeut sollte Verständnis dafür haben, daß ängstlich-mißtrauische Patienten, die von ihrem Umfeld her kaum introspektives Verhalten gewohnt sind, zu erwarten scheinen, daß der Therapeut gewissermaßen bei der „Selbstentblößung" ein Stück weit mit gutem Beispiel vorangeht. Allerdings dürfte diese Schilderung schon deutlich machen, daß es sich hier gewissermaßen nur um Grenzindikationen bei besonders gestörten Patienten handeln kann. Hier wären vor allem schizoid strukturierte, auch Borderline- und schizophrene Patienten zu nennen (Mathews 1988).

So ist trotz der Bedenken, die sich hier ergeben, zu sagen, daß ein solches Therapeutenverhalten in bestimmten Situationen durchaus indiziert sein kann. Namentlich auch bei in ihrem Selbstwertgefühl sehr verunsicherten (narzißtisch gestörten) Patienten kann solche Selbstöffnung helfen, ihr manchmal unerträgliches Unterlegenheitsgefühl zu überwinden bzw. die phantasierte, demütigend erlebte Unangreifbarkeit des Therapeuten etwas abzumildern. Dies kann diesem Patienten dann den Eindruck nehmen, daß der Therapeut und das von ihm arrangierte Setting ihnen nur die Möglichkeit zur bedingungslosen Unterwerfung oder aber zu trotzig sich verweigernden Auflehnung lasse. Eine relative Indikation für das Selböffnen in der o.g. besonderen Weise kann auch gegeben sein bei Patienten, die aufgrund ihrer schweren Persönlichkeitsstörung (z. B. Borderline-Störung) in Beziehungen zur emotionalen Diffusion neigen, d. h. manchmal kaum noch zwischen ihrem Erleben und dem ihres Dialogpartners unterscheiden können. Hier kann die Mitteilung eigener Erlebnisweisen von seiten des Therapeuten helfen, Abgrenzung zu ermöglichen und die eigene Identität zu finden. Andererseits können gerade solche Patienten durch die Selbstöffnung des Therapeuten tief irritiert werden, so daß der Therapeut die „Dosierung" dieses Behandlungsmerkmals und den richtigen Zeitpunkt zum Einsetzen dieser Intervention genau einschätzen muß.

Eine besondere Indikation für das hier in Rede stehende Behandlungsmerkmal ergibt sich, wie gesagt, auch bei sehr kontaktgehemmten, introvertierten und auch schizothym strukturierten Patienten. Für sie würde der sich öffnende Therapeut ein gutes Modell für vertrauensvolle Kommunikation darstellen.

Insgesamt ist zu sagen, daß die Interventionskategorie *Selbsteinbringen* vor allem bei schwerer gestörten Patienten ihr besonderes Indikationsgebiet hat (siehe auch Binder u. Binder 1991).

Gesprächsregeln *Selbsteinbringen*

- Erkunden Sie Ihre eigenen Gefühle, Erwartungen und Phantasien in bezug auf Ihren Patienten.

- Versuchen Sie, bei sich zu unterscheiden zwischen Gefühlen, die eine Reaktion auf das Verhalten des Patienten sein können, und gefühlshaften Einstellungen, die Ihren eigenen Neigungen und Erwartungen entsprechen.

- Teilen Sie Ihre Reaktion auf das Verhalten des Patienten mit, wenn Sie hierdurch dem Patienten einen wichtigen Impuls zur Selbstauseinandersetzung geben können.

- Verbergen Sie längerdauernde, Ihr therapeutisches Funktionieren blockierende Gefühle nicht. Seien Sie, in kontrollierter Weise, transparent.

- Achten Sie darauf, daß die Mitteilung Ihrer Reaktionen auf den Patienten ohne jeden Unterton des Vorwurfes geschieht.

- Regen Sie den Patienten an, sich zu vergegenwärtigen, wie Ihre Selbst-Mitteilung auf ihn gewirkt hat.

5. Die Krankheitstheorie der Gesprächspsychotherapie

Die Krankheitstheorie bzw. Störungstheorie[17] der Gesprächspsychotherapie wird hier verkürzt dargestellt, da mit der vorliegenden Schrift im wesentlichen nur die Darstellung der therapeutischen Methodik beabsichtigt ist. Eine kurze Skizze dieser Krankheitslehre soll jedoch erfolgen, weil manche Besonderheiten der Behandlungspraxis erst auf dem Hintergrund der Krankheitstheorie voll verständlich werden.

In den bisherigen Erörterungen sollte deutlich geworden sein, daß die gesprächspsychotherapeutische Behandlungspraxis in einem Bezug zur Ursachenhypothese psychischer Erkrankungen steht. In diesem Zusammenhang war bereits von der Selbstwidersprüchlichkeit und der Abwehr der Selbstwahrnehmung, die durch das therapeutische Vorgehen aufzuheben seien, die Rede gewesen. Als Therapieziele waren u. a. die Selbstkongruenz, die Selbstentfaltung und die Beziehungsfähigkeit genannt worden. Die Gesprächspsychotherapie ist also hinsichtlich ihrer Zielsetzung nicht in erster Linie am Symptom orientiert. Da therapeutische Zielsetzungen für Indikationsentscheidungen wichtig sind, ergibt sich die Frage der Kompatibilität der gesprächspsychotherapeutischen Störungstheorie mit Klassifikationssystemen, die gerade auf der Symptomebene operieren, wie die modernen diagnostischen Inventare DSM-III-R (Wittchen et al. 1989) und ICD-10 (Dilling et al. 1991). Andererseits kommen diese Systeme gewissen pragmatischen und empiristischen Tendenzen innerhalb der Gesprächspsychotherapie auch entgegen.

In der Konsequenz dieser modernen Ausrichtung psychiatrischer Diagnostik liegt es, psychotherapeutisches Handeln nicht so sehr theoretisch, d. h. durch einen Entwurf von „Krankheit" bzw. „Neurose", sondern pragmatisch zu begründen, d. h. durch den empirischen Nachweis seiner Wirksamkeit. Behandlungsverfahren ohne eine sie stringent begründende Theorie sind in der Medizin keineswegs selten. Ein bekanntes Beispiel ist hier die Psychopharmakotherapie. Sie wurde wissenschaftlich ausgewiesen durch die exakte Elaborierung ihrer Effekte. Ihre immer differenziertere Anwendung folgte den Ergebnissen dieser Wirksamkeitsstudien und nicht etwaigen Schlußfolgerungen aus einer übergreifenden Theorie.

---

[17] In den neueren diagnostischen Inventaren, namentlich dem DSM-III-R und der ICD-10, ist „Krankheit" durch den phänomennaheren Begriff „Störung" ersetzt worden. Diese beiden Begriffe werden hier in einem synonymen Sinne gebraucht. Der Krankheitsbegriff behält aus sozialrechtlichen Gründen noch eine Bedeutung. Nicht jede Störung hat demnach Krankheitswertigkeit und damit bestimmte, sozialrechtlich verankerte Gratifikationen zur Folge, wie z. B. „Krankschreibung" oder von den Krankenkassen getragene Psychotherapie (Faber u. Haarstick 1989).

Die Gesprächspsychotherapie ging von Anfang an beide Wege. Rogers (1987 / [1]1959) leitete aus seiner Persönlichkeits- und seiner, allerdings nur grob skizzierten, Krankheitstheorie therapietheoretische Grundpositionen und insbesondere die drei genannten Therapieprinzipien ab. Die Bedeutung dieser Prinzipien versuchte er empirisch dadurch zu klären, daß er unterschiedliche Ausmaße ihrer therapeutischen Realisierung mit dem jeweiligen Therapieergebnis verglich. So kann die therapeutische Funktion der Therapieprinzipien als empirisch überprüft und bestätigt gelten (Tausch 1970).

Sowohl aus theoretischen wie aus therapeutischen Gründen dürfte aber die Leitfunktion eines Krankheitskonzeptes wichtig sein, auch wenn man konzidiert, daß solche Konzepte beim Gegenstandsgebiet der Psychotherapie derzeit weitgehend nur hypothetische Entwürfe darstellen können. Eine Krankheitslehre kann begriffliche Orientierungspunkte bereitstellen, die es gestatten, im Einzelfall ein (hypothetisches) Bedingungsmodell des individuellen Krankseins zu entwerfen. Dem Nachdenken des Therapeuten über seinen Patienten werden so Leitlinien vorgegeben, an denen dieses Nachdenken sich vortasten kann. Dabei kann der konkrete Einzelfall es auch erforderlich machen, diese Leitlinien schließlich zu verlassen. So kann die Krankheits- bzw. Störungstheorie die Folie[18] sein, auf der der Therapeut sein eigenes Handeln reflektiert, um sich immer wieder der Angemessenheit seines Handelns vergewissern zu können.

Darüber hinaus enthält die Krankheitslehre für den Therapeuten wichtige Grundelemente seines therapeutisch-methodischen Selbstverständnisses. Insofern läßt sich durch die Krankheits- und natürlich auch die Therapietheorie erst der eigene Standpunkt markieren, läßt sich erst durch die jeweilige Krankheits- und Therapietheorie therapeutische Identität gewinnen. Da ein Heilender immer aus seiner zumindest unausdrücklichen Krankheitslehre handelt, ist es wichtig, daß ihm diese Lehre zum Gegenstand präziser Definitionen wird.

Das Inkongruenzmodell psychischer Störungen

Im Mittelpunkt der hier zu skizzierenden Krankheitslehre steht der im folgenden zu erläuternde Inkongruenz-Begriff. Deshalb beziehen sich die diagnostischen und therapeutischen Überlegungen hier nur auf psychische Erkrankungen, bei denen die Inkongruenz eine pathogenetische Rolle spielt. Insofern auch andere Erkrankungen, etwa akute Erlebnisreaktionen, schwere Persönlichkeitsstörungen oder gar Psychosen zum Gegenstand psychotherapeutischer Interventionen werden, sollen sie in diesem Zusammenhang insoweit mitbedacht sein, als auch diesen Erkrankungen inkongruenzbedingte Störungen als Teilaspekte ihres Gesamtbildes zu unterstellen sind.

---

[18] Habermas (1979) sprach in bezug auf die psychoanalytische Theorie von einer „Erzählfolie", deren heuristischer Sinn es sei, die (biographische) Erzählung des Patienten zu strukturieren. Diese Auslegung einer Neurosentheorie soll auch auf die hier vertretende Krankheitslehre angewandt werden. So kann der hier zu schildernde bedingungsanalytische und kausalgenetische Ansatz in eine phänomenologisch-hermeneutische Grundorientierung integriert werden.

Das gesprächspsychotherapeutische Störungsmodell enthält drei Glieder:
1. Die (meist durch frühe Beziehungsstörungen als erworben zu denkende) Dispositon, hier als Inkongruenzkonstellation beschrieben.
2. Die Genese dieser Inkongruenzkonstellation, die als frühe Beziehungsstörung zwischen dem Patienten (als Kind) und seinen Bezugspersonen (meist den Eltern) zu beschreiben ist.
3. Das als Ursache für das Auftreten der Symptomatik und damit der Krankheit zu deklarierende Lebensereignis ist oft ein aktueller Beziehungskonflikt. Dieser verschärft die Inkongruenz in einer Weise, daß ein intrapsychischer Konflikt entsteht. Dieses Ereignis ist als in einem spezifischen Verhältnis zur Inkongruenzkonstellation stehend zu beschreiben.

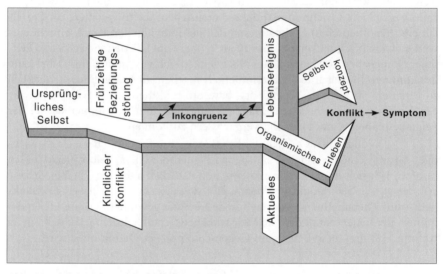

Abb. 4 Modell der inkongruenzbedingten Störung

Mit dem Entwurf eines solchen theoretischen Modells werden begriffliche Raster bereitgestellt, an denen sich die Beschreibung des konkreten Einzelfalles orientieren kann. Es sollen Denkmuster bzw. „Schablonen" vorgegeben werden, die dann den Gegebenheiten des konkreten Einzelfalls entsprechend akzentuiert und modifiziert werden.

Die hier skizzierte Störungstheorie basiert auf den entsprechenden Überlegungen von Rogers (1987 / [1]1959). Es wird versucht, die dort bereits vorgezeichneten Linien so weit auszuziehen, daß ein in sich geschlossenes und schlüssiges Modell der psychogenen Verursachung bestimmter Störungen entsteht.

„Inkongruenz" ist die Widersprüchlichkeit und Unvereinbarkeit (Rogers [1]1959: „contradictory and unassimilable") verschiedener Tendenzen, dem organismischen Erleben und Erfahren einerseits und dem Selbstkonzept andererseits. Letzteres umfaßt das Selbstbild und Selbstideal. Die Inhalte dieser beiden Repräsentationssysteme sind individuell unterschiedlich zu bestimmen. Häufig repräsentiert die organismische Erfahrung die Tendenz nach Individuation und

Autonomie, das Selbstkonzept dagegen verinnerlichte Normen und Rollenzuschreibungen. Die Fronten der Inkongruenz bestehen also in dem „privaten", individuellen Selbst einerseits und dem öffentlichen, dem „Rollen-Selbst" andererseits. Die Inkongruenz umfaßt unterschiedliche Modalitäten eines intrapersonalen Konfliktgeschehens (s. u.). Sie ist aber auch mit extrapersonalen Konflikten verschränkt insofern, als sie meist durch einen relativ frühen, also kindlichen Beziehungskonflikt entstanden ist und später durch externale Ereignisse immer wieder aktualisiert werden kann.

Diesem Modell liegt eine konflikttheoretische und des weiteren auch psychodynamische Position zugrunde. Es weist Parallelen zur tiefenpsychologischen Neurosentheorie auf. Die konflikttheoretische Position ergibt sich aus der zentralen Stellung, die das Inkongruenzkonzept in der gesprächspsychotherapeutischen Störungslehre hat. Die psychodynamische Position zeigt sich in der näheren Definition von Inkongruenz als einer Unvereinbarkeit unterschiedlicher Repräsentationssysteme. Aus dieser Unvereinbarkeit ergeben sich innerpsychische Spannungen und die Anstrengungen des Individuums, diese Spannungen z. B. durch „Wahrnehmungsverweigerung" (Rogers 1987 / [1]1959) zu bewältigen. Die Unterschiede zum psychoanalytischen Neurosenmodell bestehen u. a. in der unterschiedlichen Konzeption der „Fronten" dieses intrapersonalen Konfliktes.

Die von Rogers als Repräsentationssysteme beschriebenen „Konfliktparteien" „Selbstkonzept" vs. „Organismische Erfahrung" mögen zwar an das „Über-Ich" / „Ich" einerseits und das „Es" andererseits denken lassen. Namentlich hinsichtlich der letztgenannten Instanz besteht aber ein Unterschied darin, daß die „Aktualisierungstendenz" und die sie repräsentierende „Organismische Erfahrung" nicht als blinde Triebkraft, sondern als differenzierende individualisierende Entfaltungstendenz konzipiert ist.

Inkongruenz als Selbstentfremdung und Störanfälligkeit

Die beiden Grundelemente der Krankheitslehre von Rogers sind die Beziehungsstörung, namentlich die Störung der Eltern-Kind-Beziehung und die Inkongruenz. Aufgrund mangelnder Unbedingtheit der Wertschätzung, mangelnder Empathie und Kongruenz der Eltern in der Beziehung zu ihrem Kind kommt es bei letzteren zu einer Diskrepanz zentraler Persönlichkeitsbereiche.

Diese defizienten Beziehungsangebote der Eltern führen in je unterschiedlicher Weise zu einer Dissoziation der Persönlichkeit bzw. der mangelnden Fähigkeit, unterschiedliche Erfahrungen und Erlebnisbereiche zu integrieren. Es kommt zu einer Inkongruenz, also einer Unvereinbarkeit zwischen dem Selbstkonzept bzw. dem Selbstbild auf der einen und dem „organismischen"[19] , d. h. ursprünglichen, intuitiven und umfassenden Erleben und Erfahren („experience")

---

[19] Das rechte Verständnis des Terminus „Organismus" bei Rogers setzt die Rezeption lebensphilosophischer Positionen voraus. „Organismus" ist hier keine rein biologische Entität, sondern der alles, auch das psychische Sein umfassende Lebensgrund.

auf der anderen Seite (Rogers 1987 / ¹1959; Speierer 1990a, 1990b, 1994; Finke 1992). Dies bedeutet, daß wesentliche Aspekte dieses Erlebens von der Gewahrwerdung ausgeschlossen werden, um das Selbstkonzept aufrechterhalten zu können. Ist dieser Ausschluß komplett, wird auch die Inkongruenz selber nicht mehr bewußt erlebt. Sie wird andererseits als eine die Person kennzeichnende Reaktionsbereitschaft bzw. Störanfälligkeit habituell. Eine solche Person lebt also im Status einer Verschlossenheit gegen sich selbst. Ein Leidensdruck entsteht aber erst, wenn diese Verschlossenheit zumindest partiell aufgehoben, d. h. die Inkongruenz nicht mehr voll verleugnet werden kann.

Durch ein aktuelles Lebensereignis, oft ein Beziehungskonflikt, wird das organismische Erleben in einer Weise aktiviert, daß die Wahrnehmungsblockade nicht mehr voll aufrechterhalten werden kann. Auf die hierdurch bedingte Bedrohung seines Selbstkonzeptes reagiert das Individuum mit Angst und Desorganisation. (Hier besteht eine Analogie zu Freuds Konzept der Signalangst.) Die Inkongruenz ist also als ein Prozeßkontinuum zu denken (Rogers 1973b/¹1961). An dem einen Ende dieses Kontinuums ist die Wahrnehmungsabwehr so perfekt, daß die Konfliktspannung gewissermaßen eingefroren ist. Am anderen Ende besteht ein Konflikterleben, der Konflikt ist nahzu bewußt. Das Erleben dieses Konfliktes bedeutet einen quälenden Zustand, denn es besteht in jedem Individuum ein Bedürfnis nach Geschlossenheit des Selbstsystems und nach interner Konsistenz[20] (Epstein 1984). Dieser quälende Zustand kann als Angst oder Depressivität erlebt werden. Das Auftreten von Symptomen zeigt also, daß unter dem Eindruck andrängender aktueller Erfahrungen Inkongruenzen nicht mehr absolut verleugnet werden können. Das Symptom kann das Leiden an dieser Inkongruenz bzw. dem aus ihr hervorgehenden Konflikt und an der damit verbundenen Erschütterung des Selbstkonzeptes ganz unmittelbar spiegeln, es kann aber auch, wie z. B. bei irrationalen Ängsten, etwa der Agoraphobie, eine „verzerrte Symoblisierung" (Rogers 1987 / ¹1959) der eigentlichen, das Selbstkonzept bedrohenden Erfahrung darstellen. Das Symptom ist also das Ergebnis des Bewältigungsversuches der Konfliktspannung.

Es wird hier unterschieden zwischen Inkongruenz und Konflikt, um den Beginn der Krankheit bei Einsetzen der quälenden Konfliktspannung deutlich zu machen. Diese Unterscheidung wird im Folgenden, wenn es nicht um so spezifische Fragen wie die der Symptomentstehung geht, nicht immer ausdrücklich vorgenommen. Es schien dann zulässig, von Konflikt und Inkongruenz in einem synonymen Sinne zu sprechen, da es sich ja nur um unterschiedliche Stadien des gleichen Grundpänomens handelt.

Unmittelbar einsichtig dürfte sein, daß aus der Inkongruenz auch eine Stagnation der Selbstentfaltung und eine Einschränkung der personalen Freiheit resultiert. In der angstvollen Abwehr der ganzheitlichen Erfahrung und des ursprünglichen Erlebens kann sich das Individuum eben mit dieser Erfahrung nicht mehr konstruktiv auseinandersetzen. Die Folge der Inkongruenz ist auch

---

[20] Dieses Konsistenz- oder Kongruenzbedüfnis dürfte allerdings nicht nur individuell, sondern auch kulturell unterschiedlich sein, was auch therapeutische Konsequenzen haben kann (Pfeiffer 1989b).

eine Verschlossenheit nach außen, d. h. gegenüber der Erfahrung von Welt, was oft gleichbedeutend ist mit der Ausbildung einer Kontakt- und Beziehungsstörung. Die im Falle der Inkongruenz große Angst vor den Erfahrungen mit den verschiedenen Aspekten des eigenen Selbst führt auch zu einer angstvollen Kontaktabwehr oder Kontakteinschränkung mit anderen, denn das volle Sicheinlassen auf die Beziehung zu anderen könnte gerade gefürchtete Aspekte des eigenen Selbst zur Gewahrwerdung bringen. Andererseits hat aber die Inkongruenz nicht nur eine Beziehungsstörung zur Folge, sondern sie wird durch (auch noch im Leben des Erwachsenen) bestimmte konflikthafte Beziehungen verstärkt und natürlich durch frühe Beziehungsstörungen (s.u.) erst geschaffen.

Die Inkongruenz bedeutet zunächst eine Störung des Zwiegespräches mit sich selbst. Dieses Zwiegespräch, dieser „innere Dialog" ist aber deshalb nicht primär solipsistisch zu sehen, weil das Individuum im ständigen Austausch mit der Umwelt steht. Die Umwelt beeinflußt den „inneren Dialog", wie auch umgekehrt eine Störung dieses inneren Zwiegespräches zu einer Störung des „äußeren" Dialoges, also zu einer Beziehungsstörung führt (Pfeiffer 1991a). Demzufolge ist psychisches Kranksein nicht nur individual-, sondern immer auch sozialpsychologisch zu verstehen.

Lebensgeschichtliche Genese der Inkongruenz

Rogers (1987 / [1]1959) hat deutlich beschrieben, wie die Inkongruenz zwischen Selbstkonzept und ganzheitlicher Erfahrung entsteht: das Kind erlebt bestimmte Forderungen seiner Eltern, bestimmte Ge- und Verbote als unvereinbar mit seinen eigenen Bedürfnissen. Um die Liebe, Zuwendung und Bestätigung der Eltern und auch die innere Harmonie zu erhalten, identifiziert es sich mehr und mehr mit deren Forderungen und Wünschen. Die eigenen Bedürfnisse werden dann zunehmend als Gefahr für diese Bestätigung und Zuwendung garantierende Identifikationsleistung erlebt. Dabei ist natürlich der Einfluß von Eltern vorausgesetzt, die diese Bedürfnisse des Kindes wenig achten bzw. die die dem Kind eigenen Aktualisierungstendenzen kaum wahrnehmen, geschweige denn wertschätzen. Die Formen solcher Mißachtung können natürlich sowohl in ihrer Motivation, in ihrer Ausgestaltung wie in ihrer Auswirkung sehr unterschiedlich sein. Sie sind in jedem Fall als pathogenes Beziehungsangebot zu charakterisieren. Idealtypisch lassen sich, gewissermaßen als Negativfiguren der bekannten drei therapeutischen Grundhaltungen, folgende pathogene, elterliche Beziehungsangebote unterscheiden (Graessner 1990; Vossen 1993):

a) Mangelndes Akzeptieren bzw. Distanzieren der Bezugspersonen

Das Erleben, von den Eltern nicht wirklich anerkannt und geschätzt zu sein, schafft im Kind eine tiefgreifende Verunsicherung des Selbstwerterlebens und einen Mangel an Urvertrauen, der dann seinerseits die Beziehung des Kindes zu den Eltern sehr erschwert. Es ist gut einsehbar, daß die nun im Kind einsetzende Beziehungsstörung ihrerseits wieder negative Rückwirkungen auf das weitere Zuwendungsverhalten der Eltern hat. Es ist klar, daß eine solche Form der Beziehungsstörung besonders schwerwiegend ist, auch Vossen (1993) hat sie als die basalste und infolgedessen folgenreichste beschrieben.

b) Mangelnde Empathie bzw. Vereinnahmung durch die Bezugspersonen
Wenn Eltern sich trotz betonter Zuwendung wenig in ihr Kind einfühlen können, es wenig in seinem Wesen, in seiner Aktualisierungstendenz zu erfassen vermögen, ist oft das Bemühen zu beobachten, das Kind nach ihren Bedürfnissen und gewissermaßen nach ihrem Bilde zu formen. Solche Eltern sind nicht selten von außen gesehen ausgesprochen zugewandt und investieren sehr viel Energie in die Erziehung ihrer Kinder. Die Kinder dienen dabei aber oft als Substitut für Lebensträume der Eltern. Im Kinde selbst entsteht häufig ein sehr gruppenkonformes Selbstideal und ein sehr fremdbestimmtes Selbstbild, das Kind sieht sich mit den Augen der Eltern. Die Identifikation mit den Eltern ist hier also besonders weit vorangetrieben. Jedes Wahrnehmen von eigenen, d. h. von der Elternnorm abweichenden, Bedürfnissen wird sehr schuldhaft erlebt und so meist mehr oder weniger nachhaltig unterdrückt. („Wahrnehmungsverweigerung": Rogers 1987 / [1]1959).

c) Mangelnde Kongruenz bzw. Ambivalenz der Bezugspersonen
Wenn Eltern in ihrer Bezugsaufnahme sehr widersprüchlich und schillernd sind, oft Kommunikationsformen im Stile des double-bind zeigen, dann entsteht im Kind eine starke Unsicherheit in der Selbstbewertung. Es handelt sich hier häufig um Eltern mit starken, aber weitgehend verleugneten Selbstwertzweifeln, um Menschen, die sich in ihrer Elternrolle auch sehr unsicher fühlen und die Interaktion mit dem Kind oft als Bedrohung ihres eigenen Selbstkonzeptes erleben. Im Kind entsteht hierdurch ebenfalls eine starke Unsicherheit in der Selbstbewertung sowie eine starke Ambivalenz zwischen Autonomie- und Regressionstendenzen.

Zusammenhang von Inkongruenz, aktuellem Lebensereignis und Symptom

Die Krankheit meldet sich mit dem Symptom. Das Symptom ist in der Psychotherapie meist eine Störung des Erlebens oder Verhaltens, dessen Schwere bestimmt, ob vom Vorliegen einer Krankheit gesprochen werden kann (Faber u. Haarstrick 1989). Die Bewertung der Schwere eines oder mehrerer Symptome und damit die Zuschreibung von Krankheit ist natürlich auch kontextabhängig, d. h., sie ist mitbedingt durch konventionelle und gesellschaftliche Bewertungsmaßstäbe (Teusch 1993). So dürfte etwa in einer sog. Überflußgesellschaft schneller die Zuschreibung von Krankheit erfolgen als in einer Mangelgesellschaft. Allerdings ist hierbei auch zu bedenken, daß auf der anderen Seite die Ausgestaltung des Symptoms durch den Symptomträger ihrerseits wieder kontextabhängig ist, d. h. auf die Bewertungsmaßstäbe der Umgebung sich einstellt. So sind in unserer Gesellschaft bekanntlich die lärmenden, hysterischen Symptome der Jahrhundertwende ausgesprochen selten geworden.

Zur eigentlichen Krankheit kommt es, wenn durch die unabweisbare Erfahrung eines realen oder vorgestellten, jedoch aktuellen Beziehungsproblems die Ausblendung der Inkongruenz nicht mehr voll aufrechterhalten werden kann und das Selbstkonzept dadurch erschüttert wird, was gleichbedeutend ist mit der Ausbildung eines aktuellen Konflikterlebens. Dieses Erleben der drohenden Erschütterung des Selbstkonzeptes geht mit Angst einher. Über das Symptom, z. B. Agoraphobie, kann die Bewältigung dieses schmerzhaften Konfliktes und damit das Nichtgewahrwerden der Inkongruenz erreicht werden. Damit ist auch der Schutz des Selbstkonzeptes auf einer neuen Ebene gewährleistet. Wahrgenommen wird dann lediglich die Diskrepanz zwischen Symptom und Selbstkonzept („Warum habe ich nur diese komischen, unvernünftigen Ängste vor Spinnen oder leeren Straßen?").

Die Krankheit besteht also in einem Zusammenspiel von Inkongruenz und aktuellem Lebensereignis, das Ergebnis dieser Interaktion ist der aktuelle, intrapersonale Konflikt und sodann das Symptom. Dabei sind es oft ganz spezielle Ereignisse, die zum quälenden Erleben einer das Selbstkonzept bedrohenden Erfahrung und damit zum Konflikt führen können. Diese Ereignisse stehen in Korrespondenz zu den Besonderheiten der Inkongruenzkonstellation. So kann z. B. der beabsichtigte Auszug eines Heranwachsenden aus dem Elternhaus dann zu massiven Ängsten führen, wenn im Selbstkonzept dieses jungen Menschen starke Geborgenheitswünsche nur sehr verzerrt symbolisiert werden oder gar ganz aus der Wahrnehmung ausgeschlossen werden, weil sie dem Selbstideal widersprechen. Die beabsichtigte räumliche Trennung vom Elternhaus kann nun diese von der Wahrnehmung ausgeblendeten Wünsche aktualisieren und dadurch das Selbstideal bzw. das Selbstkonzept bedrohen.

Es entsteht eine starke Spannung (= Konflikt) zwischen Selbstkonzept und organismischer bzw. ganzheitlicher Erfahrung, die sich in Angst äußert. Diese Angst darf aber nicht als Angst vor Geborgenheitsverlust wahrgenommen werden, da sie dann ja das Selbstkonzept bedrohen würde. Diese Angst muß also verzerrt symbolisiert werden, etwa in Form von Ängsten um das richtige Funktionieren des Herzens, es entsteht, sehr verkürzt gesprochen und andere Aspekte unberücksichtigt gelassen, eine somatoforme Störung bzw. eine „Herzangstneurose". Das Symptom der Herzängste kann auch als ein Bewältigungsversuch zur Aufrechterhaltung des Selbstkonzeptes gesehen werden.

Diese Überlegungen sind nicht nur mit dem Grundansatz von Rogers vereinbar, sondern sie geben fast wörtlich seine störungstheoretischen Überlegungen wieder. So schreibt er (1987 / [1]1959): „Wenn Erfahrung offensichtlich vom Selbstkonzept abweicht, dann wird eine Abwehrreaktion gegen diese Bedrohung immer schwieriger. Angst ist dann die Antwort des Organismus auf die 'unterschwellige Wahrnehmung', eine solche Diskrepanz könnte gewahr werden und würde in der Folge eine Veränderung des Selbstkonzeptes erzwingen [...]. Das Stadium der Bedrohung entsteht, wenn eine Erfahrung wahrgenommen oder erwartet wird, die inkongruent mit der Selbststruktur ist [...]. Abwehrverhalten ist die Antwort des Organismus auf Bedrohung."

6. Diagnostik und Indikation

Die Bedeutung einer Diagnostik für die Indikationsstellung, die Therapieplanung, aber auch für die wissenschaftliche Forschung ist heute in der Gesprächspsychotherapie unbestritten. Das bedeutet nicht, daß das Problematische jedweder Diagnostik, mit dem sich vor allem Rogers auseinandergesetzt hat (1973a / [1]1951), völlig verleugnet würde. Hierüber soll am Ende dieses Kapitels noch die Rede sein. Die früheren Einwände von manchen Gesprächspsychotherapeuten bezogen sich vornehmlich auf eine bestimmte Art von Diagnostik, nämlich die sehr theoriegeleitete Klassifizierung von Persönlichkeitsstrukturen. Hiervon unberührt war immer etwa die differenzierende Diagnostik von Neurosen und Psychosen (Rogers u. Mitarb. 1967) und die empirienahe Klassifizierung nach der jeweiligen Leitsymptomatik, wie dies jetzt auch die in der Psychiatrie üblichen Diagnosesysteme (DMS-III-R und ICD-10) vorsehen. Von einer solchen Form von Diagnostik wird in der gesprächspsychotherapeutischen Psychotherapieforschung auch ganz selbstverständlich Gebrauch gemacht (Tausch 1970; Minsel 1974; Bommert 1977; Speierer 1979, 1980, 1994; Teusch 1991). In diesem Zusammenhang ist auch der Hinweis wichtig, daß Rogers (1973b / [1]1961) über diese Art der Diagnostik hinausgegangen ist. Mit seiner sog. siebenstufigen Prozeßskala legte er ein Klassifizierungssystem unterschiedlicher Stadien von Wahrnehmungseinengung und Rigidität vor. Man könnte dies auch als Klassifizierung unterschiedlicher Abwerdstadien definieren, es würde sich dann um eine Art Abwehrdiagnostik handeln.

Die Ebenen der Diagnostik

Bei der Diagnostik in der Psychotherapie sind zu unterscheiden die Ebene und die Funktion der Diagnostik. Teusch (1993) hat für die Gesprächspsychotherapie vier diagnostische Ebenen herausgestellt:
- **Die Ebene der Leitsymptomatik**
  Diese Ebene entspricht der schon genannten Klassifizierung der modernen Diagnoseinventare. Diese gestatten eine empirienahe, weitgehend theoriefreie Zuordnung.
- **Die Ebene der verfahrensspezifischen Störungstheorie**
  Hier ist das theoretische Modell angesprochen, auf dessen Hintergrund und in dessen Begrifflichkeit die verschiedenen pathogenetischen Faktoren hinsichtlichen ihrer ursächlichen Bedeutsamkeit und ihres gegenseitigen Zusammenwirkens herausgearbeitet werden. Als in diesem Sinne entscheidende Faktoren wurden bereits die neurotische Disposition bzw. die Inkongruenz, die Genese

dieser Inkongruenz und das aktuelle, zur Dekompensation der Disposition führende Lebensereignis beschrieben (s. Kap. „Krankheitslehre").

Bei verschiedenen Krankheitsbildern können spezifische Ausformungen der Inkongruenz beschrieben werden (Finke 1993a; Speierer 1994). Um auf die je nach Krankheit unterschiedliche akzentuierten Komponenten der Inkongruenz zu verweisen, wird im folgenden von Inkongruenzkonstellation bzw. Konfliktkonstelletion gesprochen.

Das Neurose-Modell der Gesprächspsychotherapie enthält auch Kategorien, die ein eher beschreibendes als erklärendes Erfassen der Persönlichkeit gestatten. Hier sind folgende Kategorien hervorzuheben:

- Das Selbstkonzept und die Beziehungserwartungen.

Das Selbstkonzept ist gewissermaßen die Summe aller Wahrnehmungen, Urteilsbildungen und emotionalen Bewertungen, die das Individuum in bezug auf sich selbst und seine Stellung zur Umwelt hat. Selbstbewertung und Beziehungserwartungen stehen in einem gegenseitigen Bedingungsverhältnis: Die Selbstbewertung prägt die Beziehungserwartungen und umgekehrt wirken sich Beziehungserfahrungen auf das Selbstbild aus. Des weiteren ist am Selbstkonzept zu unterscheiden das Selbstbild und das Selbstideal. Die Differenz zwischen diesen beiden Größen bzw. ihre Änderung wurde in der gesprächspsychotherapeutischen Psychotherapieforschung ein wichtiges Effektivitätskriterium.

- Der „Rigiditätsstatus"

Orientiert an der Beschreibung der sog. sieben Prozeßphasen von Rogers (1973b / ¹1961) ist das Ausmaß an Rigidität und innerpsychischen Wahrnehmungsblokaden darzulegen. Diese Beschreibung kann auch als ein Erfassen des jeweiligen Abwehrstatus verstanden werden, da die Rigidität Folge der „Wahrnehmungsverweigerung" (Rogers) des Organismischen" Erlebens und Erfahrens ist.

- **Die Ebene der Einstellung zur Krankheit, zur Psychotherapie, Leidensdruck und Änderungsbereitschaft**

Hier sind die Auseinandersetzung des Patienten mit seiner Krankheit, sein Krankheits- und Therapiekonzept (z. B. passive oder aktive Heilungserwartung) und seine Anspannungsbereitschaft bzw. Frustrationstoleranz zu beschreiben.

- **Die Ebene der testpsychologischen Untersuchung**

In der Gesprächspsychotherapie ist es gebräuchlich, vor und nach, evtl. auch während der Therapie vom Patienten standardisierte Fragebogen ausfüllen zu lassen. Diese Instrumente werden aber weniger zum Zwecke der Persönlichkeitsdiagnostik als der Kontrolle des Therapieverlaufs eingesetzt. Neben den bekannten Persönlichkeitsfragebögen (FPI, MMPI, Gießentest), die stärker invariante Merkmale erfassen, kommen Befindensfragebögen und sog. Therapiebegleitbögen (Eckert, Schwartz, Tausch 1977) zum Einsatz, in denen das aktuelle Erleben der jeweiligen Therapiesitzung festgehalten wird.

Funktionen der Diagnostik

Die Funktion der Diagnostik ist in der Klärung von prognostischen und Indikationsfragen zu sehen. Es ist z. B. zu entscheiden, ob überhaupt eine Behandlung und bejahendenfalls welche in Frage kommt. Aufgrund von anamnestischen Erhebungen und Beobachtungen unter den o.g. Kriterien muß der Therapeut die Frage beantworten, ob eine Psychotherapie und bejahendenfalls welche Form von Therapie angezeigt ist. Im letzteren Falle sind wieder eine Reihe Fragen zu klären: Kommt eher eine einsichtsorientierte oder eine verhaltenstherapeutische und übende Therapie in Frage, wenn einsichtsorientiert, dann eher konfliktzentriert-aufdeckend oder eher erlebnisreaktivierend oder stützend? Darüber hinaus muß die Frage beantwortet werden, ob solche Therapie eher im Einzel- oder im Gruppensetting stattfinden soll, ob eine Paartherapie oder eine Familientherapie angebracht ist.

Eine weitere Aufgabe der Diagnostik besteht in der Bestimmung des Therapiezieles. Zwar sind solche Ziele durch die Grundposition des jeweiligen Verfahrens meist weitgehend vorgegeben (s. Kap. 2 „Therapieziele der Gesprächspsychotherapie"), doch ist im Einzelfall immer zu entscheiden, wie weitgehend solche Zielsetzungen erreicht werden sollen, ob sich etwa Teilziele formulieren lassen, auf die man sich beschränkt und die dann auch das Kriterium für den Therapieerfolg abgeben. Insofern ist eine Funktion der Diagnostik auch darin zu sehen, Richtwerte für die Abschätzung des Therapieergebnisses bereitzustellen. Die Diagnostik insgesamt spielt eine wichtige Rolle bei der Reflexion des therapeutischen Handelns, beim Erstellen von Therapieplänen und bei Überlegungen zu einer störungsspezifischen, differentiellen Behandlungspraxis.

Problemseiten der Diagnostik

Die Anerkennung dieser vielfachen Bedeutsamkeit von Diagnostik macht andererseits die Bedenken von Rogers (1973a / [1]1951) in dieser Frage nicht schon völlig gegenstandslos. Die Überlegung, daß die Ansammlung von diagnostischem Wissen im Therapeuten Abhängigskeitstendenzen beim Patienten und eine Minderung seines Vertrauens in die Fähigkeit zur Selbsttherapie bewirken könnte, ist durchaus ernst zu nehmen.

Ein weiteres Bedenken von Rogers bestand in der Sorge, der Therapeut könne die Offenheit und Vorurteilsfreiheit seiner Sicht auf den Patienten verlieren, wenn er sich zu sehr auf eine bestimmte Beurteilung und Einordnung festlegen würde. Hier mag sich Rogers' individualistische Position zu Wort melden, die in der Fremdbeurteilung vorwiegend den entfremdenden und fremdbestimmenden Aspekt sieht. Allerdings kann das „Bildnis", in welchem der „Diagnostiker" den Patienten einzufangen versucht, durchaus eine sehr festlegende und damit auch beeinflussende Wirkung haben. In diesem Zusammenhang ist an die bekannte Redeweise von der sich selbst erfüllenden Prophezeiung und an das Ondit bei den Psychoanalytikern zu erinnern, daß der Patient schließlich so träume, wie es sein Analytiker von ihm erwartet. In seinem philosophischen

Hauptwerk „Das Sein und das Nichts" hat Sartre (1953) mit bewegenden Worten das Einengende und Festlegende des „diagnostischen" Blickens beschrieben: Der Blick („regard"), der den anderen zum Objekt seines Urteilens macht und ihn so auf bestimmte Eigenschaften, auf ein bestimmtes Sosein festnagelt, raubt ihm die Freiheit. Er schneidet ihm die Möglichkeit ab, auch ganz anders sein zu können.

Weil Urteile und zu festen Bildern geronnene Meinungen diese prägende Kraft haben können, ist es wichtig, daß der Therapeut sein diagnostisches Urteil immer wieder in der Schwebe hält, daß er sich immer bewußt bleibt, wie sehr dieses Urteil durch eigene Bedürfnisse und durch das Beziehungsangebot des Patienten mitbestimmt sein kann. Die Interpretation etwa eines Traumes oder einer biographischen Ereigniskette ist, so zeigte Ricœur (1974), nie im Sinne der Beobachtungswissenschaft absolut wahr oder falsch, sondern sie hat Gültigkeit nur innerhalb einer jeweils einmaligen therapeutischen Beziehung. Ihre „Wahrheit" muß zwischen Therapeut und Patient ausgehandelt werden, aber auch das Ergebnis eines solchen Konsenses darf nie den Charakter des endgültig Feststehenden annehmen, um nicht andere Möglichkeiten zu behindern.

Hier, wie auch an anderen Stellen, ergibt sich für den Therapeuten die Aufgabe, sich zwischen Gegensätzen zu bewegen. Er muß die Diagnostik bejahen und gleichzeitig ihre Gefahren sehen. Er muß seinen Patienten bedingungsfrei akzeptieren und wertschätzen und ihn doch auch konfrontierend auf seine Widersprüche hinweisen. Er muß sich teilhabend mit dem Patienten identifizieren und sich doch als ein realer anderer ihm gegenüber deutlich machen. Dieses angemessene Sichbewegen zwischen Polaritäten macht einen wesentlichen Teil psychotherapeutischer „Kunstfertigkeit" aus.

Indikation

Eine Indikationsstellung in der Psychotherapie vorzunehmen bedeutet, sich die folgende Frage vorzugeben: Welche Wirkung (welches Ziel) ist durch eine wie geartete Methode bei welchen Patienten, durch welche Therapeuten unter welchen Rahmenbedingungen zu erreichen? Die Formulierung dieser Frage macht deutlich, daß bei einer fundierten Antwort auf die Indikationsfrage viele Einflußgrößen zu berücksichtigen sind. Dabei sind bei den hier genannten Größen wiederum jeweils verschiedene „Teilgrößen" zu unterscheiden. So ist z. B. bei der Größe „Patient" zu fragen, ob die Leitsymptomatik, die Persönlichkeitsstruktur, demographische Merkmale (Alter, Geschlecht, Schichtzugehörigkeit) oder die Einstellung zur Therapie Ausgangspunkt der Indikationsüberlegungen sein sollten. Diese Vielfältigkeit der beteiligten Faktoren macht es so schwierig, unterschiedliche Indikationsaussagen miteinander zu vergleichen bzw. allgemeingültige (und geprüfte) Indikationsaussagen überhaupt zu treffen.

Viele der bisherigen Indikationsaussagen aus den Reihen der verschiedenen Therapieverfahren sind gar nicht oder nur unzureichend empirisch überprüft. Häufig wird nur aus den therapietheoretischen Prämissen eines Verfahrens rein deduktiv auf dessen Indikationsbereich geschlossen. Andererseits ist die empirische Indikationsforschung mit einer Fülle von methodischen Problemen belastet[21], so daß es äußerst schwierig ist, hier zu gültigen und zuverlässigen Feststellungen zu kommen.

Für die Gesprächspsychotherapie liegen schon einige empirische Indikationsuntersuchungen vor, deren Ergebnisse immerhin als Hinweise für folgende Trends zu werten sind (Tausch 1970; Minsel 1974; Sander 1975; Zielke 1979; Frohburg 1977; Bommert 1987):

Die Gesprächspsychotherapie ist besonders angezeigt bei
- Verstimmungsstörungen i.s. von Depressivität mit Niedergeschlagenheit, Unausgeglichenheit und allgemeiner Lebensunlust.
- Selbstunsicherheit, verbunden mit inneren Spannungen und Ängsten.
- Neigung zu sozialem Rückzug und intrapunitiver Konfliktverarbeitung, Introvertiertheit.
- Selbstunzufriedenheit mit „internalen Blockierungen", Leistungs- und Kontakthemmungen.

Insgesamt läßt sich, diese Ergebnisse zusammenfassend sagen, daß die Gesprächspsychotherapie (i.s. eines selektiven Indikationsmodells) in besonderer Weise bei psychischen Störungen indiziert ist, die mit depressiven und Angstsymptomen einhergehen. Dies gilt besonders für die Dysthymie und für die Angststörungen (ICD-10 F34.1 u. F40, F41). Einzubeziehen sind aber auch dissoziative (F44), somatophorme (F45) und bestimmte Persönlichkeitsstörungen (F6), wenn diese Krankheitsbilder mit einem gewissen Ausmaß an Selbstunzufriedenheit, Problembewußtsein, Introspektionsfähigkeit, Leidensdruck und Änderungsbereitschaft einhergehen (Speierer 1979, 1980, 1994).

Neben der Leitsymptomatik und der Persönlichkeitsstruktur ist ein wichtiges Indikationskriterium die Schwere der Störung, womit vor allem die Chronifizierung der Symptomatik und das Ausmaß der Beeinträchtigung der Persönlichkeit gemeint sind. Hierzu liegen noch wenig Ergebnisse vor. Meyer (1991; Meyer u. Wirth 1988) stellte bei seinen Psychotherapie-Vergleichsuntersuchungen (psychoanalytische Kurztherapie gegen Gesprächspsychotherapie) fest, daß die Psychoanalyse bei den „klassischen" Neurosen (auf „ödipalem Niveau"), die Gesprächspsychotherapie jedoch bei den sog. frühen Störungen (auf „präödipalem Niveau") überlegen war[22]. Ein altes Stereotyp, wonach die Gesprächspsychotherapie vorwiegend bei besonders leichten Störungen indiziert sei, wurde hier also widerlegt. Da dieses Stereotyp das Ergebnis von Ausdeutungen bestimmter therapietheoretischer Positionen darstellte, zeigt sich hier einmal mehr die Notwendigkeit empirischer Indikationsforschung.

Ein ganz anderes, aber für die Gesprächspsychotherapie bedeutsames Indikationskriterium ist das Ansprechen des Patienten auf die ersten Therapiesit-

---

[21] Ausführlich beschrieben in M. Zielke (1979) „Indikation zur Gesprächspsychotherapie".
[22] Bei dieser Studie ergab sich insgesamt, d. h. ohne Berücksichtigung der genannten Differenzierung, eine leichte Überlegenheit der Gesprächspsychotherapie gegenüber der psychoanalytisch orientierten Therapie. Bei einer Auswertung aller vorliegenden Studien ist aber nach Grawe et al. (1994) von etwa gleich günstigen Ergebnissen für beide Verfahren auszugehen.

zungen. Die Reaktionen des Patienten auf die Angebote des Therapeuten erwiesen sich als guter Prädikator für den Therapieerfolg (Zielke 1979; Biermann-Ratien, Eckert, Schwartz 1979; Speierer 1980). Die im Sinne der Therapietheorie positiven Reaktionen des Patienten (hohes Ausmaß an sog. Selbstexploration) in den ersten ein bis drei Sitzungen lassen ein gutes Therapieergebnis erwarten. Die entsprechenden Untersuchungen legen den Schluß nahe, daß das Indikationskriterium „Probetherapie" die höchste Vorhersagegenauigkeit hat.

Bisher wurde im Sinne eines selektiven Indikationsmodells gefragt, welche Patienten sich für eine Gesprächspsychotherapie eignen. Bei dem adaptiven Indikationsmodell (Zielke 1979) steht die Frage im Vordergrund, wie ein Verfahren hinsichtlich verschiedener Merkmale modifiziert werden muß, um dem jeweiligen Patienten gerecht zu werden. Diese Merkmale sind z. B. die Dauer der Therapie, die Frequenz und die Länge der Sitzungen, die Rahmenbedingungen der Sitzung und die Behandlungstechnik. In der vorliegenden Schrift soll es vor allem um die Explizierung dieses letztgenannten Merkmals, d. h. um die Frage gehen, welche Aspekte gesprächspsychotherapeutischer Behandlungsprinzipien bei welchen Erkrankungsformen besonders wichtig sind. Daraus ergibt sich, daß die gesprächspsychotherapeutische Methode nicht als ein stets gleichbleibendes, uniformes Vorgehen verstanden werden kann, sondern daß hier, der therapeutischen Situation und dem Verhalten des Patienten entsprechend, sehr spezifische Interventionen zum Einsatz kommen.

7. Gesprächspsychotherapie verschiedener Erkrankungen

Im folgenden soll beispielhaft an vier verschiedenen Krankheitsbildern die gesprächspsychotherapeutische Behandlungspraxis dargestellt werden. Die hier getroffene Auswahl besagt nicht, daß andere Störungen für die Gesprächspsychotherapie weniger geeignet wären. Es ist zu zeigen, daß die gesprächspsychotherapeutischen Therapieprinzipien bei unterschiedlichen Erkrankungen unterschiedliche Bedeutungen haben und so auch zu einer unterschiedlichen Therapietechnik führen.

Eine differenzierende Therapietechnik bzw. ein störungsspezifisches Vorgehen war früher aus sehr grundsätzlichen Überlegungen in der Gesprächspsychotherapie umstritten. Dieser Streit zwischen den „Humanisten" und den „Technikern" in der Gesprächspsychotherapie dürfte überwunden sein: Die ersteren, zu denen man auch Rogers selbst rechnen muß, waren der Meinung, daß eine Psychotherapie, die nicht nur vordergründige Verhaltenskorrekturen anzielt, sich an ein „Humanum", einen allgemein menschlichen Wesenskern wenden müsse, um das Individuum in einem wirklich tiefen Sinne für sich selbst frei zu machen. Da dieses Humanum das alle Menschen verbindende Gemeinsame ist, müßte das therapeutische Angebot im Prinzip auch uniform sein.

Die „Techniker" (z. B. Sachse u. Maus 1991; Sachse 1992; Tscheulin 1992; Swildens 1991; Teusch 1990; Speierer 1993, 1994; Finke 1993a) hingegen sind in der Regel erstens in ihrem Therapieziel bescheidener und vertreten zweitens die Meinung, daß dieses Humanum sich zumindest hinsichtlich klinisch wichtiger Aspekte bei unterschiedlichen Erkrankungen unterschiedlich äußert und daß auch der therapeutische Zugang diesen Unterschieden Rechnung tragen muß. Diese Position wurde auch schon früh den „Humanisten" entgegengehalten (Kiesler 1966). Auch die Transkripte der von Rogers selbst geführten Therapiegespräche zeigen, daß er sein Vorgehen sehr wohl unterschiedlichen Situationen sehr differenziert anzupassen vermochte (Rogers 1977 / [1]1974), wie schon sein Mitarbeiter Truax nachwies (1966). So kann unterstellt werden, daß Rogers sehr wohl eine zumindest situationsspezifische Technik einsetzte, die er lediglich nicht explizit als solche beschrieben hat. Über die Gründe dieser Zurückhaltung wurden schon oben Vermutungen angestellt.

Heute hat sich die Auffassung durchgesetzt, daß eine „humanistische" Grundhaltung mit dem Einsatz einer differentiellen Behandlungstechnik vereinbar und insofern der o.g. Gegensatz überwunden ist. Auf die Bedeutung einer differentiell einzusetzenden Technik weisen auch die vergleichenden Auswertungen der Therapiestudien verschiedenster Verfahren hin (Grawe et al. 1994).

Eine empirische Überprüfung der differentiellen Wirksamkeit verschiedener Interventionsformen steht allerdings in den Anfängen (Eckert u. Mitarb.

1990; Sachse 1992; Tscheulin 1992). Das im Folgenden aufgezeigte krankheits- bzw. störungsspezifische Vorgehen ist jeweils an einem Idealtypus von Störung ausgerichtet. Idealtypen sind nicht empirisch gewonne, sondern aus Anlaß besonders prägnanter Einzelfälle konstruierte Kategorien (Jaspers 1959). Diese Idealtypen sollen dem Versuch, die Wirklichkeit des konkreten Patienten zu erfassen, Leitlinien vorgeben. An diesen kann sich das reflektierende Betrachten zwar orientieren, es wird sie im konkreten Einzelfall jedoch oft überschreiten. Dies gilt auch für das therapeutische Vorgehen: Es wird sich zunächst an relativ globalen diagnostischen Kategorien, eben den o.g. Leitlinien, orientieren, um sich dann im Laufe der Therapie immer präziser den spezifischen Notwendigkeiten des Patienten und den Besonderheiten der therapeutischen Situation anzupassen.

Leitende Begriffe für die Beschreibung eines jeweiligen Typus sind hier das *Selbstkonzept*, das *Beziehungsangebot* und die *Inkongruenzkonstellation*. Diese Begriffe sollen gewissermaßen das „Operationsfeld" für das therapeutische Intervenieren markieren und sie stellen damit die Verbindung von Krankheitstheorie und Behandlungspraxis her. Je ausgeprägter die Störung ist, desto einheitlicher scheint bei verschiedenen Patienten die Thematik dieser drei Beschreibungsgrößen zu sein (Speierer 1994). Insofern dürfte die dem jeweiligen Störungsbild zugeordnete, typisierende Darstellung dieser Größen gerechtfertigt sein. Das hier vorgestellte differentialtherapeutische Vorgehen ist so nicht empirisch überprüft. Es gibt aber zumindest in Einzelaspekten aus der Psychotherapieforschung Hinweise für seine Berechtigung (Teusch 1990b; Sachse 1992; Tscheulin 1992; Grawe et al. 1994)

Die Depression

Diagnostik und Indikation

Die neuen Klassifikationssysteme sehen nicht mehr die Unterscheidung von neurotischer und endogener Depression vor. In dem Versuch, den Indikationsbereich hier einzugrenzen, sind nach der ICD-10 folgende Störungsformen zu nennen, bei denen Gesprächspsychotherapie eingesetzt werden kann: Dysthymie (F34.1), leichte und mittelgradige depressive Episoden einschließlich rezidivierender Episoden (F32.0, F32.1 u. F33.0, F33.1). Für die Indikationsstellung ist bedeutsam, daß sich ein Bezug der Depressivität zu Lebensereignissen herstellen läßt, eine Inkongruenzproblematik vorliegt und der Patient möglichst auch unter einem Konflikterleben leidet. Der Indikationsbereich umfaßt vor allem jene Störungsbilder, die i. S. der alten Diagnostik als depressive Reaktion und neurotische Depression (ICD-9 300.4) bezeichnet wurden.

Die depressive Symptomatik und ihre intrapsychischen Verarbeitungsweisen, insbesondere die typische Inkongruenzkonstellation Depressiver, lassen diese Störungsformen als eines der wichtigsten Indikationsgebiete der Gesprächspsychotherapie erscheinen. Manche Positionen der gesprächspsychotherapeutischen Störungs- und Therapietheorie scheinen geradezu auf die Problematik des

Depressiven zugeschnitten zu sein. Speierer (1979, 1994) und Böhme et al. (1994) konnten empirische Befunde für die Wirksamkeit der Gesprächspsychotherapie gerade in diesem Bereich vorlegen. Auch wurde die Anwendung der Gesprächspsychotherapie auf diesem Gebiet bereits mehrfach beschrieben (Raskin 1986; Elliot 1990; Swildens 1991; Binder u. Binder 1991; Finke 1991, 1993c).

Selbstkonzept, Beziehungsangebot und Inkongruenzkonstellation

Hier soll beschrieben werden, wie der depressive Patient zu sich selbst Stellung nimmt, wie er sein Verhältnis zu den anderen sieht und wie er auch aufgrund seines Beziehungsverhaltens auf die anderen wirkt. Aufgrund dieser Angaben lassen sich dann auch Schlußfolgerungen über die Art und die Konstellation der Inkongruenz erstellen. Die Behandlungspraxis hat dann auf die spezifische Ausformung dieser Merkmale Bezug zu nehmen.

Der Depressive schildert Symptome wie bedrückte Stimmung, Interesse und Antriebslosigkeit, Konzentrations- und Entscheidungsschwierigkeiten sowie Schlaf und Appetitstörungen. Diese Schilderungen werden aber typischerweise in einem Kontext gegeben, in der das Verhältnis des Depressiven zu sich selbst wie zu den anderen wie folgt erscheinen läßt:
– Der Depressive hat ein negatives Selbstbild, ist übertrieben selbstkritisch, fühlt sich minderwertig und scheint sich stets auf dem Hintergrund eines überhöhten Selbstideals zu bewerten. Dieses, meist unrealistisch hohe Selbstideal gibt seinem Denken und Entscheiden einen tiefen, aber oft auch düsteren Lebensernst.
– In seinen Beziehungserwartungen sieht sich der Depressive sehr vom Zuspruch und der Anerkennung anderer abhängig. Er sieht diese anderen oft als ihm überlegen und scheint ständige Kritik von ihnen zu erwarten. Sein Beziehungsangebot ist aber dennoch geprägt von der unausgesprochenen Forderung nach Zuwendung und Verwöhnung. Aus Konfliktscheu und Harmoniestreben kann er sich nicht abgrenzen. Um der befürchteten Kritik und Mißachtung zu entgehen, versucht er, sich ständig anzupassen. Im Gegenüber ruft der Depressive aufgrund seiner drängenden Klagsamkeit oft Irritation und auch Ärger hervor.
– Die Neigung, sich selbst abzuwerten, wirkt wie ein verbissener Kampf gegen sich selbst. In den häufigen, fast vorwurfsvollen Klagen, daß die anderen ihn nicht verstehen würden, liegt aber auch etwas von Verbitterung und Ärger gegen die Bezugspersonen. Diesen Ärger kann sich der Depressive jedoch selten selber eingestehen. Wird er ihm deutlich, ruft er oft Schuldgefühle bei ihm hervor.

Diese drei Charakteristika, die große Diskrepanz zwischen hohem Selbstideal und negativem Selbstbild, die Abhängigkeit von anderen und die Selbst- wie Fremddestruktion, sind oft beschrieben worden, und zwar sowohl von psychoanalytischer (z. B. Benedetti 1988; Hoffmann 1979; Slipp 1986) wie von gesprächspsychotherapeutischer Seite (Raskin 1986; Swildens 1991; Binder u. Binder 1991; Speierer 1994).

Diese drei Charakteristika stehen nach dem Störungs-Konzept der Gesprächspsychotherapie in einem gegenseitigen Bedingungsverhältnis. Der zentrale, erklärende Faktor ist der intrapersonale Konflikt bzw. die Inkongruenz. Je nach der unterschiedlichen Ausprägung der einzelnen Merkmale ergibt sich jeweils eine andere Konstellation dieses Konfliktgeschehens. Aus der schon bei Depressiven als typisch herausgestellten Diskrepanz zwischen Selbstbild und Selbstideal resultiert das starke Bedürfnis nach Anerkennung und Stützung des Selbstwertgefühls durch andere Personen. Denn das Selbstideal ist ein ausgesprochen auf Sozialität, Selbstlosigkeit und Harmonie ausgerichtetes. Abgewehrt werden müssen demzufolge Tendenzen von Autonomie, Abgrenzung und selbstbehauptender Individualität. Solche Bedürfnisse müssen, und hierin besteht die Inkongruenz, ständig niedergehalten werden, um das Selbstkonzept, insbesondere das Selbstideal, nicht zu gefährden. Lebensereignisse, die solche Autonomietendenzen herausfordern wie etwa die Möglichkeit eines erheblichen beruflichen Aufstiegs oder die Erkrankung des Partners, führen dann zu akuten Konfliktspannungen und damit zum Auftreten der Symptomatik bzw. der Erkrankung.

An der Entstehung dieser Inkongruenzkonstellation kann der Einfluß von Eltern beteiligt sein, die ihr Kind widersprüchlichen Botschaften aussetzten. Sie feuerten z. B. das Kind einerseits zur Leistung an, um insgeheim doch mit ihm zu rivalisieren („Du sollst sehr tüchtig sein, aber darfst nie besser sein als ich"). Oder aber der maßgebliche Elternteil war seinerseits depressiv strukturiert und postulierte einerseits hohe Ideale, lebte aber andererseits dem Kind die Unerreichbarkeit solcher Ideale gewissermaßen beispielhaft vor.

Behandlungspraxis

Bedingungsfreies Akzeptieren

Die Anwendung des Therapieprinzips *Bedingungsfreies Akzeptieren* soll dem schon genannten Bedürfnis nach Anerkennung und Angenommenwerden des Depressiven entsprechen. Es ist generell für die Behandlung dieser Patienten wichtig und muß deshalb auch der Hintergrund für alle weiteren Interventionen sein.

Die Anwendung dieses Prinzips zeigt sich einmal in der geduldigen Bereitschaft, das Symptom, d. h. die Bedrücktheit und das Gefühl der Aussichtslosigkeit, als solches anzunehmen und anzuerkennen. Der Therapeut muß mit immer wieder neuer Geduld den Patienten durch die düstere Welt seiner Hoffnungslosigkeit begleiten. Hierdurch bringt der Therapeut auch seine Solidarität mit dem Patienten zum Ausdruck. Behandlungstechnisch bedient er sich dabei vor allem des einfühlsamen Spiegelns in Form des wiederholenden und konkretisierenden Verstehens. Ein solches Vorgehen ist allerdings bei sehr ausgeprägter, tiefer Depressivität nicht angezeigt. Auch im folgenden sind so schwere Krankheitsbilder nicht gemeint.

Wichtig ist, daß der Therapeut sein Mitfühlen, sein Engagement und auch seine Sorge um den Patienten direkt zum Ausdruck bringt. Ebenso kann es in bestimmten therapeutischen Situationen bedeutsam sein, daß der Therapeut

Leistungen des Patienten hervorhebt oder bestimmte Verhaltensweisen des Patienten lobt, also stützend wirkt.

Hinsichtlich der Forderung eines ebenso geduldigen wie einfühlsamen Spiegelns der düsteren Gedanken des Patienten ist wohl zu sagen, daß manche Therapeuten hier die Befürchtung haben könnten, dadurch den Patienten noch tiefer in seine Depressivität hineinzustoßen. Sie neigen dann dazu, dem Patienten das Unbegründete der Hoffnungslosigkeit nachzuweisen oder ihm sonstwie seine „trübe Stimmung" auszureden. Diese Art des Trostes und des aufmunternden Zuspruches wird der Patient aber oft als ein Bagatellisieren, ein Nicht-ernst-Nehmen erleben. Er wird sich von seinem Therapeuten wenig verstanden und angenommen fühlen. Dieser Eindruck des Patienten dürfte häufig auch gar nicht so unrichtig sein. Denn es sind nicht selten die inneren Ängste und die dadurch bedingten Widerstände des Therapeuten selbst, die ihn zu einem solchen Verhalten veranlassen. Der Therapeut hat seinerseits möglicherweise eine untergründige Angst, in den Sog der depressiven Welt des Patienten hineingezogen zu werden, und kommt dann in die Gefahr, diese Ängste vor einer Gefühlsansteckung durch ein aufmunterndes Schulterklopfen abzuwehren.

Eine weitere Gefahr bei der Behandlung von Depressiven besteht darin, daß der Patient allzusehr abhängig wird von der Akzeptation seines Therapeuten und daß dies der gewünschten Autonomieentwicklung im Wege steht. Im ersten Stadium der Therapie muß der Therapeut allerdings eine solche Abhängigkeit und ein damit verbundenes Geborgenheitserleben des Patienten zulassen. In den späteren Therapiestadien sollte er jedoch zunehmend Autonomietendenzen ansprechen und bestärken. Behandlungstechnisch bietet sich hier vor allem die Interventionsform des Beziehungsklärens an. Dies soll weiter unten verdeutlicht werden.

Eine Schwierigkeit bei der Anwendung dieses Behandlungsprinzips besteht in der ambivalenten Einstellung vieler Depressiver gegenüber dem Bemühen um Akzeptation anderer. Einerseits wünschen sie sich nachdrücklich ein solches Angenommenwerden, andererseits müssen sie es abwehren, da sie das Gefühl haben, es nicht verdient zu haben und da es ihnen so Schuldgefühle macht. Der Therapeut muß im fortgeschrittenen Therapiestadium genau diesen Sachverhalt immer wieder ansprechen und darf sich ansonsten in seiner Bereitschaft zum Akzeptieren nicht beirren lassen.

Einfühlendes Verstehen

Auf die Notwendigkeit eines geduldigen Widerspiegelns der negativen Denk- und Erlebnisweisen des Patienten wurde oben schon hingewiesen. Im *Einfühlenden Wiederholen* der Äußerungen des Patienten und im konkretisierenden Herausarbeiten mancher Umstände und Details seiner Aussagen vollzieht der Therapeut ein inneres Begleiten des Patienten. Durch das deutliche Bemühen, die Nöte und Qualen des Patienten mitzuvollziehen, kann der Therapeut dem Patienten das Gefühl vermitteln, daß er auch bereit ist, sie ein Stück weit mitzutragen. Gleichzeitig kann der Therapeut durch das einfühlende und umakzentuierende Wiederholen der Patientenäußerungen manche Aspekte dieser Äußerungen verdeutlichen und zum Teil auch in einen anderen Kontext stellen, so daß der Patient herausgefordert wird, sich mit seinen eigenen Gedanken und Gefühlen konstruktiv auseinanderzusetzen.

Durch das *Selbstkonzeptbezogene Verstehen* soll dem Patienten dann noch ausdrücklicher eine Auseinandersetzung mit seinem negativen Selbstbild und seinem überhöhten Selbstideal ermöglicht werden. Denn der Therapeut appelliert durch die Art seiner Formulierungen an die stellungnehmende, kritische Bewertungsinstanz des Patienten, wenn er seine Aussage einleitet mit: „*Sie* meinen also…"; „*Sie* haben also den Eindruck…"; „*Sie* sind unzufrieden, daß…" Durch diesen ausdrücklichen Bezug auf eine gewichtende und urteilende Instanz im Patienten wird er aufgefordert, eben diese Instanz auch in Frage zu stellen bzw. sich mit ihr auseinanderzusetzen. Das folgende Beispiel soll dies verdeutlichen.

Ein 45jähriger Ingenieur, der als Amtsleiter in einem Städtischen Bauamt tätig ist, wird depressiv, als er sich um die Stelle des freigewordenen Dezernentenpostens bewirbt und sich dabei in Konkurrenz zu einem jüngeren und, wie er meint, gewandteren und sozial geschickteren Kollegen befindet. Der Patient war unter dem prägenden Einfluß einer dominanten, ehrgeizigen Mutter aufgewachsen, die einerseits hohe Leistungen von ihm erwartete, ihn andererseits durch ständige Kritik verunsicherte. Er hat sich in seinem Selbstkonzept als sehr auf beruflichen Erfolg angewiesen definiert, darf aber andererseits nie zufrieden sein mit dem, was er an Leistung bereits erbracht hat. In seiner Kontaktfähigkeit, vor allem der berufsbezogenen, empfindet er sich als ungelenk. Es besteht ein hohes Selbstideal hinsichtlich dessen, was an beruflichem Aufstieg zu erbringen ist. Das führte dazu, daß er sich ständig unter Druck setzte, um diesem Ideal entsprechen zu können. Gleichzeitig ist er von Zweifeln an seiner diesbezüglichen Leistungsfähigkeit erfüllt.

Pat.: „Es war eben eine falsche Entscheidung, daß ich mich überhaupt um diese Stelle beworben habe. Dadurch kam alles in Gang."
Th.: „Sie quälen sich mit Vorwürfen, daß sie da zu hoch gegriffen haben"
Pat.: „Ich denke, so was müßte man doch einfach schaffen. Aber vielleicht hätte ich mich auch bescheiden sollen, dann wär' das alles nicht in Gang gekommen."
Th.: „Das machen Sie sich jetzt zum Vorwurf, daß Sie da zu ehrgeizig waren."
Pat.: „Vielleicht zu ehrgeizig. Ich hätte mir viel Aufregung und Ärger erspart."
Th.: „Es wäre alles für Sie viel einfacher gewesen, hätten Sie sich gesagt: ‚Laß' die anderen sich doch abstrampeln. Ich bin zufrieden mit dem, was ich hab'"."
Pat.: „Ja, das wär' wohl so, das wär' wohl so. Aber das ist es ja, das schaffe ich eben nicht. Ich denke eben immer, ich müßte mehr aus mir machen."
Th.: „Irgendwas hindert Sie daran, mit dem, was Sie schon alles erreicht haben, zufrieden zu sein."
Pat.: „Ja, man müßte zufriedener sein. Ich denk' immer: ‚Du kannst doch mehr aus dir machen, wenn du nur wirklich willst'. Also ich kann mir noch gar nicht vorstellen, mit dem, was ich jetzt erreicht habe, alt zu werden."
Th.: „So eine innere Stimme läßt Sie nicht zur Ruhe kommen. Die sagt Ihnen, wenn Sie gerade was erreicht haben: ‚Streng' Dich an, Du kannst noch mehr'!"

Pat.: „Es ist schon so, daß ich mich immer frage, warum ich mich jetzt eigentlich zufrieden geben soll, so einfach zurücklehnen sollte, die anderen tun das doch auch nicht und was die anderen können, das solltest Du doch auch schaffen."

Th.: „Es treibt Sie dann weiter und weiter. Nur in diesem ‚immer mehr' können Sie sich richtig akzeptieren."

Pat.: „Ja, richtig zufrieden bin ich nur mit mir, wenn ich merke, daß es weiter aufwärts geht."

Th.: „Da gehen Sie eigentlich ziemlich rücksichtslos mit sich um. Nur wenn Sie sich ständig vorwärts quälen, haben Sie keine Schuldgefühle."

Hier kreist also die Auseinandersetzung um das Selbstideal des Patienten. Die verschiedenen Facetten des Leistungsdrucks, der selbstquälerischen Anforderungen, unter die sich der Patient immer wieder stellt, sollen verdeutlicht werden. Das Gespräch müßte jetzt in folgende Richtungen weitergehen. Einmal müßte das negative Selbstbild noch ausführlicher zur Sprache kommen, die Neigung des Patienten, sich selbst immer wieder abzuwerten, Zweifel an der bereits erreichten Leistung zu hegen. Eine weitere Richtung der therapeutischen Arbeit würde natürlich auch den Hinweis auf biographische Zusammenhänge betreffen. Hier käme es darauf auf, Szenen aus der Kindheit, insbesondere die tiefen Kränkungen durch die ständig kritisierende Mutter und die kindliche, mit Zorn vermischte Ohnmacht nacherleben zu lassen.

Zum anderen müßte, im *Organismusbezogenen Verstehen*, neben dieser selbstquälerischen, selbstaggressiven Komponente die bisher nur in Ansätzen spürbare fremdaggressive deutlich werden. Das Therapieziel müßte hierbei darin bestehen, die Selbstdestruktivität gewissermaßen ein Stück weit in Fremdaggressivität zu überführen. Hierüber könnte sich der Patient dann vom Zuspruch und der Anerkennung der anderen unabhängig machen und so zu mehr Autonomie finden. Das Verfolgen dieses Therapiezieles, also im Erspüren der Fremdaggressivität gewissermaßen die zerstörte Verbindung des Patienten zu seiner organismischen Erfahrung wieder herzustellen, kann durchaus problematisch werden. Der Depressive könnte das Äußern von Aggressionen gegenüber einer für ihn wichtigen, vielleicht der wichtigsten Bezugsperson als Zerstörung dieser Beziehung erleben. Die Situation würde noch komplizierter, wenn er sich hierzu auch noch vom Therapeuten angetrieben fühlt. Schon deshalb scheint es viel günstiger, wenn der Patient Fremdaggressivität zunächst gegenüber der Person seines Therapeuten erleben und verbalisieren kann und hier die Erfahrung macht, daß das Äußern von Aggressivität nicht gleichbedeutend ist mit der Zerstörung einer Beziehung, sondern daß die Beziehung sogar hierdurch vertieft werden kann. Deshalb erscheint es angezeigt, dieser therapeutischen Aufgabe, nämlich die Umlenkung der Aggressivität von innen nach außen, vorzugsweise über die Technik des *Beziehungsklärens* zu verfolgen.

Die folgenden Interventionsformen setzen, dies dürfte selbstverständlich sein, voraus, daß der Patient sich nicht oder nicht mehr in einem Zustand ausgeprägter Depressivität befindet.

Echtheit

Das *Beziehungsklären* ist eine aus dem Therapieprinzip Echtheit abzuleitende Interventionskategorie und hat in der Therapie von Depressiven, im Gegensatz zum *Konfrontieren*, eine besondere Bedeutung, weil hier am unmittelbarsten die Destruktionsneigung des Depressiven bearbeitet werden kann. Als Selbstdestruktion äußert sich diese in quälerischer Selbstabwertung, als Fremddestruktion in einer oft stillen Vorwurfshaltung, daß der andere sich nicht genügend um ihn, den Patienten, kümmere bzw. es mit seinem Engagement nicht wirklich ehrlich meine und so fort. Diesen Beziehungsaspekt der Destruktionsneigung des Depressiven gilt es im Beziehungsklären zu verdeutlichen. Bei dem o.g. Ingenieur war dieser fremdaggressive Aspekt in der therapeutischen Beziehung allerdings insgesamt weniger faßbar, in den späteren Sitzungen deutete er sich wie folgt an:

Pat.: „Meine Frau ist mit all ihren ehrenamtlichen Tätigkeiten schon sehr ausgelastet. Außerdem muß sie sich ja auch noch um die Kinder kümmern, wenn die auch jetzt nicht mehr viel Aufmerksamkeit erfordern"

Th.: „Eigentlich vermissen Sie da schon etwas Zuwendung und Aufmerksamkeit von Ihrer Frau."

Pat.: „Na ja, ja, das war wohl zwischen uns immer so."

Th.: „Aber es hat Sie manchmal doch traurig und wohl auch ein bißchen ärgerlich gemacht."

Pat.: „Eigentlich war meine Frau immer nur mit sich selbst beschäftigt, also mit den Aufgaben, die da waren: Haushalt, all das andere mit den Kindern, na ja und auch den Aufgaben, die sie sich selbst gegeben hat."

Th.: „Da blieb für Sie nie Zeit übrig."

Pat.: „Ja, eigentlich sprechen wir kaum über uns und ich auch nicht über mich, über meine beruflichen Probleme oder so. Das will sie wohl auch gar nicht anders."

Th.: „Und das macht Sie ziemlich verbittert."

Pat.: „Ja, sicher, ich will mal sagen, da fühlt man sich schon oft so etwas einsam."

Th.: „So, daß Sie mit Ihren ganzen Problemen sich selbst überlassen bleiben."

Pat.: „Ja, das ist wohl so."

Th.: „Es ist so eine Enttäuschung, die glaubte ich schon oft bei Ihnen zu spüren, vielleicht auch anderen gegenüber. Manchmal so das Gefühl, so richtig interessiert ist keiner an mir."

Pat.: „Ja, ja, da kann schon was dran sein."

Th.: „Ich frag' mich, ob Sie da manchmal auch über mich enttäuscht sind. Daß Sie eigentlich auch von mir mehr erwarten."

Pat.: „Das ist doch was anderes, Sie üben doch schließlich Ihren Beruf aus."

Th.: „Aber manchmal schon hatte ich das Gefühl, als würden Sie auch bei mir ein echtes Interesse vermissen."

Pat.: „Na ja, es ist halt manchmal natürlicherweise in so einer Therapie alles etwas funktionell."

Th.: „Daß da nicht mehr an menschlicher Anteilnahme von mir 'rüberkommt, das ärgert Sie."

Pat.: „Ärgern..., mmh, ja, also ärgern wär' vielleicht zu viel gesagt..."
Th.: „Aber irgend solch' ein Gefühl von Enttäuschung oder Frust ist es schon."
Pat.: „Na ja, man kann da wohl vernünftigerweise nicht mehr erwarten. Also, ich will mich auf keinen Fall beschweren."
Th.: „Wenn Sie das aber tun würden, also wenn Sie zu Ihrem Ärger stehen würden,... fast, als ob Ihnen das mir gegenüber ein schlechtes Gewissen machen würde."
Pat.: „Ich versuche immer, von den anderen nicht zu viel zu fordern. Ich will da gerecht sein und mich bzw. meine Interessen nicht immer in den Mittelpunkt stellen."
Th.: „Lieber schleppen Sie sich ganz allein mit Gefühlen von Frust und Enttäuschung herum, als daß ich Sie für aufdringlich und egoistisch halten könnte."
Pat.: „Ja, das wäre mir unangenehm. Das war mir immer unangenehm,... also natürlich,... das hat vielleicht eine lange Geschichte."
Th.: „Vielleicht so, wie's Ihnen früher bei Ihrer Mutter unangenehm war, wenn die Sie kritisch musterte und wieder mal mit Ihnen unzufrieden war."

Der Therapeut spricht erst Gefühle von Enttäuschung und Ärger gegenüber der nächsten Bezugsperson des Patienten an. Diese aggressiven Gefühle kann sich der Patient, wenn auch etwas zögernd, eingestehen. Dann setzt sich der Therapeut gewissermaßen an die Stelle dieser Bezugsperson und spricht die Erwartungen des Patienten gegenüber ihm selbst an. Dieses unmittelbare Äußern von Gefühlen, dazu noch von „negativen" Gefühlen gegenüber dem direkt anwesenden Dialogpartner ist vor allem für Depressive mit ihrem ausgeprägten Harmoniestreben schwierig.

Die starke Abwehr, die Depressive gerade gegenüber dem Gewahrwerden von Aggressionen haben, zeigt sich auch hier. Es ist wichtig, diese Abwehr bzw. die abgewehrten Gefühle so anzusprechen, daß dem Patienten die Schuldgefühle genommen werden. Indem der Therapeut deutlich macht, daß auch auf ihn selbst gerichtete Gefühle von Ärger oder gar Haß ihn nicht erschrecken, sondern daß er sie ganz gelassen als etwas Verstehbares hinnimmt, eröffnet er dem Patienten die Gelegenheit, sich mit wichtigen Aspekten seines Selbst zu konfrontieren und zu versöhnen. Gerade dadurch wird er auch vom Urteil der Umwelt unabhängiger, kann er mehr Autonomie erlangen.

Das *Selbsteinbringen*, das sich ebenfalls aus dem Therapieprinzip *Echtheit* ergibt, kann auch für die Behandlung der Depressiven eine wichtige Rolle spielen. Bei einigen Depressiven äußert sich die Fremddestruktivität darin, daß sie gewissermaßen den Therapeuten an sich scheitern lassen wollen. Zumindest stellt sich im Therapeuten dann sehr intensiv das Gefühl ein, alles, was er sagt und unternimmt, ist vergeblich, der Patient signalisiert ihm, daß nichts ihm bisher geholfen habe und auch in Zukunft nicht werde helfen können. Dies kann im Therapeuten ein tiefes Gefühl der Ohnmacht, der Nutzlosigkeit erzeugen, was dann ein Gefühl des Ärgers oder der Resignation mit sich bringt. So wichtig es nun ist, dem Patienten zu vergegenwärtigen, was er bei seinem Interaktionspartner bewirkt, so muß man doch sehr vorsichtig hierbei zu Werke gehen. Sehr problematisch kann es sein, den Ärger des Therapeuten direkt anzusprechen, weil der Patient hier mit starken Schuldgefühlen und darauf mit noch mehr Abwehr reagiert. Sinnvoller ist es deshalb, wenn der Therapeut zunächst seine eigene Ratlosigkeit anspricht. Der Therapeut nimmt dadurch gewissermaßen eine Rollenumkehr vor. Er stellt sich nicht als der machtvolle, alles beherrschende Heiler dar, gegenüber dem der Patient sich klein und minderwertig fühlen und gerade deswegen opponieren muß. Indem der Therapeut seine eigene Hilflosigkeit anspricht, möglichst ohne jeden Unterton des Vorwurfes, setzt er den Patienten gewissermaßen unter Zugzwang, sich auf seine positiven Möglichkeiten und Kräfte zu besinnen. Zumindest gibt der Therapeut so zu erkennen, daß er sich nicht länger die Rolle des alleinverantwortlichen Helfers zuschreiben lassen will. Auch kann der Patient sich unter Umständen jetzt erst vergegenwärtigen, wie sehr er selbst die Enttäuschung und die Zurückweisung, unter der er früher so gelitten hat, heute „weitergibt".

Diese Form der Intervention setzt aber ein recht fortgeschrittenes Stadium der Therapie voraus. Sie setzt auch voraus, daß der Therapeut die Belastbarkeit des Patienten, seine Beziehungserwartungen und seine Art, Beziehungen zu strukturieren, recht gut einschätzen kann.

Gesprächsregeln Depression
- Zeigen Sie dem Depressiven Verständnis und Anerkennung, indem Sie auch seine düsteren Gedanken geduldig spiegelnd begleiten.

- Fokussieren Sie betont die Selbstbewertung des Depressiven und regen Sie so eine Auseinandersetzung mit seinem Selbstbild und Selbstideal an.

- Vermeiden Sie es zunächst, die Selbstbewertung des Patienten direkt zu korrigieren, vor allem bagatellisieren Sie seine negative Welt- und Selbstsicht nicht.

- Versuchen Sie, aus seiner Klagsamkeit den indirekten Vorwurf gegen seine Bezugsperson herauszuhören und sprechen Sie behutsam seine Enttäuschung und seinen Ärger an.

- Beziehen Sie den Ärger und die Enttäuschung des Patienten auch auf sich selbst, und bieten Sie ihm an, seine Erwartungen Ihnen gegenüber auszudrücken.

- Zeigen Sie besonders zu Beginn der Therapie Ihre bedingungslose Anteilnahme und Fürsorge. Versuchen Sie in den späteren Stadien der Therapie, die Autonomie des Patienten zu fördern durch Verändern seines Selbstkonzeptes und seiner Beziehungserwartungen.

Zusammenfassung: Ein im *Bedingungsfreien Akzeptieren* sich äußerndes Sich-Solidarisieren und Stützen des Depressiven ist wichtig. Im *Einfühlenden Verstehen* soll die Klärung und Korrektur des Selbstbildes und besonders des Selbstideals des Patienten erfolgen. Durch das *Beziehungsklären* sollen interpersonale Konflikte über die Beziehung zum Therapeuten bearbeitet werden.

Die Angststörung

Diagnostik und Indikation

Die modernen Klassifikationssysteme haben auch die Kategorie der „Angstneurose" aufgegeben und unterscheiden statt dessen mehrere Störungsbilder. Die ICD-10 nennt vor allem drei Gruppen, die phobischen Störungen, einschließlich der Agoraphobie (F40), die Panikstörung (F41.0) und die generalisierte Angststörung (F41.1). Wenn im folgenden vereinheitlichend von Angststörungen bzw. von Angsterkrankungen die Rede ist, so könnte natürlich gefragt werden, ob wirklich allen Angstkranken die gleiche Inkongruenzkonstellation und Selbstkonzeptthematik zu unterstellen ist. Bei den Angstkranken werden oft zwei Idealtypen unterschieden, der auch in seinem Verhalten ängstlich wirkende Patient und der sog. kontraphobische Typus, der seine Angst durch ein eher forsches Auftreten zu bewältigen sucht. Hier ist vorwiegend vom ersten Typus die Rede. Die Wirksamkeit der Gesprächspsychotherapie bei Patienten mit Angststörungen konnte verschiedentlich nachgewiesen werden (Grawe 1976, 1988; Plog 1976; Speierer 1979; Teusch u. Böhme 1991). Bei sehr isolierten Phobien scheint die Verhaltenstherapie hinsichtlich der Symptombeseitigung wirksamer als Gesprächspsychotherapie zu sein (Grawe). Bei ausgeprägten Agoraphobien dürfte, hierauf deuten laufende Studien hin, die Kombination mit Verhaltenstherapie, namentlich einer Expositionsbehandlung, besonders günstig zu sein.

Selbstkonzept, Beziehungsangebot und Inkongruenzkonstellation

Bei der Charakterisierung des Selbstkonzeptes und des Beziehungsangebotes des Angstkranken sind zwei Problemkreise hervorzuheben:

- Der Angstkranke sieht sich in besonderer Weise abhängig von der Geborgenheit vermittelnden Gegenwart Anderer. Das negative Selbstbild des Angstpatienten äußert sich nicht wie beim Depressiven in einer Selbstanklage und Selbstverurteilung, sondern in einem mangelnden Vertrauen in die eigenen Kräfte. Insofern erwartet der Angstpatient, im Unterschied zum Depressiven, auch nicht so sehr Anerkennung als vielmehr Schutz und Geborgenheit. Deshalb fürchtet der Angstpatient, anders als der Depressive, nicht so sehr die Entwertung durch die anderen, sondern das Verlassenwerden, das Verstoßenwerden in die Einsamkeit. Der Patient neigt so dazu, im anderen und besonders im Therapeuten, die Sicherheit gebende Macht zu sehen. Da er das Alleinsein und das Verlassenwerden fürchtet, ist er oft von dem untergründigen Mißtrauen erfüllt, auch der Therapeut könne sich jederzeit entziehen.

- Der Angstpatient sieht sein Symptom, die Angst, oft als etwas Fremdes, nicht zu ihm Gehörendes. Wenn die Ängste sich z. B. auf die Herzfunktion zentrieren (hier ggf. Differentialdiagnostik zur somatoformen und zur hypochondrischen Störung), wird diese Angst oft als Furcht vor körperlicher Erkrankung wahrgenommen. Von seiner Umgebung und so auch vom Therapeuten erwartet der Patient dann die Zuwendung wie zu einem körperlich Kranken. Der Patient muß sich der ständigen Verfügbarkeit seines Therapeuten versichern, was von diesem oft als sehr bedrängend und einengend erlebt wird.

Der Angstpatient sieht für sich oft die Möglichkeit durch Einschränkung, d. h. durch Vermeiden, seine Angst bewältigen zu können. Dabei erwartet er vom Therapeuten (und auch von seinen Angehörigen), daß dieser auf seine Vermeidungsstrategien Rücksicht nimmt, was dann oft zu einem Konflikt zwischen der Zielsetzung des Therapeuten und seines Patienten führt.

Die Inkongruenzkonstellation ist geprägt von dem Bedürfnis des Patienten nach Sicherheit und Geborgenheit einerseits und dem geheimen Wunsch nach Ungebundenheit und individueller Kreativität andererseits. Im Selbstkonzept sind als Ergebnis des Einflusses von z. B. überprotektiv-einengenden, ihrerseits ängstlichen und so verunsichernd wirkenden Eltern vorwiegend die erstgenannten Tendenzen präsent. Auslösend für das Auftreten der Angstsymptomatik wirken oft Trennungssituationen, reale wie in der Phantasie vorweggenommene oder befürchtete. Die phantasierte Trennung entspricht zwar einerseits dem Wunsch nach Ungebundenheit, ist aber andererseits mit der Vorstellung von totaler und schmerzhafter Einsamkeit verbunden. So werden auch Situationen gefürchtet, die gewissermaßen in symbolischer Verkleidung Situationen des Fortgehens und der Unabhängigkeit repräsentieren, z. B. das Verlassen der Wohnung oder der Start zu einer Reise. Die Agoraphobie kann so in symbolischer Verkleidung (verzerrte Symbolisierung nach Rogers) die Angst vor der Einsamkeit der Ungebundenheit darstellen. Dieser Zusammenhang leuchtet sehr prägnant in den Worten Kierkegaards (1963) auf: „Angst ist die Möglichkeit der Freiheit" oder noch vielsagender: „Angst ist der Schwindel der Freiheit." Mit dieser letzten Aussage hat Kierkegaard bereits ein häufiges Begleit- oder Stellvertretersymptom der Angst angesprochen, das körpernah erlebte Schwindelgefühl. Im subjektiven Erleben mancher Patienten ist dieses Schwindelgefühl so stark, daß zunächst die Angst hinter diesem Schwindelgefühl kaum faßbar ist.

Die Behandlungspraxis

Bedingungsfreies Akzeptieren

Aus diesem Behandlungsprinzip leiten sich für die Therapie des Angstpatienten keine Besonderheiten her. Selbstverständlich wird der Therapeut auch hier eine bejahende Grundhaltung einnehmen, und er wird dem Patienten deutlich machen, daß er Verständnis hat für sein Sicherungsbedürfnis und sein Vermeidungsverhalten. Bei sehr von Angst getriebenen Patienten muß der Therapeut auch aktiv zu beruhigen versuchen, z. B. indem er bei Herzängsten nachdrücklich auf die körperliche Gesundheit des Patienten hinweist. Die Stützung, die der verunsicherte Angstpatient braucht, sollte ansonsten in der zuverlässigen, akzeptierenden Zuwendung und der sich daraus ergebenden Bereitschaft zur Empathie bestehen. Ein allzu forciertes Stützen und Bestätigen kann die Gefahr mit sich bringen, den Patienten in seinem Anklammerungsbedürfnis und auch in seinem Vermeidungsverhalten zu bestärken.

Einfühlendes Verstehen

Hinsichtlich der Interventionen, die sich aus diesem Therapieprinzip ableiten, wäre zunächst auf das *Einfühlende Wiederholen* zu verweisen, durch das der Therapeut seine Bereitschaft zur Anteilnahme deutlich machen kann. Besonders bei Patienten mit körperbezogenen Ängsten ist es wichtig, daß der Therapeut sich anfänglich intensiv mit ihrem Symptom befaßt und deutlich macht, daß er ihre Angst z. B. vor dem Versagen der Körperfunktionen ernst nimmt. Hier ist das geduldige, auch umakzentuierende Spiegeln der geäußerten Befürchtungen angebracht. Auch kann es darauf ankommen, den Patienten anzuregen, Körpersignale angemessen wahrzunehmen.

Beim *Selbstkonzeptbezogenen Verstehen* kommt es darauf an, die „Herzängste" oder agoraphobischen Symptome als Ängste vor dem Alleinsein und dem Verlassenwerden in ihren verschiedensten Aspekten (Einsamkeit, Ausgesetztsein, Tod als äußerste Form des Verlassenseins) zu verdeutlichen. Dabei sollte der Patient auch zur Auseinandersetzung mit seinen Beziehungserwartungen in ihren verschiedenen Facetten (die Gegenwart des anderen als Bestätigung, nicht sterben zu müssen; der andere als anonymer Rettungsanker, als Geborgenheit und Wärme spendendes „Zuhause" usw.) angeregt werden. Gerade weil viele Angstkranke ihr Symptom oft als sehr persönlichkeitsfern erleben, ist dieses *Selbstkonzeptbezogene Verstehen* wichtig, damit sich der Patient seine Angst als zu ihm gehörig aneignen kann. Durch die ausdrückliche Bezugnahme auf die bewertende und Stellung nehmende Instanz soll ein Teil der „verzerrten Symbolisierung" (Rogers 1987 / [1]1959) rückgängig gemacht werden.

Im *Organismusbezogenen Verstehen* sind sodann (in einem späteren Stadium der Therapie) die abgewehrten Autonomietendenzen zu verdeutlichen. Geheime Phantasien nach unbegrenzter Freiheit, nach grandioser Selbstentfaltung und absoluter Unabhängigkeit kann sich der Patient dann vielleicht erstmalig gegenüber einem anderen eingestehen, dies vor allem dann, wenn er sich auch in der Ambivalenz dieses Wunsches von dem anderen akzeptiert und verstanden fühlt. Bei „kontraphobischen" Patienten käme es natürlich darauf an, ihnen ihre gegenläufigen Wünsche nach absoluter Sicherheit und Geborgenheit zu verdeutlichen. Im Zusammenhang hiermit wird der Therapeut den Patienten anregen, sich mit seiner ambivalenten Haltung gegenüber seinen Bezugspersonen auseinanderzusetzen. Die einerseits haltgebenden und deshalb so sehr benötigten Personen werden andererseits als Quelle der Einengung empfunden. Die beschämende Abhängigkeit von diesen Personen erzeugt im Patienten eine untergründige Wut.

Zur Verdeutlichung folgendes Beispiel: Die schon bekannte Patientin, Agraringenieurin, verheiratet, 2 Kinder, erkrankte an Panikattacken, als kurz hintereinander zuerst ihre Mutter und dann ihre Tante starben, die beide bei ihr im Haus wohnten. Die Beziehung zu ihrem Mann, eine introvertierte, eher eigenbrötlerische Persönlichkeit, war nie eng gewesen. Jetzt suchte sie seine Nähe, weil sie sich diffus von Zuwendung abhängig fühlte.

Pat. 1: „Wir sitzen dann abends, wenn die Kinder noch außer Haus sind, so zusammen, mein Mann guckt viel in den Fernseher, eigentlich kommt dann nie ein Gespräch auf."

Th. 1: „So, als hätten Sie sich nichts mehr zu sagen. Und das bedrückt Sie dann ziemlich?"

Pat. 2: „Ach, eigentlich könnte ich das noch nicht mal so sagen. Ja, manchmal beunruhigt es mich schon etwas. Aber dann auch wieder ist es so, daß ich gar keine Lust verspüre, es zu ändern."

Th. 2: „Sie möchten dann Ihrem Mann gar nicht mehr näherkommen. So, als träumten Sie längst von einem ganz anderen Leben."

Pat. 3: „Nein, ich weiß nicht… Ja, eigentlich sind wir uns sehr fremd geworden. Er tut mir dann auch irgendwie leid, aber irgendwie ist es sehr schwer…"

Th. 3: „Irgendwie sind Sie dann mit Ihren Gedanken ganz woanders. So wie so'ne Art Fernweh, etwas wo Sie sich ganz frei fühlen können."

Pat. 4: „Ja, daran denke ich jetzt manchmal. Es ist dann, als wäre ich in Gedanken so richtig raus aus allem. So als könnte man noch einmal ganz neu beginnen."

Th. 4: „Sie spüren in sich da eine Kraft, die Ihnen bei solchen Gedanken dann so zuwächst. Eine Kraft, ganz frei und auf sich gestellt leben zu können."

Pat. 5: „Ja ja, das wäre… aber ich weiß nicht. Ich glaube, ich könnte mich nicht scheiden lassen. Wegen der Kinder … und mein Mann würde dann alle Register ziehen, der würde das nie hinnehmen."

Th. 5: „Da sind dann viele Barrieren."

Pat. 6: „Ich weiß auch nicht, ich hätte auch Angst vor dem Alleinsein. Es ist ja so, mein Mann und ich … irgendwie brauche ich auch meinen Mann."

Th. 6: „Wenn Sie da solche Gedanken von Freiheit und einem totalen Für-sich-Sein so richtig an sich herankommen lassen, dann kommt schnell auch wieder die Angst und so das Gefühl, ganz abhängig zu sein."

In Th. 1 versucht der Therapeut im Sinne des *Selbstkonzeptbezogenen Verstehens* die emotionale Reaktion der Patientin auf ihre gegenwärtige Situation anzusprechen. In der Antwort Pat. 2 zeigt sich ihre Unsicherheit und Ambivalenz dieser Situation gegenüber. In Th. 2, Th. 3 und Th. 4 verbalisiert der Therapeut im Sinne eines *Organismusbezogenen Verstehens* die vermuteten geheimen Wünsche der Patientin, die gewissermaßen die Antipode zu ihrem Geborgenheitsbedürfnis darstellen. In Pat. 3 wehrt die Patientin die Vergegenwärtigung solcher Gefühle noch ab, kann sie sich dann jedoch in Pat. 4 ansatzweise eingestehen, um jedoch dann in Pat. 5 vor der phantasierten Konsequenz aus solchen Gefühlen zu erschrecken. Immerhin wird jetzt in Pat. 6 und Th. 6 die tiefe Ambivalenz der Patientin angesprochen.

Das Vergegenwärtigen der Autonomiewünsche gelang nur ansatzweise, da diese für die Patientin schnell zu angsterregend waren. Im weiteren Gespräch käme es darauf an, daß der Therapeut hierauf Rücksicht nimmt, daß er die Patientin also nicht zu schnell in Autonomiephantasien hineindrängt, sondern im

Gegenteil die Verdeutlichung der Geborgenheitswünsche in einem anerkennenden Sinne ermöglicht.

Echtheit

Das *Konfrontieren* als eine der drei Interventionsformen, die sich aus dem Therapieprinzip *Echtheit* ableiten, hat seine besondere Bedeutung bei der Therapie der Angstpatienten wegen deren Neigung, angstbesetzte Situationen zu vermeiden. Besonders nach der ersten Therapiephase (nach ca. 15 Stunden) ist es wichtig, daß der Therapeut auf dem Hintergrund einer bejahenden und wertschätzenden Grundhaltung auf dieses Vermeidungsverhalten hinweist. „Im Moment drängt es Sie noch sehr, solchen Situationen aus dem Wege zu gehen" oder „Im Augenblick trauen Sie sich noch nicht zu, die Ängste einfach mal ein Stück weit auszuhalten." Diese Art des Hinweisens auf das Vermeidungsverhalten versucht, eine einfühlende Haltung zum Zuge kommen zu lassen, in der der Verweis auf die Tatsache der Vermeidung verbunden wird mit der Benennung ihres Motivs („... trauen Sie sich noch nicht zu").

Das *Beziehungsklären* hat die eingangs genannte ambivalente Einstellung vieler Angstkranker gegenüber den haltgebenden Personen, so auch gegenüber dem Therapeuten, zu verdeutlichen. So können über das aktuelle Beziehungserleben des Patienten tiefverwurzelte Einstellungen bearbeitet werden. Die Erwartung, der Therapeut möge ständig zur Verfügung stehen, müßte zunächst in ihren vielen, zum Teil eben auch für den Patienten mehr positiv erlebten Aspekten vergegenwärtigt werden. Dabei wird dann zunehmend deutlich werden, daß der Patient diese Erwartung selbst auch zwiespältig erlebt und bewertet, da dieses starke Angewiesensein demütigende Aspekte hat. Der Therapeut kann dann als Quelle von Scham und Einengung empfunden und eben deswegen nicht nur positiv erlebt werden. Wenn der Patient diese negativen Gefühle seinem Therapeuten gegenüber sogar noch mit dessen Unterstützung und Billigung aussprechen kann, ist dies ein wichtiger Schritt. Das Geltenlassen solcher Gefühle, ohne daß der Therapeut seine Zuwendung entzieht, ermutigt vielleicht den Patienten, seine Unabhängigkeitsbedürfnisse nachdrücklicher zu artikulieren. Hier zeigt sich, daß die gesprächspsychotherapeutische „Beziehungsarbeit" oft ebenso bewältigungsorientiert wie einsichtsorientiert ist.

Das *Selbsteinbringen* hat seine besondere Bedeutung bei Patienten mit starkem Vermeidungsverhalten oder ausgeprägter allgemeiner Ängstlichkeit und Selbstunsicherheit.

Bei sehr ausgeprägtem Vermeidungsverhalten muß der Therapeut nicht nur konfrontierend auf dieses Verhalten hinweisen, sondern er muß, in welcher Form auch immer, dem Patienten Empfehlungen geben, sich mit der angstbesetzten Situation auseinanderzusetzen. Diese Handlungsanweisung weicht von den bisher skizzierten Aufgabenstellungen des Therapeuten erheblich ab. Jedoch wird diese Position nicht nur von gesprächspsychotherapeutischer (Swildens 1991), sondern auch von psychoanalytischer Seite (Hoffmann 1986) vertreten. Natürlich ist ein solch direktives Eingreifen, i. S. des Setzens von Aufgaben oder Erteilens von Ratschlägen, für jede einsichtsorientierte Therapie ein Problem, da hiermit ein für den Patienten u. U. verwirrender Rollenwechsel des Therapeuten verbunden ist. Aus dem nur verstehend-begleitenden, den Patienten auf sich selbst und seine Entscheidungsfähigkeit Zurückverweisenden wird plötzlich der aktiv Eingreifende, Aufgaben und Anweisungen Gebende.

Dieser Rollenwechsel ist dann weniger abrupt und für den Patienten weniger irritierend, wenn der Therapeut seine Subjektivität gewissermaßen als Verbindungsglied zwischen beiden Rollen ins Spiel bringt. Anders gesagt: Der Therapeut läßt das Setzen von Aufgaben bzw. die Empfehlung zu Übungen unmittelbar aus seiner Anteilnahme hervorgehen bzw. stellt diese Empfehlung als das Ergebnis seines verstehenden und sich sorgenden Mitvollzuges dar, z. B.: „Ich sehe mit einer gewissen Sorge, daß Sie immer noch nicht vor die Tür gehen. Also, das macht mich auch unzufrieden und deshalb glaube ich, Ihnen empfehlen zu sollen, regelmäßig zu üben, indem Sie..."

Der zweite Grund für den Einsatz des *Selbsteinbringens* ist die Funktion des Therapeuten als „gutes Modell" bei extrem selbstunsicheren und ängstlichen Patienten. Da die Identifikation bzw. die Imitation, wie auch die Verhaltenstherapeuten zu Recht behaupten, ein starker Antrieb des menschlichen Handelns ist, liegt es nahe, unter bestimmter Indikation dieses Imitationsbedürfnis auch therapeutisch zu berücksichtigen. Vermutlich spielt die Identifikation mit dem Therapeuten, auch wenn sie nicht angezielt wird, bei vielen Patienten eine wichtige Rolle. In der Gegenwart und durch das „Bild" des sich als reale Person zeigenden Therapeuten lernt der Patient, sich mit ängstigenden und beunruhigenden Erlebnissen und Gefühlen auseinanderzusetzen. Bei den Angstpatienten ist es wichtig, daß diese den Therapeuten nicht überdauernd als übermächtige, alles beherrschende und in seiner unerschütterlichen Souveränität für sie unerreichbare Gestalt erleben. Denn dann würde diese überragende Therapeutengestalt eher resignierend und einschüchternd wirken, es bestünde keine Möglichkeit zur Identifikation. Wenn dagegen der Therapeut zu erkennen gibt, daß auch er in manchen therapeutischen Situationen unsicher, ratlos und irritiert ist, bietet er sich eher als Identifikationsfigur an. An dieser Figur können die Patienten erleben, daß momentane Unsicherheit und Ratlosigkeit durchaus mit Gelassenheit und Zuversicht gepaart sein kann. Darüber hinaus kann der Therapeut über „Ich-Botschaften", d. h. das Mitteilen auch der Überlegungen und Gefühle, die mit bestimmten Interventionen verbunden sind, sehr überzeugend sein Vertrauen in die Selbstentfaltungsmöglichkeiten des Patienten zum Ausdruck bringen. Das wiederum kann die Selbstsicherheit und Zuversicht des Patienten stützen. Damit würde der Therapeut auch den Patienten stimulieren, die Identifikation mit ihm wieder zu relativieren, um so die Autonomie des Patienten zu fördern.

> **Gesprächsregeln Angststörung**
>
> - Helfen Sie dem Patienten, seine Körpersignale präziser und gelassener wahrzunehmen.
> - Bringen Sie dem Patienten nahe, seine Angst als etwas sehr Persönliches und für ihn Bedeutsames zu erfahren.
> - Versuchen Sie, die verschiedenen Aspekte der Angst zu verdeutlichen (Angst vor Einsamkeit, Angst vor Tod, Tod als Verlassenwerden, Angst vor Beschämung).
> - Versuchen Sie zusammen mit dem Patienten, seine geheimen Autonomiephantasien zu erspüren, seine Vorstellungen von Unabhängigkeit, Freiheit und absoluter Selbständigkeit. (Bei kontraphobischen Patienten: Geborgenheitswünsche erkunden.)
> - Regen Sie den Patienten an, seine Erwartungen an nahe Bezugspersonen zu klären. Arbeiten Sie auch seine Wünsche, Befürchtungen und Hoffnungen an den Therapeuten heraus.
> - Konfrontieren Sie den Patienten mit seinem Vermeidungsverhalten. Ermutigen Sie ihn, Angst zu ertragen und sich angstmachenden Situationen auszusetzen.
> - Seien Sie ihrem Patienten ein „gutes Modell" für Angsttoleranz, indem Sie in bestimmten Situationen auch Ihre eigenen Unsicherheiten und Irritationen bis zu einem gewissen Grade transparent machen.
> - Zeigen Sie dem Patienten Ihr Vertrauen in seine Fähigkeit zur Autonomie.

Zusammenfassung: Im Vollzug des *Einfühlenden Verstehens* wird versucht, die „Doppelgesichtigkeit", d. h. die Aversions- wie die Appetenzaspekte, der mit der angstbesetzten Situation verbundenen Vorstellungen und Gefühle zu klären. Bei zur Vermeidung neigenden und bei selbst- und beziehungsunsicheren Patienten wird durch *Beziehungsklären* und *Selbsteinbringen* zu einem aktiven Kommunikations- und Konfrontatiosverhalten hingeführt.

Die narzißtische Persönlichkeitsstörung

Diagnostik und Indikation

Am Beispiel der narzißtischen Persönlichkeitsstörung (DSM-III-R 301.81; ICD-10 F60.8) soll hier die Gesprächspsychotherapie bei jenen Patienten veranschaulicht werden, bei denen eine überdauernde Persönlichkeitsstörung faßbar ist. Die Persönlichkeitsstörungen sind laut ICD-10 durch „tief verwurzelte, anhaltende Verhaltensmuster, die sich in starren Reaktionen auf unterschiedlich persönliche und soziale Lebenslagen zeigen", charakterisiert. Persönlichkeitsstörungen sind nur dann zu diagnostizieren, wenn sie seit der Kindheit oder der Adoleszenz bestehen und nicht auf einer anderen psychischen oder körperlichen Störung beruhen. Die ICD-10 versucht, auch die Persönlichkeitsstörungen möglichst empirienah nach bestimmten Verhaltens-, Wahrnehmungs- und Empfindensauffälligkeiten zu gruppieren. Über ihre Ursachen werden keine Vermutungen angestellt. Zumindest einige der in der ICD-10 genannten Persönlichkeitsstörungen dürften jenen psychopathologischen Phänomenen entsprechen, die in der psychoanalytischen Literatur als „frühe" bzw. „basale" oder „strukturelle Ichstörungen" beschrieben wurden. Hier sind vor allem die narzißtische und die Borderline-Persönlichkeitsstörung zu nennen.

In der Psychoanalyse besteht die Vorstellung, daß die „reifen" Neurosen (auf sog. ödipalem Niveau) durch eine ausgeprägte intrapsychische Konfliktspannung als Ursache der neurotischen Symptomatik bestimmt sind, wohingegen die „frühen" Störungen bzw. die strukturellen Ich-Störungen durch ein in früher Kindheit erworbenes Defizit der Persönlichkeitsstrukturierung zu charakterisieren seien (Hoffmann 1979; Hoffmann, Kind 1982; Heigl-Evers, Heigl, Ott 1993). Es wird hier aber auch die Auffassung vertreten (Mentzos 1991), daß der intrapsychische Konflikt sich bei den strukturellen Störungen lediglich auf einer anderen Ebene bzw. unter einer anderen Thematik abspiele als bei den Neurosen auf ödipalem Niveau.

Von gesprächspsychotherapeutischer Seite ist die Unterscheidung zwischen diesen beiden Störungsgruppen bisher vorwiegend auf der deskriptiven, phänomenologischen Ebene erfolgt (Eckert u. Mitarb. 1987; Swildens 1991). Speierer (1991, 1994) jedoch hat mit seiner Unterscheidung von kommunikativ bedingter und dispositioneller Inkongruenz einen Ansatz zur explikativen Differenzierung vorgelegt. „Dispositionelle" Inkongruenz besagt, daß auch bei dieser Störung eine Inkongruenz-Problematik vorliegt, die aber so verfestigt ist, daß sie zur bleibenden Disposition des Individuums gehört. Die Ursachen dieser Disposition sind sowohl in der Anlage wie in sehr lang dauernden, schweren und evtl. auch frühen Milieu-Einwirkungen zu vermuten (s. Kap. 5, „Lebensgeschichtliche Genese der Inkongruenz") .

Erklärende und nosologisch orientierte Konstrukte zeigen das Bestreben, Fragen der differentialdiagnostischen Zuordnung im Sinne eines Entweder-Oder zu entscheiden. Diese auf klare Abgrenzung von Krankheitseinheiten bedachte Vorgehensweise besteht bei den rein beschreibend konzipierten Systemen wie dem DSM-III-R und der ICD-10 nicht. Hier ist im Sinne des Prinzips der Co-Morbidität ausdrücklich die mehrfache Zuordnung vorgesehen. Einem Patienten mit einer generalisierten Angststörung beispielsweise kann zusätzlich eine ängstlich-vermeidende Persönlichkeitsstörung zugeschrieben werden, wenn die entsprechenden Kriterien erfüllt sind. Dieses Vorgehen, zwischen mehreren Dimensionen oder „Achsen" der Beurteilung zu unterscheiden, soll die Zuverlässigkeit in der Beantwortung der oft schwierigen Frage nach „der Schwere" einer vorliegenden Störung erhöhen.

Bei der Frage, woran *Persönlichkeitsstörungen* zu erkennen seien, ist, unabhängig vom aktuellen Zustandsbild auf die lange Dauer von oft gravierenden Fehlanpassungen zu verweisen. Lange vor Auftreten der Symptomatik, die Anlaß für die aktuelle Behandlung war, bestanden häufig schon z. B. depressive Verstimmungen, Schwierigkeiten in den Sozialbeziehungen, Hinweise auf Störungen in der psychosozialen Wahrnehmung.

Natürlich bestehen zwischen den verschiedenen Erkrankungsformen, die zu den *Persönlichkeitsstörungen* gerechnet werden, auch wichtige Unterschiede. Die narzißtischen Störungen unterscheiden sich etwa von den Borderline-Störungen durch eine wesentlich intaktere affektive Steuerung, intrapsychische Spannungen wirken sich bei ersteren nicht so unmittelbar im Verhalten aus. Auch ist ihre psychosoziale Wahrnehmung weniger verzerrt. In dieser Hinsicht ähneln sie eher den klassischen Psychoneurosen. Ebenfalls sind narzißtisch Gestörte introspektionsfähiger als Borderline-Patienten, d. h., sie können Verstehensangebote des Therapeuten besser zu einer Selbstauseinandersetzung nutzen. Insofern sind auch weniger eingreifende Modifikationen des Verfahrens notwendig, wie dies für die Gesprächspsychotherapie von Borderline-Patienten beschrieben wurde (Eckert 1994; Swildens 1991; de Haas 1988). Die notwendige Modifikation der Methodik ließe sich zusammenfassend dahingehend beschreiben, daß der Therapeut hier stärker sein eigenes Bezugssystem zur Verfügung stellen bzw. ausgeprägter aus dem eigenen Bezugssystem heraus intervenieren muß, da das Bezugssystem der hier in Rede stehenden Patienten weniger konsistent ist als bei den Psychoneurosen. Die Gesprächspsychotherapie der narzißtischen Persönlichkeitsstörung ist bisher viel weniger beschrieben worden (z. B. Swildens 1991; Humphreys u. Finke 1994) als etwa die der Borderline-Persönlichkeitsstörungen. Dies könnte gerade wegen der hier geringeren Notwendigkeit einer Modifizierung des Standardverfahrens erstaunen. Der Grund dürfte in Klassifizierungsproblemen zu suchen sein. Die Etikettierung „narzißtische Persönlichkeitsstörung" ist nicht überall gebräuchlich, und auch die ICD-10 nennt, im Gegensatz zum DSM-III-R, diesen Terminus bei der entsprechenden Kategorie (F60.8) nur im Untertitel.

Zu den Persönlichkeitsstörungen allgemein läßt sich sagen, daß die Gesprächspsychotherapie gerade hier ein geeignetes Verfahren zu sein scheint, wie aus den schon zitierten Vergleichsuntersuchungen mit der Psychoanalyse (s. Kap. 6, „Indikation") gefolgert werden kann. Außer gewissen Modifizierungen des therapeutischen Vorgehens impliziert die Psychotherapie von Persönlichkeitsstörungen auch Besonderheiten der Rahmenbedingungen. Hier wären u. a. die meist deutlich längere Dauer der Therapie und die Beschränkung der Therapieziele zu nennen.

Selbstkonzept, Beziehungsangebot und Inkongruenzkonstellation

Das *Selbstkonzept* der narzißtisch Gestörten ist wenig konsistent und äußerst brüchig. Anders als z. B. bei den Depressiven besteht jedoch die Diskrepanz nicht so sehr zwischen Selbstideal und Selbstbild, sondern diese Diskrepanz liegt im Selbstbild selber. Diese Patienten sind in ihrer Selbstbeurteilung sehr schwankend und zerrissen. Selbsterhöhung wechselt abrupt mit Selbstentwertung. Entsprechend sehen sie sich auch in ihrem Verhältnis zu ihren Bezugspersonen äußerst uneinheitlich; ein grandioses Überlegenheitsgefühl kann ebenso abrupt mit dem Gefühl deprimierender Unterlegenheit wechseln.

Das *Beziehungsangebot* besteht oft in der Botschaft, sich völlig selbst zu genügen, d. h. in der fast angstvollen Beschwörung, in heroischer Autarkie niemanden zu brauchen. Dies kann auch für den Therapeuten sehr frustrierend sein. Ihm wird oft das Gefühl vermittelt, völlig unnötig zu sein. In langen Monologen beginnt der Patient, durchaus zur Introspektion fähig, sich selbst zu explorieren. Im weiteren Verlauf wird dann oft die Erwartung einer bedingungslosen Anerkennung durch den Therapeuten deutlich, um hierdurch das unsichere Selbstwertgefühl abzustützen. Anders als der Depressive kann der narzißtisch Gestörte dieses Bedürfnis aber nur erschwert wahrnehmen. Eine solche Wahrnehmung würde die Illusion von Autarkie gefährden und wird deshalb abgewehrt. Die Wahrnehmungsbereitschaft sowohl für das eigene Erleben wie für das der anderen kann generell sehr wechselhaft sein (Swildens 1991). Auch deshalb werden nicht selten Personen idealisiert, die kritiklose Anerkennung zu geben scheinen.

Die Inkongruenz besteht in dem Bedürfnis nach Autarkie im Sinne absoluter Unabhängigkeit einerseits und dem Wunsch nach Anerkennung und Bestätigung andererseits. Diese Konstellation bedeutet auf einer anderen Ebene einen ständigen Nähe-Distanz-Konflikt. Die Nähe, die einerseits gewünscht wird, weil sie bei der Regulierung des unsicheren Selbstwerterlebens helfen soll, wird andererseits als bedrohlich erlebt, da sie, innerhalb dieses Kontextes durchaus zu Recht, mit ohnmächtiger Abhängigkeit in Verbindung gebracht wird. Im Unterschied zu Angstpatienten, die in ihrem Selbstbild viel deutlicher ihre Geborgenheitswünsche abbilden (ausgenommen die „kontraphobischen" Angstpatienten), kann der narzißtisch Gestörte solche Bedürfnisse sich selbst, aber vor allem auch dem Therapeuten lange nicht eingestehen. Die aus dem Nähe-Distanz-Konflikt resultierende Spannung ist bei Angstpatienten auch viel weniger faßbar als bei den narzißtisch gestörten, weil sich bei den ersteren die kompromißhafte Lösung des Konfliktes viel stärker konsolidiert hat.

Behandlungspraxis

Bedingungsfreies Akzeptieren

Das Akzeptieren ist bei allen schweren Persönlichkeitsstörungen ein wichtiges Behandlungsprinzip, insbesondere auch bei den narzißtischen Störungen (Humphreys und Finke 1994). Denn diese Patienten sind, wie schon gesagt, auf Wertschätzung und Anerkennung angewiesen, um sich überhaupt auf einen Kontakt einlassen zu können. Erst die Gewißheit, nicht mit einer vorschnellen Kritik rechnen zu müssen, ermöglicht es ihnen in der Therapie, vorsichtig in einen Prozeß zaghafter Selbstauseinandersetzung eintreten zu können. Dabei besteht für den Therapeuten die Schwierigkeit, nicht mit einer schnellen Belohnung für sein geduldiges Anerkennen rechnen zu dürfen, denn die Patienten müssen ja ihre Sehnsucht nach Bestätigung verleugnen und dem Therapeuten das Gefühl vermitteln, eigentlich seiner Hilfe nicht zu bedürfen. Der Therapeut muß also seine Enttäuschung bewältigen, und zwar so, daß er sie, vor allem wenn sie in Ärger umschlägt, nicht allzu abrupt deutlich macht.

Der Therapeut muß sich als anerkennender, bestätigender, „gütiger Spiegel" des Patienten gebrauchen lassen. Andererseits wäre natürlich dem Patienten langfristig nicht mit einem nur beschönigenden Spiegel gedient, denn er muß ja, gerade auch im Interesse einer späteren intakten Beziehungsfähigkeit, die Auseinandersetzung mit der Realität lernen. „Realität" meint hier einen anderen, der auch seinerseits Bedürfnisse nach Wertschätzung oder Geborgenheit hat und unbefangen, d. h. evtl. auch kritisch dem Patienten gegenübertreten möchte. Der Patient muß also lernen zu akteptieren, daß sein jeweiliger Beziehungspartner als ein anderer mit seiner ganzen Person wahrgenommen und geschätzt sein will. Deshalb muß das Prinzip *Akzeptieren* durch das Prinzip *Echtheit* ergänzt werden. Um diese beiden, hier fast antinomisch zueinander stehenden Prinzipien richtig auszubalancieren, muß der Therapeut etwa beim Versuch des Konfrontierens und Selbstöffnens ein besonderes Feingefühl für die angemessenen Formulierungen haben, ganz abgesehen von der grundsätzlichen Fähigkeit, mit kränkenden Zurückweisungen von seiten des Patienten richtig umgehen zu können.

Einfühlendes Verstehen

Narzißtisch Gestörte verfügen, wie die anderen Formen schweren Gestörtseins auch, oft nur über eine diffuse, wenig präzise Selbstwahrnehmung. Zwar wäre es falsch, auch ihnen die Alexithymie der Psychosomatiker zu unterstellen, aber sie haben oft Schwierigkeiten, ihre Gefühle richtig zu identifizieren. Sie sprechen dann z. B. von Ärger, wenn tatsächlich eine Traurigkeit das beherrschende Gefühl ist. Auch sind sie oft nur schwer in der Lage, ihre Gefühle mit situativen Anlässen in Zusammenhang zu bringen. Hier mögen sehr unempathische und auch wenig akzeptierende und das Kind schon früh überfordernde Eltern zu diesem Mangel an „Selbstempathie" (Biermann-Ratien, Eckert, Schwartz 1979) beigetragen haben. Die Ausblendung von Gefühlen wie Enttäuschung und Traurigkeit war dann ein lebensnotwendiger Bewältigungsmechanismus. Durch die Interventionsformen *Einfühlendes Wiederholen, Konkretisierendes Verstehen* und *Selbstkonzeptbezogenes Verstehen* kann der Patient lernen, seine Gefühle zutreffend anzusprechen, sie zu unterscheiden, ihren Kontext zu klären und sich der eigenen Stellungnahme und Bewertung und damit seiner Identität zu vergewissern. Wichtiger als bei Patienten mit klassischen Neurosen dürfte das *Konkretisierende Verstehen* und das *Einfühlende Wiederholen* sein. Vor allem beim *Einfühlenden Wiederholen* muß sich der Patient mit den verschiedenen Konnotationen seiner Äußerung und mit deren Rezeption durch einen anderen auseinandersetzen. Das schärft seine Wahrnehmungsfähigkeit und sein Gespür für die Resonanz seiner Äußerung im anderen. Auf die Bedeutung der Empathie für die Behandlung narzißtisch Gestörter hat von seiten der Psychoanalyse vor allem Kohut (1989) mit Nachdruck hingewiesen.

Echtheit

Auf die Bedeutung dieses Therapieprinzips für die Behandlung narzißtisch Gestörter wurde schon oben hingewiesen, und sie wurde mit der besonderen Pathologie dieser Patienten begründet. Auf allgemeiner Ebene dürfte dieses Prinzip auch zwischen den verschiedenen Psychotherapieschulen unbestritten sein; von gesprächspsychotherapeutischer Seite betonte es Swildens (1991), von psychoanalytischer Seite u. a. Heigl-Evers und Heigl (1988) und Kohut (1989). Kohut spricht in diesem Zusammenhang von der „optimalen Frustration", die der narzißtisch Gestörte in der Therapie durchleben müsse, um kohärente Selbststrukturen aufbauen zu können. Der Gesprächspsychotherapeut kann sich hier vom Grundansatz her schon auf Rogers (1977) berufen, für den der Therapeut ja nicht nur das Alter ego des Patienten oder, um es in der Sprache Kohuts zu sagen, nicht nur sein „spiegelndes Selbstobjekt" sein sollte. Der Therapeut soll vielmehr als „real person", d. h. als konkrete greifbare Person, dem Patienten gegenübertreten. Die dialogische Auseinandersetzung mit einer so konkreten Person bedeutet für den narzißtisch Gestörten immer eine bestimmte Frustration. Daß der Therapeut diese „realness" (Rogers) wohl dosieren muß, damit es für den Patienten wirklich zu einer optimalen, d. h. konstruktive Änderung stimulierenden Frustration kommt, dürfte selbstverständlich sein.

Von den drei Interventionsformen des Prinzips *Echtheit* sollte das *Konfrontieren* besonders dazu dienen, den Patienten auf Diskrepanzen von nonverbalem und verbalem Verhalten hinzuweisen, um ihm so zunehmend die Wahrnehmung divergierender Gefühle zu ermöglichen. Allerdings ist es leicht möglich, daß der Patient bei seinem empfindsamen Selbstwertgefühl dieses Konfrontieren als übermäßige Kritik empfindet. Dies gilt auch für das *Beziehungsklären*. Das direkte Ansprechen seiner Beziehungserwartung könnte der Patient schnell als bedrohlich erleben. Dieses bedrohliche Moment einer für ihn beschämenden Selbstenthüllung kann abgemildert werden, wenn man diese Interventionen mit Ich-Botschaften verbindet, also sich Interventionsformen wählt, die mehr oder weniger dem *Selbsteinbringen* entsprechen.

Das letztere soll im folgenden Ausschnitt aus einem Therapiegespräch in der 13. Sitzung verdeutlicht werden. Anlaß für die stationäre Psychotherapie der verbal sehr gewandten, zur Intellektualisierung neigenden 22jährigen Patientin ist eine depressive Symptomatik mit häufigen Suizidgedanken. Sie leidet außerdem seit Ausgang der Pubertät an einer Magersucht und berichtet auch, sich schon seit ihrem 12. Lebensjahr mit heftigem Selbstwertzweifeln, verbunden mit depressiven Verstimmungen und Suizidphantasien, herumzuquälen. Sie hat kurz vor der Behandlung ihr Medizinstudium abgebrochen und lebt jetzt wieder bei ihren Eltern.

Pat. 1: „Das war wieder so ein fades und überflüssiges Wochenende. Meine Mutter war wieder mal kaum ansprechbar und in ihre Kunstkataloge vergraben, mein Vater lief so hilflos zwischen alledem herum. Es war einfach zum Grausen langweilig."

Th. 1: „Niemand war für Sie so richtig da und Sie fühlten sich total überflüssig."

Pat. 2: „Es war wie fast immer. Jeder nur idiotisch in sich selbst befangen und versuchend, es sich in seiner kleinen Welt gemütlich einzurichten. Also ich kann gar nicht sagen, wie mich das genervt hat."

Th. 2: „Daß sich jeder nur um sich selbst kümmerte, das war für Sie ganz schwer auszuhalten."

Pat. 3: „Also, meine Mutter, die grenzt sich halt total ab, geht eiskalt ihren Weg. Ob sie sich aber richtig wohlfühlt, weiß ich nicht. Sie äußert manchmal weggehen zu wollen, nach Berlin ziehen zu wollen, da hat sie ein Haus geerbt."

Th. 3: „Daß Ihre Mutter da möglicherweise so gar keine Bindung hat, auch zu Ihnen nicht hat, das tut Ihnen weh."

Pat. 4: „Ach, die sind selbstverständlich für ihr Leben selbst verantwortlich. Mein Vater tut mir leid, der rudert so hilflos herum und merkt doch nicht richtig, was vor sich geht. Er versucht dann manchmal, ganz emsig das Klima zu verbessern."

Th. 4: „Ich kann gut nachempfinden, wenn Sie sich da manchmal sehr einsam fühlen, aber ich denke, wenn Sie so fast verächtlich von Ihrem Vater sprechen, daß Sie sich von ihm auch nicht erreichen lassen wollen."

Pat. 5: „Der versteht eben immer das Entscheidende nicht, ist halt sehr beschränkt. Er kommt dann daher, um mich so ganz simpel zu trösten, versucht mir so ganz bieder, guten Mut zu machen."

Th. 5: „Wenn ich jetzt so in mich hineinhöre, mich so frage, wie das bei mir ankommt, spüre ich, wie ich da richtig etwas ärgerlich bin. Es ist wohl Ihr Hochmut, den ich da spüre."

Pat. 6: „Ja, das habe ich schon oft gehört. Das sagen mir auch die anderen Patienten, das ist eben halt so."

Th. 6: „Es klingt jetzt für mich so, als wollten Sie mir sagen, daß Sie auch ein Recht auf Ihren Hochmut hätten."

Pat. 7: „Wenn ich sehe, wie einfach es sich die anderen machen, wie simpel die sich über die Sinnlosigkeit hinwegschwindeln..."

Th. 7: „Das klingt ganz schön elitär... aber gerade kam mir auch so der Gedanke: ‚Vielleicht hat sie ja auch einen Grund, sich so überlegen zu fühlen', aber ... (kurze Pause) was mich so beschäftigt, ist, daß Sie sich andererseits so einsam fühlen, und das wäre vielleicht schon etwas anders, wenn Sie die Zuwendung Ihres Vaters richtig schätzen könnten."

Pat. 8: „Ja, ich sehe ja, er gibt sich schon Mühe. Im Gegensatz zu meiner Mutter sogar viel Mühe."

Th. 8: „Wie Sie das so sagen, klingt das für mich jetzt sehr traurig und auch nachdenklich."

Pat. 9: (Patientin wirkt sichtlich bewegt): „Ja, vielleicht auch traurig, ja traurig schon etwas."

An diesem Gesprächsausschnitt fällt zunächst auf, daß die Patientin auf die Äußerungen des Therapeuten (Th. 1 bis Th. 3), der versucht, durch *Einfühlendes Wiederholen* und *Selbstkonzeptbezogenem Verstehen* die Befindlichkeit der Patientin zu vergegenwärtigen, gar nicht eingeht. Dies ist typisch für schwerer gestörte Patienten. Wenn dieses Verhalten über längere Zeit auftritt, muß es natürlich, etwa im Sinne des Konfrontierens, angesprochen werden. Bevor der Therapeut in diesem Falle dazu kommt, antwortet die Patientin dann doch auf die Intervention des Therapeuten (Pat. 5). Dieser versucht nun (Th. 4 bis Th. 8) der Patientin die interaktionelle Wirkung ihrer „Arroganz", andererseits aber auch den Widerspruch zwischen Kontaktwunsch und Distanzierungsbedürfnis zu verdeutlichen. Der Therapeut bietet sich dabei an als möglicher Partner, d. h. als jemand, der sich potentiell genauso verletzt fühlen könnte, wie vielleicht der Vater verletzt ist. Der Therapeut vermeidet es aber, an dieser Stelle direkt die therapeutische Beziehung i. S. des *Beziehungsklärens* zu thematisieren, weil er glaubt, daß dies die Patientin zu sehr verunsichern und sie dementsprechend mit Ausweichen reagieren würde. Er bietet statt dessen eine Identifizierung mit der Patientin an, um sodann aus dieser Identifizierung heraus die Diskrepanz zwischen Nähe- und Distanzierungsbedürfnis anzusprechen (Th. 7).

Im weiteren käme es nun darauf an, diese Ambivalenz und die damit verbundenen divergierenden Gefühle noch stärker herauszuarbeiten. Als thematischer Kontext dieser Ambivalenz wäre hier die Klärung des von Rivalität und Bewunderung geprägten Verhältnisses zur Mutter der Patientin wichtig. Auch hier ist es angebracht, wenn der Therapeut sich gewissermaßen als Partner-Substitut zur Verfügung stellt, also eine Rollenidentifikation mit der Mutter vornimmt und z. B. formuliert: „Wenn ich mich jetzt so richtig in die Lage Ihrer Mutter hineinversetzte, würde ich auch ganz schön irritiert sein, wenn Sie mir sagen,..." Durch dieses Dazwischenschalten seiner eigenen möglichen Erlebnisweise trägt der Therapeut dazu bei, die besprochene Situation für die Patientin realitätsgerecht erfahrbar zu machen, was für die gerade in ihrem Realitätskontakt oft gestörten Patienten besonders wichtig ist. Außerdem wird so jedes Moment einer Kritik von „objektiver Warte" oder einer Belehrung „von oben herab", worauf gerade narzißtische Patienten übersensibel reagieren, vermieden.

Natürlich wird im Verlauf einer Therapie narzißtisch Gestörter auch die Situation auftreten, in der der Patient sich dem Therapeuten gegenüber abweisend, ihn durch Überhören ignorierend, ihm verächtlich widersprechend oder sonstwie kränkend verhält. Die notwendige Konfrontation mit diesem Verhalten sollte, wie schon oben begründet, über die Interventionsform des *Selbsteinbringens* erfolgen.

Dieses Ansprechen des Interaktionsverhaltens ist bei allen Patienten mit Persönlichkeitsstörungen wichtig. Hier besteht auch ein wesentlicher Unterschied zu Patienten mit Psychoneurosen. Bei letzteren wird der Therapeut vor allem die Beziehungs*erwartungen*, bei ersteren das Beziehungs*verhalten* thematisieren. Die Notwendigkeit dieser Unterscheidung ergibt sich schon aus dem Umstand, daß psychoneurotische Patienten in der Regel kaum ein besonders auffälliges Beziehungsverhalten zeigen. Die Auffälligkeiten im Verhalten sind eher ein Indiz für schwerere Neurosen bzw. Persönlichkeitsstörungen. Da Störungen im Kontaktverhalten den Patienten immer wieder in Konflikt mit seiner Umwelt bringen, muß sich das therapeutische Vorgehen hierauf als erstes zentrieren. Das Ansprechen von Beziehungserwartungen (meist Wünsche, Vorstellungen, Phantasien, die die Realität der anderen wenig berücksichtigen,) ergibt sich dann als gewissermaßen zweiter Schritt.

Die Fortführung des o.g. Gespräches soll das verdeutlichen: Die Patientin setzte auch in der folgenden Sitzung ihre Monologe fort, sich dabei selbst manch kluge Deutung der Dynamik ihrer Familie gebend. Der Therapeut bekam zunehmend den Eindruck, nur als bewundernder Zuhörer gebraucht zu werden.

Pat.: „Also es ist ja klar, daß ich in dieser Familie nicht wirklich einen Platz habe. Das verhindert schon meine Mutter, die mit ihrer demonstrativen Gleichgültigkeit nur das Bemühen meines Vaters anheizen will."

Th.: „Wenn Sie alles für sich sofort so klar haben, krieg ich so das Gefühl, als brauchten Sie meine Hinweise gar nicht."

Pat.: „Aber ich erzähl Ihnen das schließlich doch alles, damit Sie mir zuhören."

Th.: „Sie gehen so wenig auf meine Hinweise ein, daß ich mich hier fast überflüssig fühle."

Pat.: „Ich weiß nicht, worauf Sie hinaus wollen. Ich meine,..."

Th.: „Wenn Sie so erzählen, ist es mir, als redeten Sie nur für sich selbst. Ich fühl mich dann von Ihnen regelrecht in die Ecke gestellt."

Der Therapeut zwingt durch diese Form des Selbsteinbringens gewissermaßen zum dialogischen Verhalten. Er kann der Patientin dadurch aber auch ihr narzißtisches Beziehungsverhalten vergegenwärtigen, um dann im zweiten Schritt zu versuchen das Beziehungserleben zu klären.

Wichtig ist bei diesem recht konfrontativen Vorgehen, daß der Therapeut auf der nonverbalen Ebene den emotional positiv getönten Kontakt zur Patientin hält, daß er also hier eine gewisse Sympathie durchscheinen läßt. Wenn der Therapeut dagegen keinerlei Sympathie mehr empfinden kann, sollte er mit dieser Interventionsform zurückhaltend sein.

Über die angestrebte Einsichtsgewinnung in die Gründe ihres Verhaltens hinaus soll die Patientin dann auch lernen, bestimmte narzißtische und kommunikative Bedürfnisse in ihr Selbstkonzept besser zu integrieren und diese Bedürfnisse angemessener kommunizieren zu können.

Zunächst aber ist es wichtig, daß die Patientin auch im Therapeuten eine Person erlebt, die ebenfalls ihre Kränkbarkeiten und berechtigten Bedürfnisse nach Anerkennung hat, um so in der Therapie modellhaft eine konstruktive, auf Gegenseitigkeit beruhende Beziehung zunehmend zu verwirklichen. Andererseits kann aber gerade der narzißtisch Gestörte die Realität des anderen schlecht aushalten, er erlebt sie schnell als kränkend, bedrängend, kontrollierend oder sonstwie bedrohlich. Deshalb ist es wichtig, daß der Therapeut seine „Realität" dosiert, d. h., daß er das *Selbsteinbringen*, also die Mitteilung seiner Resonanz auf die Patientin, behutsam und jeweils gewissermaßen in kleinen Schritten vornimmt. So kann die Patientin in angemessenen Lernschritten ihre interaktionelle Erlebnisweise und Kompetenz erweitern. Die hier besprochenen Patienten werden deshalb als persönlichkeitsgestört bezeichnet, weil sie aufgrund sehr früher oder sehr gravierender Beschädigungen zu einer eigentlich dialogischen Kommunikation nur begrenzt in der Lage sind. Es fällt ihnen schwer, ihr jeweiliges Gegenüber als einen anderen, als ein Fragen und Ansprüche stellendes Du zu sehen und zu akzeptieren. So muß die Behandlung narzißtisch Gestörter darauf ausgerichtet sein, diese Dialogfähigkeit aufzubauen.

> **Gesprächsregeln narzißtische Störungen**
>
> - Rechnen Sie mit der Verletzbarkeit des narzißtisch Gestörten und verwirklichen Sie das *Bedingungsfreie Akzeptieren* anfangs möglichst konsequent und unbeirrbar.
>
> - Lassen Sie sich nicht durch die Zurückweisungen des Patienten irritieren. Achten Sie sein Bedürfnis nach Distanz und seine Angst vor Abhängigkeit.
>
> - Seien Sie beim *Einfühlenden Verstehen* besonders geduldig, und helfen Sie so dem Patienten, seine oft widersprüchlichen Gefühle richtig zu benennen, zu unterscheiden und die aktuellen Umstände ihres Zustandekommens zu klären.
>
> - Der narzißtisch Gestörte braucht „Realitätsnähe": Versuchen Sie die Beziehung des Patienten zu wichtigen Kontaktpersonen dadurch besonders gegenwärtig und greifbar zu machen, daß Sie sich als Partner-Substitut zur Verfügung stellen. Identifizieren Sie sich versuchsweise mit dem Konfliktpartner des Patienten und teilen Sie (angemessen „dosiert") Ihre Gefühle mit.
>
> - Lassen Sie sich vom Patienten nicht nur als gütiger, beschönigender „Spiegel" gebrauchen, sondern helfen Sie ihm, langsam auch den realitätsgerechten „Spiegel" zu ertragen.
>
> - Vermitteln Sie dem Patienten die nötige verhaltenskorrigierende Realitätskonfrontation in Form des *Selbsteinbringens*: Achten Sie sowohl auf Ihre Gefühle wie auf das Verhalten des Patienten, und sprechen Sie Ihre Gefühle als Ihre persönliche Resonanz behutsam an.

Zusammenfassung: Der Therapeut versucht einerseits, durch ein sehr betontes *Bedingungsfreies Akzeptieren* dem narzißtisch Gestörten die nötige Selbstsicherheit und Selbstwertstütze zu geben, um andererseits durch ein wohl dosiertes *Selbsteinbringen* den Patienten zur genauen Wahrnehmung und Auseinandersetzung mit einem Gegenüber anzuregen.

Schizophrenie

Diagnostik und Indikation

Die Gesprächspsychotherapie schizophrener Erkrankungen macht einige grundsätzliche Bemerkungen zur Indikation nötig, denn sie ist nicht so selbstverständlich wie die der vorgenannten Krankheitsbilder. Kann die Wirksamkeit der

Gesprächspsychotherapie aufgrund zahlreicher Publikationen, Hinweise und Vergleiche mit anderen Verfahren, namentlich der Psychoanalyse und der Verhaltenstherapie (Meyer u. Mitarb. 1991; Grawe 1976, 1994; Plog 1976; Leibing u. Rüger 1993) als unbestritten gelten, so dürfte die entsprechende Behandlung Schizophrener als nicht ganz so fraglos gelten.

Nun ist aber gerade die Behandlung dieses Leidens mit frühen Forschungsbemühungen der Gesprächspsychotherapie verbunden. Gemeint ist die breit angelegte Wisconsin-Studie, in der Rogers u. Mitarb. (1967) die Wirkung der Gesprächspsychotherapie bei langfristig hospitalisierten und z.T. schwer chronifizierten Schizophrenen untersuchten. Immerhin ergab sich hier, daß die Patienten, die sich überhaupt zu einer Selbstauseinandersetzung stimulieren ließen, langfristig (7-Jahres-Katamnese) von der Behandlung profitierten.

In der Folgezeit beschäftigten sich auch andere Gesprächspsychotherapeuten mit der Behandlung dieser Patienten (Truax 1970, Weise u. Weise 1981; Rank u. Mitarb. 1986; Gäbel 1986; Prouty 1990; Binder u. Binder 1991; Teusch 1985, 1986, 1990b). Der letztgenannte Autor, Teusch, hatte vor allem positive Effekte bei Patienten nachweisen können, die nicht zu unkritisch-flach-euphorisch oder nicht zu autistisch antriebsgemindert waren. Es waren dies überwiegend Patienten, die nach Abklingen einer paranoid-halluzinatorischen Episode zwar noch eine deutliche Minussymptomatik hatten, aber allenfalls nur noch diskret wahngestimmt waren oder / und noch geringfügige Denkstörungen hatten.

Patienten dieses Störungsgrades und dieser Störungsart sind in den folgenden Erörterungen gemeint, also besonders Patienten mit unvollständiger Remission einer paranoiden Schizophrenie (ICD-10 F20.4), mit postschizophrener Depression (ICD-10 F20.4) und evtl. mit schizophrenem Residuum(ICD-10 F20.5). Ebenfalls wird hier von der Notwendigkeit einer medikamentösen Begleittherapie (meist Neuroleptika) ausgegangen, da Untersuchungen gezeigt haben, daß zwar Psycho- bzw. Soziotherapie die Ergebnisse einer Pharmakotherapie verbessern können, daß aber eine ausschließliche Psycho- bzw. Soziotherapie eine deutlich schlechtere Wirkung zeitigt als die Kombinationsbehandlung (Goldstein u. Mitarb. 1978; Hogarty u. Mitarb. 1974). Andererseits läßt sich bei intensiver Psycho- und Soziotherapie die notwendige Medikation erheblich reduzieren (Ciompi u. Mitarb. 1993). Bei noch stärker im Antrieb und in der emotionalen Schwingungsfähigkeit reduzierten Patienten hat es sich außerdem bewährt, die einsichtsorientierte, verbale Therapie mit stärker strukturierenden, averbalen Methoden, wie z. B. der Gestaltungstherapie, zu kombinieren (Finke u. Teusch 1982). In der Gesprächspsychotherapie Schizophrener wird es sich außerdem immer um eine mehr oder weniger stark modifizierte Form von Gesprächspsychotherapie handeln müssen.

Die Gesprächspsychotherapie ist besonders bei jenen Patienten indiziert, die nach abgeklungener paranoid-halluzinatorischer Symptomatik gerade wegen dieser krankhaften Ereignisse in ihrem Selbstwertgefühl sehr verunsichert sind und denen die Psychotherapie helfen kann, die psychotischen Erlebnisse und die damit einhergehende Identitätsstörung zu bewältigen. Eine weitere Indikation ergibt sich bei Patienten, die unter dem Eindruck starker familiärer oder partnerschaftlicher Konflikte stehen. Das Therapieziel bestände im ersteren Falle in der Überwindung von Selbstwertkrisen und der Festigung des Identitätserlebens, verbunden mit der Fähigkeit, die durchgemachte Erkrankung nicht verleugnen zu müssen. Im zweiten Falle wäre es wichtig, die Kompetenz zur interpersonalen Konfliktbewältigung zu verbessern, aber auch die Möglichkeiten des Patienten zu verbessern, bestimmte Beziehungserfahrungen und Beziehungswünsche konfliktfreier zu integrieren. Durch die Erreichung dieses Zieles könnte auch eine gewisse Rezidivprophylaxe geschaffen werden.

Diese Indikationsangaben dürften schon deutlich machen, daß bei vielen Schizophrenen im Sinne einer adaptiven Indikation eine erhebliche Modifizierung des Verfahrens in Richtung auf ein mehr pädagogisch-lenkendes Vorgehen nötig ist. So dürfte denn auch nicht verwundern, daß sich bei diesen Kranken auch verhaltenstherapeutische Techniken, wie das Trainieren sozialer Kompetenz, offenbar sehr bewährt haben (Hogarty u. Anderson 1987).

Selbstkonzept, Beziehungsangebot und Inkongruenzkonstellation

Da bei der hier in Rede stehenden Erkrankung sehr unterschiedliche Störungsbilder zu beobachten sind, ist die Ausrichtung der Diskussion auf einen einheitlichen Typus sehr problematisch.

In der Literatur findet man öfter einen bestimmten Idealtypus des Schizophrenen: Ein Mensch mit einem unsicheren, brüchigen Selbstkonzept, das er aber anderen gegenüber zu verbergen sucht. Das Beziehungsangebot ist durch ausgesprochene Ambitendenz geprägt, wobei die Seite bemühter und manchmal kalt wirkender Distanzierung zunächst zu überwiegen scheint. Im Gegenüber kann dies Ärger hervorrufen, bis dann, meist relativ schnell, die innere Not und Angst des Patienten deutlich wird, die Angst, sich im Gegenüber völlig zu verlieren, sich auszuliefern. Der innere Konflikt zwischen Nähe- und Distanzwunsch ist dadurch bestimmt, daß Anlehnungswünsche verleugnet und z.T. projiziert werden.

Die Behandlungspraxis

Bedingungsfreies Akzeptieren

Das *Akzeptieren*, die tiefe bejahende, den Patienten in seinem Sosein anerkennende Grundhaltung, soll ihm helfen, ihn aus seiner Isolation zu befreien. Dies gilt gerade nach dem durch medikamentöse Therapie bewirkten Abklingen der akuten paranoid-halluzinatorischen Symptomatik. Der Patient schämt sich seiner wahren Gedanken, und zwar auch in einem Stadium, in dem er ihnen insgeheim partiell noch nachhängt. Hier wird der Therapeut deutlich machen, daß er den Patienten auch in seinem Wahn anerkennt, weil dieser Wahn für ihn eine bestimmte Wahrheit enthielt. Indem der Therapeut „hinter den Vorhang aus Schweigen, Halluzinationen, seltsamen Reden, Feindseligkeit und Gleichgültigkeit" die Person zu sehen sucht (Rogers 1977 / [1]1962), gibt er dem Schizophrenen das für ihn so wichtige Erleben der Teilhabe an Beziehung. Allerdings kann gerade dieses Erleben im Patienten zunächst auch zwiespältige Gefühle hervorrufen. Denn der Schizophrene kann dieses Nähe-Angebot als Versuchung zur Selbstauflösung empfinden. So ist es wichtig, daß der Therapeut auch die Zurückweisung durch den Patienten akzeptiert und als Versuch zur Selbstabgrenzung versteht. Der Therapeut sollte aus diesen Gründen auch das Bekunden seiner Anteilnahme und seiner Sorge so dosieren, daß es für den Patienten in seiner Nähe-Angst nicht bedrohlich wird. So gilt es, dem Patienten einerseits Anteilnahme und Wertschätzung deutlich zu machen, andererseits aber auch für sein Bedürfnis nach Distanz sehr sensibel zu sein und es zu respektieren (Teusch, Köhler, Finke 1987).

Einfühlendes Verstehen

Von den Interventionsformen, die sich aus diesem Therapieprinzip ableiten, ist hier das *Einfühlende Wiederholen* von besonderer Wichtigkeit. Das *Einfühlende Wiederholen* der Äußerungen des Patienten stellt auf dieser Ebene auch den Versuch eines logischen Verstehens und Strukturierens dar. Der Therapeut fragt gewissermaßen an: „Ist es das, was Sie sagen wollten, habe ich Sie so richtig verstanden?" Dieser Versuch des Therapeuten, die Äußerungen des Patienten auf einen eindeutigen logischen Sinn festzulegen und so semantisch Verständigung zu bewirken, spielt besonders bei den stärker gestörten, kognitiv wie emotional noch desorganisierten Patienten eine Rolle (Prouty 1990). Der Patient soll so die Möglichkeit haben, über die logische Konsistenz wieder eine emotionale Strukturiertheit aufzubauen, über die sprachlich-begrifflichen Markierungen Realitätsprüfung und Selbstabgrenzung zu fördern. Ähnliches wäre zur Rolle des *Konkretisierenden Verstehens* zu sagen. Auch hier muß der Therapeut durch Herstellen des situativen Kontextes den Patienten zu einer prägnanten Wahrnehmung sowohl seiner äußeren wie seiner inneren Welt führen. Der Patient muß vor allem lernen, welche Wahrnehmungsverfälschungen gegenüber der äußeren Situation er möglicherweise durch seine eigenen Erwartungen vornimmt. Dabei muß er auch lernen, solche Erwartungen präzis wahrzunehmen und zu beschreiben. So wird er zunehmend fähig, zunächst verwirrend gegensätzliche Gefühle und Bedürfnisse zu differenzieren. Diese insgesamt strukturierende Arbeit trägt sehr zur Festigung des Identitätserlebens bei. Der Theapeut muß gewissermaßen das Defizit an Klarheit und Struktur des Patienten ausgleichen (Binder u. Binder 1991). Durch dieses viel stärker strukturierende Vorgehen unterscheidet sich natürlich die Arbeit mit ausgeprägt gestörten Schizophrenen deutlich von der Therapie neurotisch Kranker.

Das *Selbstkonzeptbezogene Verstehen* soll durch das „Anrufen" der stellungnehmenden und bewertenden Instanz im Patienten in besonderer Weise dazu dienen, das Identitätserleben zu stabilisieren und die Selbstdemarkation zu fördern. Es muß zunächst die Aufmerksamkeit darauf gerichtet werden, die Konsistenz des Selbstkonzeptes wiederherzustellen, bis in einem späteren Therapiestadium vielleicht sehr vorsichtig die Ausblendungen der organismischen Erfahrung angesprochen und aufgehoben werden können. Ein zu frühes Ansprechen etwa von Hingabewünschen kann aber das Therapieziel der Stabilität und Selbstabgrenzung gefährden.

Indem der Therapeut immer wieder auf die stellungnehmende Instanz im Patienten verweist, versucht er, die Selbstkritik des Patienten anzuregen. Etwas prototypisch vereinfacht könnte der Therapeut sagen: „*Sie* haben jetzt also ganz fest den Eindruck, daß Sie immer so komisch auf der Straße angesehen werden." Oder: „*Sie* sind im Moment felsenfest davon überzeugt, daß das alles Anspielungen sind, die nur Ihnen gelten." Oder: „Im Augenblick scheint es *Ihnen* ausgeschlossen, daran je zweifeln zu können." Hiermit macht der Therapeut deutlich, daß es sich um die subjektive Sicht des Patienten handelt, und er fordert diesen indirekt auf, diese Sicht zu überprüfen. Der Therapeut wird dabei in den ersten Kontakten die (paranoide) Sicht des Patienten nur andeutungsweise direkt in Frage stellen. Für ein direkteres Konfrontieren muß sich zunächst eine halbwegs vertrauensvolle Beziehung entwickeln.

Generell muß der Therapeut bei den verschiedenen Interventionen, die sich aus dem *Einfühlenden Verstehen* ableiten, bedenken, daß ein sehr tiefes Einfühlen und Verstehen für Schizophrene sehr irritierend und ängstigend sein kann. Insbesondere wenn sie noch in einem stärker gestörten Zustand sind, können sie schnell das Gefühl bekommen, der Therapeut könne ihre geheimsten Gedanken lesen. Der Therapeut muß also hier seine Empathie bzw. das, was er davon dem Patienten mitteilt, behutsam dosiern. Anderenfalls kann gerade durch die Empathie das Ziel der Selbstabgrenzung und der Autonomie in Frage gestellt werden.

Bei halbwegs stabileren Patienten, die schon vorsichtig beginnen, sich von ihrem Wahn zu distanzieren, käme es jedoch auch sehr darauf an, den spezifischen Ausdrucksgehalt von Wahnsymptomen zu verdeutlichen. Der Therapeut muß deutlich machen, daß er solche (Wahn-)Gedanken als Ausdruck der „inneren Welt" des Kranken versteht. Ziel ist dann die „Verinnerlichung" von wahnhaften Beschuldigungen, also die Rücknahme von Projektionen: Nicht die äußere Welt macht etwas mit mir, sondern ich selbst bin Ursprung und Zentrum meines Denkens, Fühlens und Wollens. Im Sinne dieser Parole könnte der Therapeut z. B. sagen: „Das alles beunruhigt Sie sehr. Aber es ist, als ob Sie vor allem in sich selbst keine Ruhe finden können." Und „Sie fühlen sich von überall so bedroht, aber es scheint mir manchmal so, als würden Sie auch sich selbst mißtrauen."

Echtheit

Bei dem Therapieprinzip Echtheit spielt besonders die Interventionskategorie des *Selbsteinbringens* für die Behandlung von Schizophrenen eine wichtige Rolle (Gendlin 1964). Gerade indem der Therapeut sich transparent macht und sich dem Patienten als reale Person, als konkretes Gegenüber darstellt, kann er den Patienten bewegen, Projektionen zurückzunehmen und über die Auseinandersetzung mit seinem konkreten Dialogpartner seine eigene Identität zu festigen. Wenn der Therapeut bestimmte Verstehensangebote und konfrontative Hinweise in der Form von Ich-Botschaften vermittelt, kommt der Patient weniger in die Versuchung, im Therapeuten die übermächtige, alles durchschauende Instanz zu sehen. Aus dieser Position heraus kann er auch am besten konfrontierend intervenieren, z. B. seine Zweifel an den Wahrnehmungen und Beurteilungen das Patienten zum Ausdruck bringen. So könnte er z. B. sagen: „Ich find es eigentlich schön, daß Sie doch viel Vertrauen haben und mir so viel von sich erzählen. Aber dann wundert es mich auch, daß Sie auf der anderen Seite noch so mißtrauisch sind."

Das *Beziehungsklären* kommt dagegen als Intervention nur in sehr eingeschränktem Maße in Frage, da der Schizophrene das direkte Ansprechen seiner Beziehungsphantasien sehr schnell als ängstigendes Eindringen und Bemächtigen erleben kann.

Dies gilt besonders bei stärker gestörten Patienten. Bei Patienten jedoch, die außerhalb einer akuten Krankheitsepisode, also in einem weitgehend symptomfreien Zustand, in ihrer Selbstabgrenzung und der Fähigkeit zur Realitätsprüfung recht stabil erscheinen, könnte der Therapeut, wenn auch zunächst sehr vorsichtig, diese Interventionen durchführen. Dabei käme es natürlich darauf an, daß der Therapeut von sich aus Beziehungsphantasien des Patienten nur anspricht, wenn sie sehr deutlich werden. Unter Beachtung dieser Vorsichtsmaßnahmen könnte diese Form der Beziehungs-Mitteilung für den Patienten ein wichtiges Erlebnis sein. Er würde die vertrauensbildende Erfahrung machen, daß dieses besonders intime Form des Sichöffnens nicht mit einem Durchdrungen- und Beherrschtwerden verbunden ist.

Gesprächsregeln Schizophrenie

- Geben Sie dem Schizophrenen das Gefühl, daß Sie seine Gedanken, auch die wahnhafter Art, als für ihn bedeutsam anerkennen. Bekunden Sie Ihr Bemühen, diese zu verstehen.

- Zeigen Sie ihm, daß Sie sein Bedürfnis nach Distanz akzeptieren. Lassen Sie sich durch seine evtl. Zurückweisung nicht frustrieren.

- Helfen Sie dem Kranken, seine Gedanken und Erlebnisse präzise zu benennen, zu unterscheiden und zu ordnen.

- Beziehen Sie (beim *Selbstkonzeptbezogenen Verstehen*) die Äußerungen des Patienten nachdrücklich auf die wertende und stellungnehmende Instanz in ihm selbst und vermitteln Sie ihm, daß er selbst Zentrum seines Denkens, Erlebens und Handelns ist.

- Fördern Sie das Vertrauen des Patienten in seine Wahrnehmungsfähigkeit und regen Sie gleichzeitig auch seine Möglichkeit zur Selbstkritik an.

- Teilen Sie dem Patienten Ihre Sicht der „Realität" in möglichst persönlicher und authentischer Weise mit.

- Seien Sie für Ihren Patienten transparent, und lassen Sie zu, daß das Subjektive und Angreifbare auch Ihrer Äußerungen und Stellungnahmen deutlich wird.

Zusammenfassung: Im Rahmen des *Einfühlenden Verstehens* soll bei schizophrenen Patienten durch das *Einfühlende Wiederholen* die Fähigkeit zur kognitiven Strukturierung und durch das *Selbstkonzeptbezogene Verstehen* die Selbstabgrenzung und die Realitätsprüfung gefördert werden. Durch verschiedene Formen des *Selbsteinbringens* kann die Konflikttoleranz und die Kommunikationsfähigkeit verbessert werden.

8. Gruppen-Gesprächspsychotherapie

Da die gesprächspsychotherapeutische Gruppentherapie bzw. die Gruppen-Gesprächspsychotherapie heute weit verbreitet ist, sollen hier auch einige Hinweise zum Konzept und zur Anwendungsweise gegeben werden. Diese sehr skizzenartigen Hinweise können natürlich nur einen sehr groben Überblick über Theorie und Praxis dieser Methode vermitteln.

Historische Entwicklung

Bereits ab 1946, so berichtet Rogers (1984 / [1]1970), habe er am Counseling Center der Universität von Chicago Selbsterfahrungsgruppen für Berater der Kriegsopferversorgung durchgeführt. In den folgenden Jahren widmete er sich jedoch zunehmend der Ausarbeitung der Gesprächspsychotherapie als Einzelpsychotherapie, um sich dann erst später wieder sehr intensiv der Gruppenbehandlung zuzuwenden. Erst 1970 erschien sein hier wichtigstes Buch, „Encounter-Gruppen". Inzwischen hatten sich aber schon Mitglieder aus dem engeren und weiteren Schülerkreis von Rogers intensiv mit Gruppenpsychotherapie beschäftigt. 1951 erschien die erste grundlegende, methodische Darstellung (von N. Hobbs; hier in: Rogers 1973a / [1]1951), und in den 60er Jahren wurden dann in größerer Zahl Berichte über Gruppen-Gesprächspsychotherapie bei unterschiedlichsten Klienten publiziert, so bei hospitalisierten, schizophrenen Patienten (Truax u. Mitarb. 1966; Truax u. Carkhuff 1965), sowie bei schweren Persönlichkeitsstörungen (Truax, Wargo, Carkhuff 1966). Gleichzeitig wurden auch empirische Studien durchgeführt und hier z. B. der Einfluß unterschiedlichen Therapeutenverhaltens erkundet.

In Deutschland wurden die ersten Gruppen-Gesprächspsychotherapien ab Ende der 60er Jahre durchgeführt (Franke 1978). Bereits bis Ende der 70er Jahre erschien über die gesprächspsychotherapeutische Arbeit in Gruppen bei Patienten mit unterschiedlichen Störungen eine Fülle von Publikationen, auch im Sinne von empirischen Studien (Überblick bei Franke 1978). Inzwischen dürfte die Gruppen-Gesprächspsychotherapie fast genauso häufig angewendet werden wie die Einzelgesprächspsychotherapie.

Wie schon aus den o.g. Angaben deutlich geworden sein dürfte, ist hier bisher von der gesprächspsychotherapeutischen Gruppenarbeit mit Kranken die Rede gewesen. Die von Rogers initiierten Encounter-Gruppen hatten ursprünglich auch eine therapeutische Zielsetzung. Hieraus entwickelte sich jedoch dann, z.T. durch die späteren Aktivitäten von Rogers selbst, eine Bewegung, die sich auch an Gesunde verschiedenster Berufsgruppen mit dem Versprechen wandte, sowohl Selbstverwirklichungsmöglichkeiten bereitzustellen als auch ursprüngliche Gemeinschaftserfahrungen zu vermitteln. Zwar ist die Förderung von Gruppen- bzw. Gemeinschaftserleben und einer gewissen Kultur der Selbstbesinnung keinesfalls schon an sich zu kritisieren. Jedoch waren diese Zielsetzungen bei manchen Extremformen der Encounter-Bewegung mit Glücksverheißungen verbunden, wie sie typisch sind für Erweckungsbewegungen unterschiedlichster Provenienz. Solche Extremformen der Encounter-Bewegung sind als Symptom einer Regression aus den Anforderungen einer hochkomplexen Industriegesellschaft zu werten.

Die Gruppen-Gesprächspsychotherapie hat ihren Abstand zu diesen Erscheingungen der Encounter-Bewegung schon immer durch ihre Bereitschaft gezeigt, die verschiedensten Aspekte der Gruppenarbeit nüchterner, empirisch-wissenschaftlicher Kontrolle zu unterwerfen. Bei der Gruppen-Gesprächspsychotherapie handelt es sich zudem in wesentlichem Maße um die Behandlung von Kranken, was auch Rückwirkungen auf die Definition der Rolle des Gruppenleiters bzw. Gruppentherapeuten hat (Herter 1988; Teusch 1990a). Diese Rolle ist u. a. dadurch zu kennzeichnen, daß mit ihr ein ganz anderes Maß an Verantwortung verbunden ist, als dies bei der Leitung der Gruppenarbeit mit Gesunden der Fall ist. Der Gruppenpsychotherapeut wird u.U. massiv in den Gruppenprozeß eingreifen, wenn dies zum Schutze eines einzelnen Patienten dringend erforderlich erscheint. Der Gruppenpsychotherapeut wird auch grundsätzlich bereit sein, sich nach der Gruppensitzung einem einzelnen Mitglied noch einmal intensiv zuzuwenden, um etwa eine beginnende Suizidalität abzufangen.

Der Therapeut wird seine Gruppe nach Möglichkeit so zusammenstellen, daß sich die beiden genannten Situationen möglichst nicht ergeben, er wird jedoch andererseits, und dies zeichnet seine besondere Verantwortungsbereitschaft aus, mit solchen Situationen rechnen.

Stellung der Gruppen-Gesprächspsychotherapie innerhalb zentraler Konzepte der Gruppentherapie

Sozialpsychologische und gruppendynamische Überlegungen führen zu differenten Konzepten über Funktion und Arbeitsweise von Gruppen. Vor allem innerhalb der psychoanalytisch ausgerichteten Gruppenpsychotherapie ist es zu unterschiedlichen Konzepten hinsichtlich der Bedeutung und Berücksichtigung gruppendynamischer Prozesse in der psychotherapeutischen Arbeit gekommen. Entlang der Polarität „Individuum versus Gruppe" lassen sich drei unterschiedliche Konzepte ausmachen (Foulkes 1971; Anthony 1968; Heigl-Evers 1972; Franke 1978).

(I) Psychotherapie in der Gruppe
Hier erfolgt die psychotherapeutische Zentrierung auf das einzelne Gruppenmitglied. Der einzelne Patient wird also in seinem Erleben und Verhalten relativ unabhängig von den anderen Gruppenmitgliedern gesehen. Die letzteren nehmen die Rolle von Anregern, Helfern oder Quasi-Cotherapeuten ein. Überspitzt könnte

man sagen, daß es sich hier um eine Einzeltherapie in der Gruppe handelt. Der Hintergrund der Gruppe bzw. das Umgebensein von der Gruppe wird zwar für diese Therapie durchaus als bedeutsam angesehen, einer Gruppendynamik im engeren Sinne jedoch wird keine Aufgabe für die Therapie des Einzelnen zugeschrieben. Es wird vielmehr sehr die Individualität und Einmaligkeit jedes einzelnen Gruppenmitgliedes betont. (Wichtigste Vertreter dieses Konzeptes sind: Slavson 1956; Wolf 1971.)

(II) Gruppenpsychotherapie (Therapie durch die Gruppe)
Hier wird der Einfluß von Gruppenprozessen auf das einzelne Gruppenmitglied hervorgehoben. Andererseits wird aber betont, daß jedes Gruppenmitglied seinerseits seine Problematik und Geschichte in die Gruppe „mitbringt", d. h., daß es seinerseits versucht, die Gruppe zu beeinflussen. Diese Beeinflussung geschieht in einer Weise, die die spezifische Persönlichkeitsproblematik des jeweiligen Teilnehmers durch die Gruppe zum Ausdruck kommen läßt. Hierdurch sucht der Patient unbewußt die eigene Konflikthaftigkeit über die anderen Gruppenteilnehmer zu bewältigen. Die so intensive Interaktion zwischen den einzelnen Mitgliedern ist mit gegenseitigen Rollenzuweisungen verbunden. So können durch das induzierte Verhalten der anderen eigene Bedürfnisse befriedigt werden. Therapeutisch kann deshalb der Patient nicht nur „für sich" verstanden werden, sondern sein Erleben und Verhalten muß auch als Ergebnis der Interaktion mit anderen interpretiert werden. Die Rede und das Verhalten des Patienten sind, mit anderen Worten, auf dem Hintergrund sowohl der individuellen Psychodynamik als auch von gruppendynamischen Prozessen zu verstehen (wichtigste Vertreter sind: Anthony 1968; Foulkes 1971; Heigl-Evers 1972).

(III) Psychotherapie der Gruppe
Hier wird die Gruppe als eine Einheit konzipiert, und diese Gruppeneinheit wird analog zum Individuum gesehen. Das einzelne Gruppenmitglied ist also lediglich ein Element des Gruppenindividuums, es wird nur als Teil einer Gruppenganzheit gedacht. Es wird angenommen, daß sich eine jeweils vorherrschende Gruppenstimmung konstelliert, die alle Mitglieder erfaßt und miteinander verbindet. In den Äußerungen eines Patienten drücken sich die Gefühle und Bedürfnisse aller anderen aus. Die Rede und das Verhalten des einzelnen Patienten wird also jeweils als Ausdruck einer vorherrschenden Gruppenstimmung oder eines vorherrschenden Gruppenbedürfnisses interpretiert. (Wichtigste Vertreter sind: Bion 1961; Argelander 1972). Dieses Verfahren setzt eine langdauernde Therapie bei einer geschlossen arbeitenden Gruppe voraus.

Bei der Frage, auf welchem der Konzepte die gesprächspsychotherapeutische Gruppenarbeit basiert, ist zunächst das Konzept (III), Psychotherapie der Gruppe, eindeutig auszuschließen. Dieses Konzept würde der ausgeprägten Neigung der Gesprächspsychotherapeuten, die Einzigartigkeit und Einmaligkeit eines jeden Patienten hervorzuheben und seine unverwechselbare Individualität zu betonen, widersprechen. Aus gesprächspsychotherapeutischer Sicht bergen Gruppendeutungen, vor allem wenn sie häufig erfolgen, die Gefahr in sich, daß der einzelne in eine Identifikation mit den anderen hineingezwungen und in seinen persönlichen Bedürfnissen nicht wahrgenommen wird. Auf die u.U. sehr irritierende und zu Identitätsdiffusion führende Wirkung von Gruppendeutungen hat Zech (1985) anhand der Therapieberichte Bions hingewiesen.

Das Konzept „Psychotherapie der Gruppe" setzt für sein Wirksamwerden voraus, daß alle Gruppenteilnehmer in einen Zustand tiefer Regression geführt werden, in dem es zu Gefühlsansteckung und individualitätsauflösenden Verschmelzungserlebnissen kommt. Dieses Vorgehen ist in der Gesprächspsychotherapie ausdrücklich nicht vorgesehen.

Das Konzept (II), Gruppenpsychotherapie, ist dagegen mit verschiedenen Positionen der Gesprächspsychotherapie durchaus kompatibel. Rogers selbst hat zwar das Konzept (I), Psychotherapie in der Gruppe, vertreten. Er sieht in der Gruppe einen wichtigen „Wachstumsraum", nimmt aber auf eine eigentliche Gruppendynamik nicht Bezug. Hobbs (Rogers 1973a / [1]1951) dagegen läßt diese Bezugnahme erkennen, man könnte ihm eine mittlere Position zwischen dem Konzept (I) und (II) zusprechen. Die Position der meisten Gesprächspsychotherapeuten heute tendiert zunehmend zu Konzept (II), (Mente u. Spittler 1980; Eckert u. Biermann-Ratjen 1985; Thomas 1991; Esser u. Rosen 1988). Das bedeutet zunächst, daß ausdrücklich die Interaktionen der Gruppenmitglieder beachtet und in den therapeutischen Interventionen angesprochen werden. Es wird dabei versucht, solche Interaktionen sowohl auf dem Hintergrund der gesprächspsychtherapeutischen Störungstheorie wie gruppendynamischer Konzepte zu verstehen. Auch die folgenden Darstellungen zur gruppentherapeutischen Behandlungspraxis gehen von dieser Position aus.

Empirische Untersuchungen zur differentiellen Indikation der o.g. drei Konzepte gibt es noch nicht. Heigl-Evers, Heigl und Ott (1993) nehmen an, daß das Konzept (I) besonders für schwerer gestörte Patienten indiziert sei, während das Konzept (III) sehr belastungsfähige und ich-starke Patienten voraussetze. Dieses Konzept dürfte außerdem nur bei geschlossenen und über lange Zeit geplanten Gruppen sinnvoll anwendbar sein; Argelander (1972) geht hier von einer Therapiedauer von vier bis fünf Jahren aus.

Die Berücksichtigung der gesprächspsychotherapeutischen Position führt zu der Grundannahme, daß der Patient seine persönlichen Schwierigkeiten so in die Gruppe hineinnimmt, daß diese sein Beziehungsangebot gegenüber den anderen Gruppenteilnehmern (und gegenüber dem Therapeuten) prägen. Der Patient delegiert bestimmte, gerade auch widersprüchlich erlebte Bedürfnisse an die Gruppenteilnehmer. Das bedeutet, daß er mit seinem Beziehungsangebot bestimmte Rollenzuschreibungen vornimmt, die seine Erwartungshaltungen bestätigen bzw. seinen Bedürfnissen (etwa nach Anlehnung oder Anerkennung) entsprechen sollen.

Die Gruppenteilnehmer beggenen sich also mit z. T. „irrationalen" Beziehungserwartungen und „unangemessenen" (bezogen auf die reale Gruppensituation) Beziehungsangeboten. Dies ist jedoch, je nach Stadium des Gruppenprozesses, in jeweils unterschiedlichem Ausmaß der Fall. Im Stadium einer eher versachlichenden Arbeit an den Konflikten einzelner Gruppenmitglieder zeigen sich spezifische Beziehungserwartungen oft nur indirekt, „unkontrollierte" Interaktionen treten zurück. Die Gruppenmitglieder verhalten sich auf dieser Ebene eher wie Kotherapeuten, was für das im Zentrum stehende Mitglied durchaus förderlich sein kann. Sieht man in den o.g. drei Gruppenkonzepten Beschreibungsebenen für das jeweilige Gruppenstadium, so könnte man sagen, daß hier die Gruppe auf der Ebene I arbeitet.

Wenn die wechselseitigen Interaktionen intensiver und „emotionaler" werden, bewegt sich die Gruppe auf eine Ebene zu, die am ehesten durch das Konzept (II) erfaßt wird. Hier sind dann viel deutlicher gruppendynamisch zu beschreibende Situationen zu beobachten wie Rivalitäten, Kämpfe um Machtpositionen, Sündenbocksuche usw. Ein Gruppengeschehen, das adäquat durch das Konzept (III) abgebildet wird, dürfte in einer nicht streng geschlossenen Gruppe mittlerer Therapiedauer (ca. 50 Sitzungen) eher selten und dann auch meist flüchtig auftreten.

Diese Sicht des Gruppengeschehens impliziert also die Annahme, daß je nach Stadium des Gruppenprozesses besonders Konzept (I) wie Konzept (II) ihre Berechtigung haben. Beide Konzepte bilden jeweils ein typisches Stadium des Geschehens in einer gesprächspsychotherapeutischen Gruppe ab.

Der Gesprächspsychotherapeut hält also die Arbeit auf beiden Ebenen für sinnvoll. Er versucht nicht unbedingt, die Gruppe auf die eine oder die andere Ebene zu lenken. Er ist sich allerdings klar darüber, daß die Art und Weise, wie er Interaktionen der Teilnehmer aufgreift, den weiteren Gruppenprozeß mit beeinflußt. Auch wenn die Gruppe auf der Ebene (I), gemäß Konzept (I) arbeitet, wird der Therapeut Interaktionen ansprechen. Das kann dann die emotionsbestimmten Interaktionen verstärken, so daß das Gruppengeschehen sich wieder auf eine Ebene zubewegt, die dem Konzept II entspricht. Die hier genannten Konzepte stellen also einerseits die jeweils leitende Arbeitshypothese des Therapeuten dar, andererseits dienen sie auch als Beschreibungsinstrumente, mit denen sich das jeweilige Stadium des Gruppenprozesses abbilden läßt.

Die Behandlungspraxis

Der Gruppentherapeut muß seine Aufmerksamkeit und seine Empathie vierfach spalten: Er muß sie ausrichten auf den Protagonisten – so soll hier in Anlehnung an einen Begriff aus dem Psychodrama jenes Gruppenmitglied genannt werden, das gerade über sich berichtet –, auf die gerade mit dem Protagonisten interagierenden Gruppenmitglieder, auf die Gruppe als ganze und auf sich selbst. Hinsichtlich des therapeutischen Intervenierens bedeutet dies, daß drei Klassen von Interventionen unterschieden werden müssen: Interventionen, die Bezug nehmen auf die Individualität des Protagonisten, auf seine Interaktionen mit anderen Gruppenmitgliedern und auf die Gruppe als ganze.

Der Gesprächspsychotherapeut definiert seine Rolle natürlich nicht als Lenker des Gruppengeschehens, aber auch nicht *nur* als sein Beobachter und Interpret, sondern auch als „Facilitator", als jemand, der, vor allem initial, versucht, die Austauschprozesse in der Gruppe zu erleichtern und anzuregen. Dies bedeutet, daß er etwa bei anfänglichem Schweigen bemüht ist, den Gruppenmitgliedern über ihre Anfangsängste (und d. h. auch über ihre Abwehr) hinwegzuhelfen, indem er etwa in das Schweigen hineinformuliert: „Ich überlege mir, was jetzt wohl in jedem von Ihnen vorgehen mag, welchen Gedanken jetzt jeder so nachhängt." Oder: „Ich versuche, Ihr Schweigen zu verstehen, und frage mich, ob es jetzt so ein angstvolles Schweigen oder eher ein gelassenes, wohliges Schweigen ist."

Meistens beginnt dann bald ein Patient zu berichten, und der Therapeut wendet sich ihm augenblicklich in einer Weise zu, wie das im Kapitel über das *Einfühlende Verstehen* beschrieben wurde. Der Therapeut ist jetzt also mit seiner Aufmerksamkeit und Empathie auf den Protagonisten zentriert. Er achtet aber darauf, daß das sich jetzt ergebende Zwiegespräch nicht zu lang wird. Sobald er merkt, daß ein anderer Patient sich einschalten möchte, unterbricht er seinen Dialog. Im anderen Falle läßt er dieses Zwiegespräch höchstens einige wenige Minuten dauern, um ggf. ein erneutes Schweigen entstehen zu lassen. Der Therapeut vermeidet also zu lange Dialoge mit einem einzelnen Patienten. Er will möglichst alle Gruppenmitglieder in das Geschehen einbeziehen.

Wenn sich eine Interaktion des Protagonisten mit einem anderen Gruppenmitglied ergeben hat, wird der Therapeut nach einer gewissen Zeit im Sinne des *Interaktionsbezogenen Verstehens* intervenieren, und zwar kann er es einmal gegenüber dem Protagonisten und zum anderen gegenüber dem oder den anderen Gruppenmitgliedern tun. Im Unterschied zur Einzeltherapie versucht der Therapeut aber hier nicht so sehr die Beziehung zwischen einem Gruppenmitglied und sich selbst, sondern zwischen den Gruppenmitgliedern untereinander zu erfassen. Dabei sind bei dem hier in Rede stehenden *Interaktionsbezogenen Verstehen* analog dem *Einfühlenden Verstehen* verschiedene Schritte zu unterscheiden.

Der Therapeut muß also bei der Gruppenarbeit seine Aufmerksamkeit immer unterschiedlich ausrichten, d. h., er muß zentrieren auf:

Fokus Protagonist

Auf den Protagonisten bezogen ergeben sich ähnliche Interventionen wie beim *Einfühlenden Verstehen* beschrieben. Im Sinne des *Selbstkonzeptbezogenen Verstehens* könnte der Therapeut z. B. sagen: „Ich glaube, daß die Äußerung von Frau X. Sie jetzt sehr getroffen hat." Es müßte dann im weiteren Verlauf geklärt werden, welche Aspekte des Beziehungsangebotes von Frau X., Herrn Y. so enttäuscht oder verletzt haben. Danach könnte durch weitere Interventionen deutlich werden, welche unrealistischen Beziehungserwartungen Herr Y. immer wieder an seine Umgebung heranträgt und wie diese Erwartungen mit seinem eigenen Selbstkonzept und seiner eigenen Lebensgeschichte in Zusammenhang stehen.

Fokus Interaktion

– Akzentuieren
Analog dem *Einfühlenden Wiederholen* versucht der Therapeut den Kern der Botschaft des Gruppenmitgliedes an den Protagonisten herauszuheben, das Gesagte

auf diesen Kern hin zu strukturieren, z. B.: „Sie meinen also, daß Herr Y. seiner Frau nicht immer ausweichen sollte." Durch diese Intervention wird vor allem dem Protagonisten (hier Herrn Y) nahegelegt, sich intensiv mit der Botschaft der Gruppenmitglieder auseinanderzusetzen.

– Klären der Reaktionen
Analog dem *Selbstkonzeptbezogenen Verstehen* versucht der Therapeut, die emotionalen Reaktionen der Gruppenmitglieder auf den Protagonisten herauszuarbeiten, z. B.: „Sie ärgern sich jetzt richtig über Herrn Y.." Dem Protagonisten wird u.U. jetzt erst deutlich, daß er sich nicht nur auf der inhaltlichen Ebene mit seinen Mitpatienten auseinandersetzen muß, sondern daß er auch wahrnehmen kann, welche Gefühle er in den anderen auslöst.

- Konfrontieren
Die Äußerungen der Gruppenmitglieder gegenüber dem Protagonisten werden auf diese selbst zurückgelenkt. Hier wird der gruppendynamischen Konzeption Rechnung getragen, daß die Gruppenmitglieder entsprechend ihren Beziehungserwartungen sich gegenseitig Rollen zuschreiben. Der Therapeut könnte z. B. sagen: „Sie sagen das jetzt so erregt, könnte es sein, daß Sie mit dieser Äußerung an Herrn Y. auch ein Stück sich selber meinen?"

- Interpretieren
Hier wird in Fortsetzung des Konfrontierens direkt ein Zusammenhang zwischen der auf den Protagonisten bezogenen Äußerung des Sprechers und seiner eigenen Problemsituation hergestellt, z. B.: „Ich überlege mir, ob dieser Ärger über Hern Y. etwas mit der Beziehung zu Ihrem eigenem Mann zu tun hat." Mit solchen Interpretationen sollte der Therapeut möglichst sparsam umgehen, da es therapeutisch sinnvoller ist, daß der Patient selbst sich solche Deutungen gibt. Auch wenn die Gruppenmitglieder solche Deutungen geben, kann dies für den betreffenden Patienten manchmal akzeptabler und erlebnisnäher sein, als wenn der Therapeut dies tun würde. Der Therapeut muß allerdings darauf achten, daß nicht eine zu starke Stimmung des intellektualisierenden Deutenwollens aufkommt, da dies für den jeweiligen Protagonisten und für die Gruppe insgesamt wenig konstruktiv ist.

Fokus Gruppe

Neben diesem auf den Protagonisten bezogenen Verstehen und dem *Interaktionsbezogenen Verstehen* ist in der Gesprächspsychotherapie gelegentlich ein gruppenbezogenes Verstehen, also ein Zentrieren auf die Gruppe als ganze, angebracht. Dies ist insbesondere dann der Fall, wenn der Therapeut den Eindruck hat, daß sich eine Grundstimmung tatsächlich aller oder fast aller Gruppenmitglieder bemächtigt hat. Dies kann eine Stimmung der Langeweile, aber z. B. auch eine Stimmung des gemeinsamen Trotzes gegen den Therapeuten sein. Folgende Interventionen sind möglich:

- Klären der Gruppenstimmung
Ansprechen des vorherrschenden Gefühls in der Gruppe, etwa Langeweile, Feindseligkeit, engagiertes Bemühtsein usw., z. B.: „Irgend etwas scheint Sie jetzt alle hier zu lähmen."

- Konfrontieren
Ansprechen des Widerspruchs zwischen verbalisierter Gruppenintention und faktischer Wirkung des Gruppenverhaltens, z. B.: „Es wurde von allen zu Beginn der Stunde sehr die Notwendigkeit betont, dieses Problem zu bearbeiten; sehr schnell aber wurde über etwas ganz anderes geredet."

Solche Gruppenstimmungen als wirklich starke, alle ergreifende Affekte sind in der gesprächspsychotherapeutischen Gruppenarbeit in der Regel eher selten. Sie müssen auf jeden Fall behutsam angesprochen werden. Der Therapeut sollte sich auch hier akzeptierend und einfühlend einstellen und sich nicht in eine Gegenposition zur Gruppe setzen. Er sollte allerdings die Rolle des Gruppengegners auch (verständnisvoll) annehmen, wenn die Gruppe sie ihm zuweist.

Das Ansprechen von Gruppenstimmungen ermöglicht dann die Auseinandersetzung der einzelnen Gruppenmitglieder mit ihren gegenseitigen Erwartungen und Befindlichkeiten. Auch kann eine solche Intervention sehr die Aktivität der Gruppenmitglieder stimulieren, weil sie sich nun stärker gegen eine mögliche Vereinnahmung durch das Gruppenklima wehren. Insgesamt sind aus den o.g. Gründen aber diese gruppenbezogenen Interventionen mit Vorsicht zu handhaben.

Indikation der Gruppen-Gesprächspsychotherapie

Indikationsüberlegungen zur Gruppenpsychotherapie vollziehen sich oft in Abgrenzung zur Einzelpsychotherapie, also auf dem Hintergrund der Frage, ob im vorliegenden Falle Einzel oder Gruppentherapie angezeigt sei.

Diese Frage ist oft, so z. B. bei Patienten mit sog. Psychoneurosen, nach den ganz individuellen Zielsetzungen der Therapie zu entscheiden. Die Einzeltherapie ist in ihrer Zielstellung und in ihrem Ergebnis sicher stärker einsichtszentriert, die Gruppenpsychotherapie stärker erlebnis- und interaktionszentriert. Diese Unterschiede führen dann zu Indikationsentscheidungen bei Störungen der Introspektionsfähigkeit einerseits und der Kontaktfähigkeit andererseits. Es läßt sich sagen, daß Gruppenpsychotherapie indiziert ist bei Patienten mit geringer Introspektionsfähigkeit und wenig Neigung zur Selbstbeobachtung (geringe „Selbstaufmerksamkeit") einerseits und kommunikativen Defiziten andererseits.

Mit den letzteren sind vor allem Patienten mit Kontaktstörungen und mangelnder sozialer Kompetenz gemeint. Diese Defizite können einhergehen mit recht guter Introspektionsfähigkeit und sogar der Neigung zu übersteigerter Selbstbeobachtung. Es handelt sich meist um ängstlich-introvertierte Patienten, für die die Gruppe auch ein wichtiges „Trainingsfeld" darstellt zum Aufbau ihrer Selbstsicherheit und sozialen Kompetenz. Bei Patienten, bei denen diese Defizite sehr extrem ausgeprägt sind, besteht jedoch die Gefahr, daß die Gruppe zumindest anfangs zu ängstigend ist. Dies ändert aber nichts an der grundsätzlichen Indikation. Es ist in solchem Falle nur zu überlegen, ob der Gruppentherapie eine evtl. kürzere Einzeltherapie vorzuschalten ist, um die Voraussetzungen zur Mitarbeit in der Gruppe zu verbessern.

Patienten, die sich in einer Einzeltherapie nur schwer zu einer konstanten Selbstauseinandersetzung anregen lassen, denen eine differenziertere Innenschau und Selbstbeobachtung schwerfällt, können in einer Gruppe durch die gefühlsnahe Selbstexploration anderer Gruppenmitglieder viel eher zur vermehrten Introspektion stimuliert werden. Hier wäre das Lernen am Beispiel bzw. am Modell ein wichtiger Faktor. Auch können solche Patienten in der unmittelbaren Auseinandersetzung mit den Mitpatienten ihre eigenen Bedürfnisse und Erlebnisweisen konkreter und dadurch auch nachhaltiger erleben. Diese Patienten dürften auch besonders von den von Yalom (1974) für die Gruppentherapie genannten allgemeinen Heilfaktoren profitieren, als da u. a. sind Interpersonales Lernen, Katharsis, Erleben von Gruppenkohäsion, Identifikation, Anleitung, Einflößen von Hoffnung.

Mit diesen beiden Patientengruppen sind Extremausprägungen der polaren Merkmale Extroversion (aktionsbezogen) und Introversion (selbstbezogen) aufgeführt, denen jeweils eine Indikation zur Gruppenpsychotherapie zugesprochen wurde. Dies zeigt, daß die Zielsetzungen in der Gruppenpsychotherapie und damit auch die Indikationsbegründungen sehr unterschiedlich sein können. Die Gruppenpsychotherapie dient einerseits introvertierten und selbstunsicheren Patienten dazu, ihre Kontaktfähigkeit auszubilden. Sie kann andererseits Patienten zugute kommen, die aufgrund ihrer ausgeprägten Exravertiertheit von einer Einzeltherapie weniger profitieren würden. Zwischen diesen beiden Extremgruppen dürfte es viele Patienten geben, für die die Einzel- wie Gruppentherapie gleichermaßen hilfreich ist.

Nach den o.g. Zielsetzungen müßte sich auch die Zusammensetzung der Gruppe richten. Insgesamt läßt sich hier sagen, daß Unterschiede zwischen den Gruppenmitgliedern, vor allem hinsichtlich Störungsart und Störungsgrad, nicht zu grob sein dürfen, um Identifizierungsprozesse nicht zu behindern und eine gewisse Einheitlichkeit hinsichtlich der Zielstellungen und des Strukturierungsniveaus der Gruppenarbeit zu gewährleisten.

Man sollte nicht Patienten zu einer Gruppe zusammenstellen, die einer sehr unterschiedlichen Handhabung des Verfahrens bedürfen. Man wird also z. B. nicht schizophren gestörte Patienten in eine Gruppe von Patienten mit Psychoneurosen nehmen. Eine gewisse „Altersmischung" ist meist von Vorteil. Ungünstig ist es aber, wenn sich nur ein älterer Patient unter sonst viel jüngeren befindet oder umgekehrt.

Sogenannte gruppendynamische Übungen während der Therapiesitzung, wie sie manchmal vorgeschlagen werden, sind nur bedingt methodenkonform. Sie können leicht einen Eingriff in den freien Fluß der Interaktionen und die spontane Gruppendynamik bedeuten. Diese spontanen, nicht manipulierten Interaktionen sind gerade das Arbeitsfeld der Gruppen-Gesprächspsychotherapie.

Gesprächspsychotherapeutische Gruppen finden in der Regel einmal pro Woche mit einer Sitzungsdauer von 90—100 Min. statt. In der Regel wird mit einer Therapiedauer von etwa 50 Doppelstunden gerechnet, das bedeutet also bei einer Sitzung pro Woche einen Zeitraum von bis zu 2 Jahren.

Gesprächsregeln Gruppenpsychotherapie

- Helfen Sie den Teilnehmern über ihre anfänglichen Ängste hinweg, indem Sie von sich aus das Schweigen ansprechen bzw. Ihr Verständnis für diese Ängste äußern.

- Wenden Sie sich dem sich zu Wort meldenden Gruppenmitglied unmittelbar einfühlend-verstehend zu. Aber vermeiden Sie längere Dialoge.

- Ermöglichen Sie es anderen Gruppenmitgliedern, sich jederzeit in das Gespräch einzuschalten.

- Fördern Sie die Interaktion der Teilnehmer untereinander. Sprechen Sie eine diesbezügliche Zurückhaltung der Teilnehmer direkt an.

- Versuchen Sie, die emotionale Botschaft der Fragen und Entgegnungen der Mitpatienten zu verdeutlichen.

- Klären Sie die Beziehungserwartungen und das Beziehungsverhalten des Patienten gegenüber den anderen Gruppenmitgliedern.

- Sprechen Sie die Gruppenstimmung an, wenn Sie das Gefühl haben, daß der Gruppenprozeß stagniert.

- Achten Sie darauf, daß alle Gruppenmitglieder der Gruppendynamik und einem möglichen Gruppendruck gewachsen sind.

- Sprechen Sie gruppendynamische Phänomene wie Koalitionen und Sündenbock-Suche sofort an.

Inzwischen liegen Berichte und z. T. auch empirische Studien über Gruppen-Gesprächspsychotherapie bei unterschiedlichsten Störungsarten und Störungsgraden vor, so bei verschiedenen Psychoneurosen und Borderline-Störungen (Eckert u. Biermann-Ratjen 1985; Röhl 1988; Thomas 1991) bei schizophrenen Patienten (Finke u. Teusch 1982; Teusch 1990), bei Angstkranken (Teusch u. Böhme 1991), bei Depressiven (Böhme u. Mitarb. 1994) und bei Alkoholkranken (Luderer 1986).

9. Der Traum und das Traumverstehen

Da die Gesprächspsychotherapie sich in ihrem therapeutischen Vorgehen ganz betont auf die subjektive Welt des Patienten, auf die Welt seiner inneren Bilder und ganz individuellen Erlebnisse beziehen will, müßte auch der Traum als ein Teil dieser „inneren Welt" ihr ausdrückliches Interesse finden. Dies war aber merkwürdigerweise bis vor kurzem kaum der Fall. Erst seit einigen Jahren beginnt sich dies zunehmend zu ändern. So erschienen 1985 das Traumbuch von Wijngaarden und 1986 das von Gendlin (dt. 1987). Beachtenswerte Beiträge zu diesem Thema waren auch Vorträge bzw. Aufsätze von Pfeiffer (1980, 1989), Graessner (1989), Jennings (1986) und Vossen (1988) sowie die Arbeit von Stolte und Koch (1992).

Bei der Frage nach den Gründen für dieses späte Interesse klientenzentrierter Therapeuten an den Träumen ihrer Patienten wäre einmal auf das Prinzip der Nichtdirektivität, das dem Therapeuten erschwert, seinen Patienten das Berichten oder gar vorheriges Protokollieren von Träumen zur Aufgabe zu machen, und zum anderen auf das Prinzip des *Bedingungsfreien Akzeptierens* zu verweisen. Letzteres schließt bei sehr konsequenter Auslegung auch ein Respektieren der Abwehrhaltungen des Patienten ein und verbietet dem Therapeuten den unmittelbaren Durchgriff auf das Unbewußte seines Patienten, wie es die Traumanalyse zu ermöglichen scheint. Das Interesse an der Traumtherapie dürfte somit auch ein Indiz für eine Änderung der Beurteilung sein, mit welcher Rigorosität diese Prinzipien ggf. auf Kosten anderer therapeutischen Dimensionen zu vertreten sind. Hier zeigt sich wohl, was sich auch bei anderen Psychotherapieverfahren ankündigt: Die zunehmende Bereitschaft, eigene Positionen zu modifizieren und die anderen Verfahren anzuerkennen.

Bei der Charakterisierung der gesprächstherapeutischen Traumbearbeitung sollen sowohl die Unterschiede wie die Gemeinsamkeiten zu den entsprechenden Positionen anderer Schulen skizziert werden. Dabei sind die Gemeinsamkeiten vor allem mit der Jungschen Schule bedeutend. Dies betrifft sowohl das grundsätzliche Traumverständnis wie die eigentliche Technik der Traumbearbeitung. Allerdings gibt es innerhalb der Gesprächspsychotherapie auch unterschiedliche Konzepte der Traumtherapie. Sehr vereinfacht könnte man zwei verschiedene Positionen unterscheiden:

– Jene Gruppe, die von der Methode des sog. Focusing ausgeht (Gendlin 1987; Graessner 1989), bei der es, grob gesprochen, um ein Fokussieren auf die leibnahen Gefühle und deren Bedeutungsgehalte als Reaktion auf die Traumgeschichte geht.

– Die andere Richtung ist als dialogisch-bildorientiertes Vorgehen bezeichnet worden (Pfeiffer 1989a); hier steht die Beschäftigung mit den Traumbildern im Mittelpunkt der therapeutischen Arbeit. Die folgenden Ausführungen beziehen sich vorwiegend auf die letztgenannte Richtung.

Das gesprächspsychotherapeutische Traumkonzept

Die therapeutische Beschäftigung mit Träumen setzt eine Grundanschauung, ein Vorverständnis von dem voraus, was der Traum sei, was sich an ihm grundsätzlich zeigen könne. Die Arbeit mit Träumen ließe sich allerdings auch bei Vermeiden jeder Wesensbestimmung des Traumes betreiben: Die Traumgeschichte würde in diesem Fall hinsichtlich ihres geträumten Sinnes unbefragt bleiben und ähnlich einer TAT-Tafel als Projektionsfolie angesehen werden, an der sich die individuelle Problematik des Patienten im Hier und Jetzt der therapeutischen Arbeit entzünden und darstellen könnte. Über die inhaltliche Bedeutung der Traumgeschichte würde also hier nichts ausgesagt, entscheidend wäre nur die Reaktion des Patienten auf diese Geschichte in der therapeutischen Situation.

Die persönlichkeits- und störungstheoretischen Konzepte der Gesprächspsychotherapie rechtfertigen aber durchaus eine epistemologisch weniger enthaltsame Position, und in der Tat gehen fast alle gesprächspsychotherapeutischen Traumtherapeuten davon aus, daß der Traum einen Sinn, eine Botschaft enthält bzw. sinnhafter Ausdruck der seelischen Aktivität des Träumers ist. Bei der Frage, welches Traumverständnis aus der gesprächspsychotherapeutischen Position ableitbar ist, muß auf Rogers' phänomenologischen Grundhaltung, aber auch auf seine konflikttheoretische Position in der Krankheitslehre verwiesen werden. Eine wichtige Rolle beim Verstehen des Traumes spielt natürlich Organismus-Konzept bzw. das Konzept der Aktualisierungstendenz, der schöpferischen, zukunftsgerichteten Lebenskraft.

Die phänomenologische Position der Gesprächspsychotherapie führt zu einem starken Interesse an der manifesten Traumerzählung, diese wird nicht in erster Linie als Maskierung und Verschleierung bzw. Symptom gesehen, sondern ihr wird eine eigenständige Gültigkeit im Sinne eines unmittelbaren Offenbarungscharakters zugesprochen. So kommt es auch in der Traumtherapie nicht nur auf ein Interpretieren der Traumbilder, d. h. ihr Übersetzen in der Sprache des Wachbewußtseins an, sondern auf ihr Nacherleben und Nachbilden.

Diese Auffassung korreliert insofern mit daseinsanalytischen Traumkonzepten (Boss 1976) und auch mit der von Wyss (1988) vorgetragenen Position, als hier das Traumbewußtsein als ein Bewußtseinsbereich sui generis dargestellt wird, der Traum kein Symptom, nicht die Wiederkehr des Verdrängten, sondern eine eigene Weise der Selbstdarstellung ist. Allerdings wird heute auch von psychoanalytischer Seite die Bedeutung der manifesten Traumgedanken betont (Benedetti 1984). Von seiten der Jungschen Traumtherapie wurde ebenfalls dafür plädiert, die Eigenständigkeit des Traumbewußtseins anzuerkennen (Wolff 1984).

Neben dieser phänomenologischen Tendenz, im Traumbild nicht nur das Zeichen für ein anderes, also ein Symptom zu sehen, sondern es als das „Sich-an-ihm-selbst-zeigende" (Heidegger 1963) zu verstehen, spielen in der

Gesprächspsychotherapie das Konzept der Selbstaktualisierung bzw. der Selbstwerdung und ein betonter Aktualismus eine wichtige Rolle. Da in der sogen. Analytischen Psychologie Jungs diese Konzepte wichtige Bestimmungsstücke sind (Seifert 1981), ist es vielleicht nicht allzu verwunderlich, daß manche Gesprächspsychotherapeuten einige Elemente der Jungschen Traumanalyse aufgegriffen haben (Wijngaarden 1986; Gendlin 1987). Im folgenden sollen die wesentlichen Merkmale gesprächspsychotherapeutischen Traumverstehens beschrieben werden.

Das phänomenologische Symbolverstehen

Die Beschäftigung mit den Traumbildern fordert zum Verstehen der einzelnen Bildelemente heraus. Die einzelnen Details des Traumes, Personen, Landschaften, Tiere, Gegenstände, sollen aber, wie bereits ausgeführt, erst einmal für sich selbst sprechen, deshalb soll der Patient in der therapeutischen Situation diese Traumdetails noch einmal vor seinem inneren Auge in aller Plastizität und Konkretheit entstehen lassen. Er soll gewissermaßen seinen Traum in Gegenwart des Therapeuten noch einmal träumen und dabei ggf. Dinge und Personen sprechen lassen und selber mit ihnen sprechen (Pfeiffer 1989a). Das Wiederbeleben und Neudurchleben der Traumbilder schafft die für den therapeutischen Prozeß nötige emotionale Dichte und Unmittelbarkeit und dürfte für sich allein schon therapeutische Wirksamkeit haben. Andererseits soll aber eine Übersetzung der Traumbilder in die rationale Sprache des Wachbewußtseins nicht vermieden werden, es wird im Gegenteil hierin eine Komplettierung der therapeutischen Arbeit gesehen (Vossen 1988). Bei solcher Symboldeutung wird für den Therapeuten das maßgebend sein, was ein durchschnittliches Verstehen zunächst an Sinngehalten nahelegt (Gendlin 1987).

Ein Kirchturm z. B. wird zunächst für die Dimension des Geistigen, Erhabenen, In-die-Höhe-Strebenden stehen, eine Höhle für Geborgenheit, Schutz, vielleicht auch geheimnisvolle Dunkelheit, ein Auto für Dynamik, Kraft, Veränderung, evtl. auch Flucht.

Bei diesem phänomenologischen Symbolverstehen, das in dieser Hinsicht weitgehend korreliert mit dem in der Daseinsanalyse (Boss 1976) praktizierten, wird der Therapeut natürlich immer auch nach individuellen Bedeutungen fragen. Vor allem auch wird er auf die „Einfälle" des Patienten achten, wird er als klientenzentrierter Therapeut dessen Bedeutungszuschreibung großen Raum geben und mit eigenen Interpretationen eher sparsam sein.

Die progressive Tendenz

Ernst Bloch (1982) betont in ausdrücklicher Kontraposition zu vergangenheits- und regressionsbezogenen Positionen Freuds den progressiven, zukunftsgerichteten, Ziele entwerfenden Charakter des Traumes, besonders hier des Tagtraumes. Auch für Jung hat der Traum diese von ihm so genannte prospektive Funtkion.

Ein solch zukunftsgerichtetes Traumverständnis entspricht nun ebenso den Positionen der Gesprächspsychotherapie. Denn die schöpferische Zukunftsgerichtetheit, der nach Rogers unabsehbare Prozeß des Werdens, der offene Horizont der Möglichkeiten und nicht das im Wiederholungszwang an die Vergangenheit Gekettetsein, ist eine nicht nur das Traumverstehen leitende Grundannahme der Gesprächspsychotherapie. So ist vom klientenzentrierten Therapeuten der Traum daraufhin zu untersuchen, wieweit sich hier die vorwärtsgerichteten Phantasien, die kaum eingestandenen Intentionen und die bisher nur erträumten zukünftigen Taten des Patienten finden.

In der Traumtätigkeit kann das Wirken der Selbstaktualisierungstendenz gesehen werden: Hier drückt sich der in die Zukunft gerichtete Entwurf dessen aus, was das Selbst sein könnte und zu sein wünscht. Der Drang nach Ganzwerdung, d. h., nach Vollendung des Entwurfes findet im Traum seine Erfüllung. Im Traum zeigen sich aber auch die Widersprüche, die Hemmnisse der Selbstaktualisierung und des Werdens, die Inkongruenz von regressiv beharrenden Tendenzen einerseits und den progressiven, zukunftserträumenden andererseits.

Die Traumgestalten als Aspekte des Selbst

Die verschiedenen Aspekte des Selbst werden in den verschiedenen Figuren bzw. Gestalten des Traumes dargestellt. Jung (1982b) nannte eine solche Traumauslegung bekanntlich das Arbeiten auf der Subjektstufe. Schon bei Freud finden sich vereinzelt Hinweise für den Gedanken, daß die Person des Träumers sich in verschiedenen Traumfiguren darstelle (Thomä u. Kächele 1986). Auch bei Gendlin (1987), einem Schüler von Rogers, lautet eine der Fragen, die an den Traum zu stellen seien, welcher Teil des Träumers sich jeweils in dieser oder jener Traumperson zeige. Dieses Interpretationsschema entspricht in besonderer Weise deshalb auch dem gesprächspsychotherapeutischen Ansatz, weil das Konzept der Selbstaktualisierung und das des sog. Selbstkonzepts nahelegen, psychische Prozesse als Ausdifferenzierung und Ausbalancierung verschiedener Aspekte des Selbst zu verstehen. Die Existenzphilosophie, auf die sich Rogers ja ausdrücklich beruft, beschreibt das Wesen des Menschen als ein Ringen um Selbstdefinition, bei dem die Welt in ihren verschiedenen Erscheinungen als Moment der Selbstvergewisserung dient. Für ein ursprüngliches Welterleben erscheinen die Dinge nicht in distanzierter Vergegenständlichung, sondern stets als Widerspiegelungen des eigenen Selbst. So scheint es gerechtfertigt, im Traum eine Manifestation dieses ursprünglichen Welt-Selbst-Erlebens zu sehen und die verschiedenen Traumgestalten auch als Teile des eigenen Selbst zu deuten.

Die Darstellung des Gegenteils und die kompensatorische Funktion des Traumes

Gendlin (1987) empfiehlt, daß man sich bei der Traumbearbeitung fragen solle, ob ein bestimmtes Traumelement nicht das Gegenteil von dem bedeute, was es zunächst auszudrücken scheine. Entsetzen und angstvolles Erschrecken vor einer hereinbrechenden Gewalttat könnte dann z. B. den Wunsch nach Aggression und Herrschaft zum Ausdruck bringen. Diese „Verkehrung ins Gegenteil" würde dem unter diesem Namen schon von A. Freud (1975) beschriebenen Abwehrmechanismus entsprechen. Dieser gewissermaßen klassische tiefenpsychologische Gedanke läßt sich auch mit der klientenzentrierten Störungstheorie verbinden. Das hier wichtige Konzept der Inkongruenz geht, zumindest im Falle der Neurose, von einer Unvereinbarkeit unterschiedlicher Erfahrungsbereiche aus. Diese Divergenz führt zu einer Selbstwidersprüchlichkeit, die in einer Ambivalenz und Doppeldeutigkeit des Verhaltens zum Ausdruck kommt. Dieser Doppeldeutigkeit liegt eine hochgradig verzerrte Symbolisierung von Erfahrungen zugrunde. (s. Kap. 5). Mit dem Interpretationsschema der „Darstellung des Gegenteils" wird unterstellt, daß diese Symbolisierungsverzerrungen auch im Traum so wirksam sind, daß das Gegenteil des Gegebenen, also der Traumgeschichte, das eigentlich Gemeinte ist. Aus therapeutischen Gründen jedoch ist dieses Interpretationsschema nicht ganz unproblematisch. Denn das Gegenteil des manifest Aufweisbaren zu unterstellen, ist für den Patienten oft verwirrend und therapeutisch wenig weiterführend. Es kann als ein skeptisches Nichtakzeptieren des Gegebenen, also hier des Traumberichts des Patienten, erlebt werden und eine Atmosphäre des Mißtrauens erzeugen. Zumindest würde es die therapeutische Beziehung unnütz auf eine harte Probe stellen. Aus der Sicht der Gesprächspsychotherapie hätte man sich deshalb dieses Interpretationsschemas mit einer gewissen Zurückhaltung und besonderen Umsicht zu bedienen.

Neben der Interpretationsfigur „Verkehrung ins Gegenteil" ist oft eine Sicht angebracht, die in der Traumgeschichte einen Antagonismus zum Wacherleben sieht. Es geht hier also nicht um die Differenz von manifesten und latenten Teuminhalten, sondern von Traumerleben und Wacherleben. Im Traum würde dann der Gegenpol des Wacherlebens dargestellt. Die im Wachbewußtsein nicht symbolisierte Aktualisierungstendenz würde träumend zur Entfaltung kommen. Jung (1982b) hat bekanntlich unter der Bezeichnung der kompensatorischen Funktion des Traumes diesen Umstand beschrieben. Die am Tag nicht gelebte Seite der Psyche, der „Schatten" bzw. das Unbewußte meldet sich kompensatorisch im Traum zu Wort. Auch Jung denkt hier ganz lebensphilosophisch, indem er im Unbewußten letztlich die große schöpferische Kraft sieht (Rogers würde von der konstruktiven Ausrichtung der „organismischen Tendenz" sprechen), die sich im Schlaf, im Traum, also gewissermaßen in einem naturhaft-ursprünglichen Zustand, ihre Bahn bricht, um so das Ziel der Synthese, der Gestaltvollendung, der Ganzheit wieder zu erreichen. Nach den oben gemachten Äußerungen mag deutlich werden, wie sehr das Konzept der kompensatorischen Funktion des Traumes auch dem Denken von Rogers entspricht.

Es fragt sich nun, wie sich die kompensatorische Funktion und die „Darstellung des Gegenteils" zueinander verhalten. Bedeutet die Darstellung des Gegenteils, daß die kompensatorische Funktion gescheitert ist, daß sich auch im Traum die Forderungen des Wachbewußtseins nach Verdrängung durchsetzen konnten? Hier dürfte sich wohl am ehesten eine Perspektive empfehlen, die in der kompensatorischen Funktion nicht nur das Zum-Zuge-Kommen der schöpferischen, positiven Kräfte sieht, sondern einen Versuch der Lösung, der Bewältigung der Inkongruenz, was bedeutet, daß sich diese Inkongruenz, diese Zwiespältigkeit im Traum auch darstellt. Der Traum kann so als eine Art Probehandeln verstanden werden, in dem das Selbstkonzept genötigt ist, sich mit der organismischen Tendenz auseinanderzusetzen. Bisher nicht symbolisierte Aspekte der Aktualisierungstendenz, bisher nicht wahrgenommene Wünsche und Handlungsbereitschaften könnten so in das Selbstkonzept integriert werden. Auf diese problemlösende Funktion des Traumes haben von seiten der Psychoanalyse z. B. Fromm (1982) und auch Lüders (1982) hingewiesen.

Interventionen in der Arbeit mit Träumen

Erfassen der Traumstimmung

Nachdem der Patient seinen Traum erzählt hat, versucht der Therapeut den Stimmungsgehalt der einzelnen Traumbilder zu erkunden und zu verdeutlichen und die Gefühle und Impulse, die den Patienten bei den einzelnen Traumszenen bewegten, zu verstehen und das so Verstandene dem Patienten mitzuteilen. Es handelt sich hierbei im wesentlichen um die schon beschriebenen Stufen des *Einfühlenden Verstehens*. Der Therapeut könnte dem Patienten zu einem entsprechenden Traumbild z. B. sagen: „In dieser Situation waren Sie wie gelähmt vor Schreck."

Es geht hier darum, daß sich der Patient seiner Traumgefühle in intensiver und so erlebnisnaher Weise gewahr wird, daß er sie gewissermaßen dabei noch einmal erlebt. Nacherleben und Gewahrwerden bzw. Bewußtwerden der Gefühle, Stimmungen und Impulse des Träumers in den einzelnen Traumszenen ist also Ziel dieser Intervention.

Konkretisieren

Der Therapeut versucht, im Sinne des *Konkretisierenden Verstehens* die einzelnen Traumszenen möglichst konkret in allen Einzelheiten wieder erstehen zu lassen. Durch Fragen nach optischen Details, nach Geräuschen, Gerüchen usw. versucht der Therapeut, den Patienten das Traumbild mit allen Sinnen nacherleben zu lassen. Auch diese Intervention soll also dazu führen, daß der Patient den Traum in Gegenwart des Therapeuten gewissermaßen noch einmal träumt. Neben diesem Erlebensmoment dient das Konkretisieren aber auch schon der Vorbereitung zu einer Einsicht in Sinnzusammenhänge der Traumbilder. Dabei kann realistischerweise das Ziel dieser Interventionen nicht so sehr eine exakte Rekonstruktion des wirklich Geträumten sein, sondern es geht um eine Ausgestaltung und Konkretisierung des im Hier und Jetzt aktualisierten Erinnerns. Solches Erinnern ist immer schon sowohl durch die therapeutische Beziehung wie durch die aktuellen Lebensumstände des Patienten mitgeprägt. Diese von Ricœur (1974) für die psychoanalytische Traumtherapie herausgearbeitete Position wird mit Nachdruck auch von der Gesprächspsychotherapie geteilt.

Traumhandeln

Der Therapeut regt den Patienten zum Dialog mit den Traumgestalten an. Er könnte z. B. sagen: „Wenn der große, so regungslos dastehende Mann sprechen würde, was könnte der Ihnen wohl sagen?" Und dann, nach der entsprechenden Reaktion des Patienten: „Und wenn Sie nun ihm antworten würden, was würden Sie ihm sagen wollen?" Der Therapeut kann daraufhin versuchen, wieder das Erleben im Traumhandeln zu erfassen: „Sie spürten eben richtig, wie sehr es Sie ängstigte, ihn anzusprechen."

Solche Interventionen sollen einerseits eine besonders dichte Erlebnisnähe des Traumerinnerns herstellen, andererseits soll der Patient angeregt werden, seinen Traum gewissermaßen fortzuführen, die angedeuteten Linien der Traumgeschichte weiter auszuziehen. Aus gesprächspsychotherapeutischer Sicht ist es bei diesen Anregungen wichtig, daß sie ohne imperativen Akzent gegeben werden. Der Patient soll nicht forciert in ein intensives Erleben hineingestoßen werden. Um dem Patienten ausdrücklich einen deutlichen Entscheidungsspielraum zuzumessen, wieweit er sich seinen eigenen Emotionen überlassen möchte, empfiehlt es sich, zumindest zu Beginn der Therapie öfter, wie oben dargestellt, im Konjunktiv zu formulieren.

Die bisherigen Interventionen sollten dem Patienten ein intensives Nacherleben der Traumgeschichte ermöglichen. Es wurde gewissermaßen auf der Ebene und in der Sprache des Traumes gearbeitet. Das Vermitteln von Einsichten in Sinnzusammenhänge wurde dadurch erst vorbereitet. Bei den folgenden Interventionen soll es nun ausdrücklich um diese Einsichtsgewinnung gehen. Es wird gewissermaßen auf der Ebene des Wachbewußtseins gearbeitet, der Patient wird zu Bewertungen und Interpretationen angeregt.

Erfassen der Reaktion auf die Traumgeschichte

Der Patient soll angeregt werden, sich mit den Gefühlen und Bewertungen, die der Traumbericht in ihm auslöste, auseinanderzusetzen. Der Therapeut versucht, auch die unausdrücklichen emotionalen und kognitiven Stellungnahmen und Bewertungsvorgänge des Patienten zu erspüren und dieses Erspürte dem Patienten mitzuteilen. Er vollzieht also das schon beschriebene *Selbstkonzeptbezogene Verstehen*. Er könnte z. B. sagen: „Wie Sie sich da verhielten, das scheint Ihnen jetzt ganz sonderbar." Oder: „Daß immer wieder dieses alte, windschiefe Haus auftaucht, ängstigt Sie wohl direkt ein bißchen."

Der Patient soll sich bewußt werden, was der Traum in ihm auslöste. Das Gewahrwerden der emotionalen Reaktionen auf seinen Traum soll ihn anregen, selbst nach ersten Übersetzungen der Traumsymbole zu suchen.

Strukturieren der Traumthemen

Der Therapeut versucht, Einzelheiten der Traumgeschichte unter ein leitendes Thema zu bringen, unter einem ihm wichtig erscheinenden Stichwort zusammenzufassen. Dies kann z. B. eine durchgehende Stimmung oder auch ein häufig wiederkehrendes Bildelement sein. Der Therapeut könnte z. B. sagen: „Immer wieder war da für Sie dieses Gefühl der Demütigung durch einen großen, herrischen Mann."
Diese Intervention soll bereits das eigentliche Interpretieren einleiten. So wird z. B. der Patient durch eine solche Intervention zur Symboldeutung angeregt: Was könnte die oft wiederkehrende Figur des großen, herrischen Mannes bedeuten, für welches Lebensgefühl steht sie, welche reale Person aus dem Leben des Patienten wird möglicherweise durch sie vertreten? Welcher Aspekt des eigenen Selbst kommt hier möglicherweise zur Darstellung? So wird der Patient durch dieses Strukturieren auch angeregt, aktuelle Bezüge der Traumgeschichte zu seiner Lebenssituation herzustellen.

Interpretieren

Wie schon gesagt, leitet das Strukturieren zum Interpretieren über. Erst jetzt jedoch, beim Interpretieren, kommt es zur eigentlichen therapiepraktischen Umsetzung der o.g. grundsätzlichen Interpretationsschemata: Symbolverstehen, progressive Tendenz, Traumgestalten als Aspekt des Selbst (Subjektstufe) und Darstellung des Gegenteils. Dabei ist das Symbolverstehen in gewisser Hinsicht der übergeordnete Aspekt, der die anderen einschließt. Die phänomenologische Symboldeutung der Figur „großer, strenger Mann" (z. B. geistiger Führer, großer Vater, strenges Gewissen, Schuldgefühle) führt dazu, diese Figur auch als Teil des eigenen Selbst zu interpretieren. Unter dem Aspekt der Darstellung des Gegenteils könnte diese Figur auch als progressive Tendenz gesehen werden, in der sich das Individuum von autoritären Vaterfiguren und deren Verinnerlichung als strenges Gewissen zu lösen beginnt.
Praktisch ist aus gesprächspsychotherapeutischer Sicht wichtig, daß der Patient an solche Interpretationen im Sinne eines „Verstehens in kleinen Schritten" langsam herangeführt wird und daß vor allem der Therapeut keine fertigen Interpretationen vorgibt, sondern sie als Frage nach einem möglichen Bedeutungssinn dem Patienten gegenüber „in der Schwebe hält". Das Erarbeiten der gemäßen Interpretation geschieht so als ein Akt der Konsensbildung zwischen beiden Partnern des therapeutischen Dialogs.

9. Der Traum und das Traumverstehen

Ebenen der therapeutischen Interventionen (Erläuterungen zu Abb. 5)

In dem folgenden Schema sind die Interventionen optisch deutlich getrennt als Arbeiten auf der Traumebene und Arbeiten auf der Ebene des Wachbewußtseins. Insgesamt entsteht so eine Stufenfolge des Intervenierens. Dabei ist das Schema so zu verstehen, daß es in der Traumbearbeitung durchaus zu einem „Hin- und Herpendeln" zwischen den beiden Ebenen kommt und daß die Reihenfolge der aufgeführten Interventionen keinesfalls immer streng eingehalten wird.

Das Schema macht deutlich, daß das Interpretieren nur eine von 6 Interventionsformen und schon damit keineswegs die wichtigste ist. Nach gesprächspsychotherapeutischer Auffassung, und hier mag ein entscheidender Unterschied zu anderen psychotherapeutischen Richtungen liegen, wirkt auch schon das weitgehend interpretationsfreie Arbeiten auf der Traumebene therapeutisch, gemäß dem Wort von Rogers (1973b / [1]1961), daß die Änderung im Erleben des Patienten häufiger der Einsicht vorausgeht, als daß sie ihr folgt. Indes macht die relativ ausführliche Darstellung der die gesprächstherapeutische Traumbearbeitung leitenden Grundannahmen und Interpretationsschemata deutlich, daß auf eine Einsichtsvermittlung auch nicht verzichtet wird.

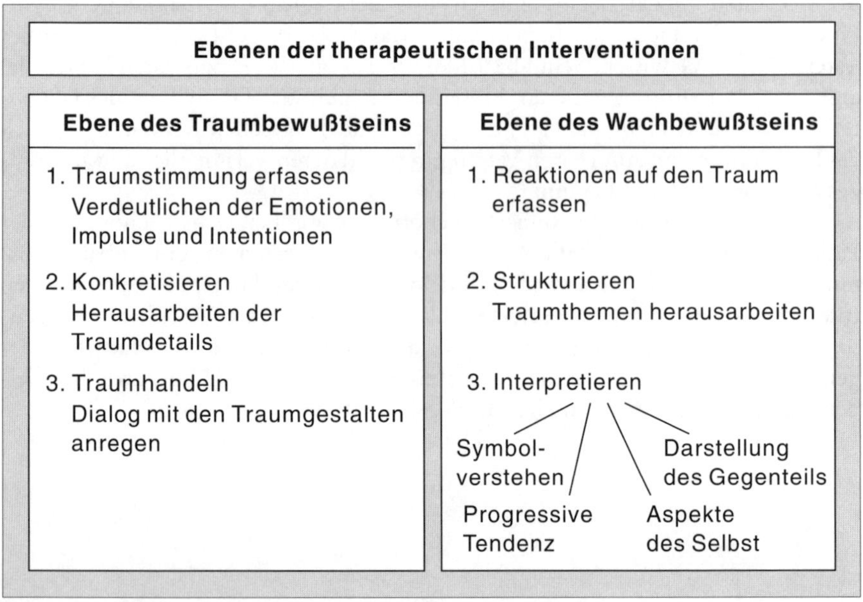

Ebenen der therapeutischen Interventionen	
Ebene des Traumbewußtseins	**Ebene des Wachbewußtseins**
1. Traumstimmung erfassen Verdeutlichen der Emotionen, Impulse und Intentionen	1. Reaktionen auf den Traum erfassen
2. Konkretisieren Herausarbeiten der Traumdetails	2. Strukturieren Traumthemen herausarbeiten

3. Traumhandeln
Dialog mit den Traumgestalten anregen
	3. Interpretieren
	  Symbol- / Darstellung
	  verstehen / \ des Gegenteils
	  Progressive Aspekte
	  Tendenz des Selbst

Abb. 5 Ebenen der therapeutischen Interventionen.

Gesprächsregeln Traum-Bearbeitung

- Lassen Sie den Patienten in der therapeutischen Situation seinen Traum noch einmal durchleben. Helfen Sie ihm, sich die Traumstimmung intensiv zu vergegenwärtigen. Lassen Sie ihn die Details der Traumgeschichte imaginierend beschreiben.

- Regen Sie den Patienten zu Interaktionen mit den Traumfiguren an.

- Klären Sie die emotionalen und gedanklichen Reaktionen des Patienten auf sein Traumgeschichte: Welche Gefühle und welche Phantasien ruft der Traum in ihm wach?

- Vermeiden Sie direkte Symbolübersetzungen („dieses" bedeutet „jenes"), verweilen Sie lange auf der Ebene der Traumsprache, bis sich der symbolische Gehalt fast wie von selbst erschließt.

- Versuchen Sie, den Patienten in den Traumfiguren und in markanten Gegenständen des Traumes Aspekte seines Selbst sehen zu lassen.

- Helfen Sie dem Patienten, in der Traumgeschichte die Bewältigung von Konflikten und die Erfüllung von Wünschen und Zielen zu entdecken.

10. Rahmenbedingungen der gesprächspsychotherapeutischen Praxis

Die Gesprächspsychotherapie gehört neben der Tiefenpsychologie / Psychoanalyse und der Verhaltenstherapie zu den drei wissenschaftlich ausgewiesenen Behandlungsverfahren (Meyer u. Mitarb. 1991: „Forschungsgutachten zur Frage eines Psychotherapeutengesetzes", erstellt für das Bundesgesundheitministerium). Die Gesprächspsychotherapie ist auch ein sehr häufig verwandtes Verfahren. So zeigte sich in einer Westberliner Erhebung (Studt 1989) die Gesprächspsychotherapie bei den niedergelassenen Therapeuten (Ärzte und Psychologen) als das meistangewandte Psychotherapieverfahren, noch vor der Psychoanalyse/Tiefenpsychologie und der Verhaltenstherapie. Bei einem so eingeführten Verfahren ist die Frage nach den Rahmenbedingungen seiner Praxis einschließlich der Ausbildungspraxis von besonderer Wichtigkeit.

Voraussetzungen und Organisationsformen für die Durchführung von Gesprächspsychotherapie

Die Anmeldung bei einem niedergelassenen Gesprächspsychotherapeuten bzw. bei einer entsprechenden Institution dürfte in der Regel telefonisch erfolgen. Hier werden dem Patienten auf Wunsch bereits bestimmte Grundinformationen gegeben, so z. B. nach der ungefähren Dauer der Therapie, der Häufigkeit und Dauer der einzelnen Sitzungen und der Kostenregelung. In zwei bis drei Vorgesprächen versucht der Therapeut sich einen Eindruck zu verschaffen über das Beschwerdebild, die Krankheitsanamnese sowie die wichtigsten demographischen und biographischen Daten. Diese Informationen sollen den Therapeuten befähigen, eine Diagnose nach den genannten Kriterien (s. Kap. 6 „Diagnostik und Indikation") zu erstellen.

Das Ziel dieser diagnostischen Bemühungen besteht zunächst in dem Ausschluß einer organischen oder psychotischen Erkrankung. Besteht der Verdacht auf das Vorliegen einer dieser beiden Erkrankungen, wird der Patient zum zuständigen Facharzt überwiesen. Mit diesem ist dann ggf. auch zu erörtern, ob unter modifizierter Zielsetzung evtl. auch eine psychotherapeutische Mitbehandlung in Frage kommt (s. z. B. Kap. 7, „Gesprächspsychotherapie der Schizophrenie"). Für nicht ärztliche Gesprächspsychotherapeuten werden die Einzelheiten hier durch das Psychotherapeutengesetz geregelt.

Wenn aufgrund der genannten diagnostischen Kriterien eine Psychotherapie in Frage kommt, ist natürlich grundsätzlich die Frage der geeigneten Methodik zu erwägen. Darüber hinaus ist auch zu entscheiden, ob eine Einzel- oder Gruppentherapie in Frage kommt oder ob evtl. auch eine Paar- oder Familientherapie angezeigt ist.

Ein weiteres Ziel der diagnostischen Überlegungen besteht in dem Entwurf eines vorläufigen Bedingungsmodells der Erkrankung des Patienten. Aufgrund dieser Modellvorstellungen kann der Therapeut einen, natürlich ebenfalls nur vorläufigen, Therapieplan entwerfen. Dieser gibt ihm einen Anhalt für die zu erwartende Therapiedauer und die vermutlich nötigen Schwerpunktsetzungen in der Therapie. Um solchen Überlegungen Orientierungsmarken vorzugeben, ist das Konzept eines phasenhaft verlaufenden Therapieprozesses brauchbar, wie es schon Carkhuff (1969) und zuletzt sehr detailliert Swildens (1991) erstellt hatten. Swildens beschreibt 5 Phasen der Therapie:

In der Prämotivationsphase geht es darum, die Therapiemotivation des Patienten, seine Erwartungen an die Therapie und den Therapeuten sowie die Therapieziele zu klären. In der Symptomphase sollen das Erleben der Beschwerden geduldig vergegenwärtigt und in der Problemphase die zentralen Lebensthemen und -konflikte bearbeitet werden. In der existentiellen und in der Abschiedsphase ist insbesondere die Klärung und Lösung der therapeutischen Beziehung vorgesehen.

In der vorliegenden Schrift sind Überlegungen, die von einem phasenhaft gegliederten Therapieverlauf ausgehen, in der wiederholt dargestellten Position enthalten, die Behandlungstechnik als eine gestufte Abfolge unterschiedlicher Interventionsschritte zu konzipieren. Auch wurde wiederholt darauf hingewiesen, daß die Indikation für den Einsatz bestimmter Interventionsformen u. a. vom Therapiestadium abhängt; so sind das *Beziehungsklären* und besonders das *Selbsteinbringen* erst in späteren Therapiephasen bevorzugt einzusetzen.

In den ersten Sitzungen werden dem Patienten Informationen über die Ziele der Therapie sowie die Rolle und die Arbeitsweise des Therapeuten gegeben. Der Gesprächspsychotherapeut wird sich in diesem Zusammenhang natürlich auch nach den entsprechenden Erwartungen des Patienten erkundigen und versuchen, in einer Erörterung mit dem Patienten diese Erwartungen mit seinen Konzepten abzustimmen.

Die gesprächspsychotherapeutische Einzeltherapie bei psychoneurotischen Erkrankungen erfordert in der Regel 25 bis 60 Sitzungen bei einer Frequenz von einer, manchmal zwei Sitzungen pro Woche. Die Dauer einer Sitzung beträgt zwischen 45 und 60 Minuten. Hinsichtlich des Settings hat es sich als günstig erwiesen, wenn Therapeut und Patient sich nicht direkt, sondern schräg gegenübersitzen (Bommert 1987). Dann haben beide, der Patient und der Therapeut, leichter die Möglichkeit, dem Blickkontakt auszuweichen. Dies kann manchmal, für bestimmte Phasen sehr tiefer Introspektion, wichtig sein.

In der Gesprächspsychotherapie ist es üblich, daß von den einzelnen Sitzungen Tonbandaufnahmen angefertigt werden. Diese dienen dem Therapeuten in der Praxis in der Regel dazu (wissenschaftliche Fragestellungen wären natürlich ein Sonderfall), sein eigenes Verhalten zu kontrollieren. Vor allem sind Tonbandaufnahmen in der Gesprächspsychotherapie eine wichtige Basis für die Supervision. Nicht das vom Therapeuten berichtete Vorgehen, sondern seine faktische Behandlungspraxis soll hier besprochen werden. Vor allem sollen hier nicht nur relativ globale Zielsetzungen und Strategien des Therapeuten, sondern eben auch die „Kunstfertigkeit" seiner einzelnen Interventionen erörtert werden. Dieses

Vorgehen schließt übrigens keinesfalls aus, daß auch Einstellungen des Therapeuten gegenüber seinem Patienten ausführlich zur Sprache kommen.

Die Ausbildung zum Gesprächspsychotherapeuten

Die gesprächspsychotherapeutische Ausbildung ist in Deutschland schon seit über 20 Jahren sehr konsequent formalisiert. Zu den Zulassungsvoraussetzungen gehört ein abgeschlossenes medizinisches oder psychologisches oder vergleichbares Studium. Die Ausbildungsrichtlinien werden vorgegeben von der *Gesellschaft für wissenschaftliche Gesprächspsychotherapie (GwG)*[23], übrigens dem größten Psychotherapieverband in Deutschland. Neben der GwG gibt es noch die *Ärztliche Gesellschaft für Gesprächspsychotherapie (ÄGG)*[24], die die ärztliche Ausbildung für den Fall regelt, daß die Gesprächspsychotherapie als sog. Zusatzverfahren bei einer anders orientierten Ausbildung gewünscht wird. Die *Österreichische Gesellschaft für wissenschaftliche Gesprächspsychotherapie (ÖGwG)*[25] und die *Schweizerische Gesellschaft für Gesprächspsychotherapie (SGGP)*[26] sind die zuständigen Fachverbände in den entsprechenden Ländern.

Die Ausbildung für das sog. Zertifikat der GwG umfaßt ca. 1000 Stunden. Davon entfallen, rundgerechnet, ein Drittel auf die Theorievermittlung, ein knappes Drittel auf die Selbsterfahrung bzw. die Lehrtherapie (sowohl Einzel-Lehrtherapie wie Gruppenselbsterfahrung) und ein gutes Drittel auf die Supervision und die sog. Trainingskurse. Gerade die letzteren sind (vor allem im ersten Ausbildungsabschnitt) ein typisches Element der gesprächspsychotherapeutischen Ausbildung. Hier geht es darum, in systematischen Übungen die Fähigkeit auszuformen, Interventionen sehr gezielt und in möglichst angemessenen Formulierungen geben zu können. So wäre zu sagen, daß Gesprächspsychotherapeuten keineswegs eine Selbstabwertung darin sehen, sich einer quasi handwerklichen Schulung, also einem Training sehr spezifischer verbaler und kommunikativer Fertigkeiten zu unterziehen. Diese Position geht davon aus, daß ein akademisches Studium zur Ausbildung solcher Fertigkeiten nicht schon per se beiträgt. Deshalb muß es das Anliegen jeder Psychotherapieausbildung sein, auch die Fähigkeit zur effektiven Transformation psychotherapeutischer Kenntnisse systematisch zu schulen.

---

[23] Sitz in Köln
[24] Sitz in Essen
[25] Sitz in Wien
[26] Sitz in Zürich

Literatur

DSM-III-R Wittchen, H.-U. et al. (1989) Diagnostische Kriterien und Differentialdiagnosen des Diagnostischen und statistischen Manuals Psychischer Störungen. Weinheim-Basel, Belz

ICD-10 Dilling, H. et al. (1991) Internationale Klassifikation psychischer Störungen. Bern-Göttingen-Toronto, Huber

ICD-9 Degkwitz, R. et al. (1980) Diagnosenschlüssel und Glossar psychiatrischer Krankheiten. Berlin-Heidelberg-New York, Springer

Alexander, F.; French, T. (1946) Psychoanalytic Therapy. New-York, Ronald Press

Anthony, E.J. (1968) Reflections on Twenty-Five Years of Group Psychotherapy. Int. Group. Psychother. 18, 277–301

Argelander, H. (1972) Gruppenprozesse. Hamburg, Rowohlt

Auckenthaler, A. (1989) Statt zu deuten: Psychotherapie auf der Basis von Verstehenshypothesen. In: Reinelt, T.; Datler, W. (Hrsg.) Beziehung und Deutung. Berlin-Heidelberg-New York-Tokio, Springer.

Balen, R. van (1992) Die therapeutische Beziehung bei C. Rogers: Nur ein Klima, ein Dialog oder beides? In: Behr, M. et al. (Hrsg.), Personenzentrierte Psychologie & Psychotherapie. Jahrbuch 1992. Köln, GwG

Balint, M. (1981) Urformen der Liebe und die Technik der Psychoanalyse. Frankfurt / M-Berlin-Wien, Ullstein

Bastine, R. (1983) Therapeutisches Basisverhalten und Differentielle Psychotherapie. Kritische Anmerkungen zum Beitrag von D. Tscheulin. In: Tscheulin, D. (Hrsg.) Beziehung und Technik in der klientenzentrierten Therapie. 65–69. Weinheim, Beltz

Baus, M. (1992) Die Rolle der Interpretation in der klientenzentrierten Psychotherapie. In: Sachse, R.; Litaer, G.; Stiles, W.B. (Hrsg.) Neue Handlungskonzepte der Klientenzentrierten Psychotherapie. Heidelberg, Asanger

Bechmann, R.; Meyer, A.-E. (1989) Die Verbalisierung der therapeutischen Beziehung in der fokalpsychoanalytischen und in der klientenzentrierten Psychotherapie. Eine inhaltanalytische Untersuchung aus dem Hamburger Kurzpsychotherapie-Vergleich-Experiment. Psychother. med. Psychol. 39, 143–150

Beck, H. (1991) Buber und Rogers. Heidelberg, Asanger

Becker, A.M. (1970) Die Behandlungstechnik in der Psychoanalyse. In: Schraml, W.J. (Hrsg.) Klinische Psychologie. Bern-Stuttgart-Wien, Huber

Benedetti, G. (1984) Der Offenbarungscharakter des Traumes an sich und in der psychotherapeutischen Beziehung. In: Wagner-Simon, T.; Benedetti, G. (Hrsg.) Traum und Träumen. Göttingen, Vandenhoeck & Ruprecht

Biermann-Ratjen, E.-M. (1989) Zur Notwendigkeit einer klientenzentrierten Entwicklungspsychologie für die Zukunft der klientenzentrierten Psychotherapie. In: Sachse, R.; Howe, J. (Hrsg.) Zur Zukunft der klientenzentrierten Psychotherapie. Heidelberg, Asanger

Biermann-Ratjen, E.-M.; Eckert, J.; Schwartz, H.J. (1979) Gesprächspsychotherapie, Verändern durch Verstehen. Stuttgart-Berlin-Köln-Mainz, Kohlhammer

Binder, U.; Binder, J. (1991) Studien zu einer störungsspezifischen klientenzentrierten Psychotherapie. Eschborn, Klotz

Bion, W.R. (1961) Experiences in Groups. London, Tavistock publications

Blanck, G.; Blanck, R. (1985) Angewandte Ich-Psychologie. Stuttgart, Klett-Cotta

Blankenburg, W. (1991) Phänomenologische Orientierung in der Psychopathologie. In: Herzog, M.; Graumann, C.F. (Hrsg.) Sinn und Erfahrung. Heidelberg, Asanger

Bloch, E. (1982) Das Prinzip Hoffnung, (Bd. 1) Frankfurt / M, Suhrkamp

Böckenhoff, J. (1970) Die Begegnungsphilosophie, ihre Geschichte – ihre Aspekte. Freiburg-München, Karl Alber

Böhme, H.; Finke, J.; Gastpar, M.; Staudinger, T. (1994) Die Veränderung von Kausalattribution und Coping durch stationäre Gesprächspsychotherapie (im Druck)

Bommert, H. (1987) Grundlagen der Gesprächspsychotherapie, Stuttgart-Berlin-Köln-Mainz, Kohlhammer

Boss, M. (1976) Das Träumen und das Geträumte in daseinanalytischer Sicht. In: Battgay, R.; Trenkel, A. (Hrsg.) Der Traum aus der Sicht verschiedener psychotherapeutischer Schulen. Bern-Stuttgart-Wien, Huber

Bowlby, J. (1982) Das Glück und Trauer. Herstellung und Lösung affektiver Bindungen. Stuttgart, Klett-Cotta

Buber, M. (1962) Das dialogische Prinzip. Heidelberg, Schneider

Carkhuff, R.R. (1969) Helping and Human Relations, a Primer for Lay and Professional Helpers (Vol.1 Selection and Training; Vol.2 Practice and Reserch). New York- Chicago-San Francisco- Atlanta- Dallas Montreal- Toronto- London-Sydney, Holt, Rinehart and Winston,Inc.

Carkhuff, R.R.; Berenson, B.G., (1967) Beyond Counseling and Therapy. New York- Chicago-San Francisco- Atlanta- Dallas- Montreal- Toronto- London, Holt, Rinehart and Winston,Inc.

Ciompi, L. et al. (1993) Das Pilotprojekt „Soteria Bern" zur Behandlung akut Schizophrener. Nervenarzt 64, 440–450

Condrau, G. (1978) Die Therapeutische Beziehung aus daseinsanalytischer Sicht. In: Battegay, R.; Trenkel, A. (Hrsg.), Die therapeutische Beziehung unter dem Aspekt verschiedener psychotherapeutischer Schulen. Bern-Stuttgart-Wien, Huber

Cremerius, J. (1979) Gibt es zwei psychoanalytische Techniken? Psyche 43/7, 577–599

Degkwitz, R.; Hoffmann, S.O.; Kind, H. (1982) Psychisch Krank. München-Wien-Baltimore, Urban & Schwarzenberg

Dilthey, W. (1958) Das Verstehen anderer Personen und ihrer Lebensäußerungen. In: Ders. Gesammelte Schriften Bd. VII. Stuttgart

Dührssen, A. (1988) Dynamische Psychotherapie. Ein Leitfaden für den tiefenpsychologisch orientierten Umgang mit Patienten. Berlin-Heidelberg-New York-Tokio, Springer

Eckert, J. (1994) Die Auswirkungen trieb- und selbsttheoretischer Auffassungen der Aggression auf die Psychotherapie von Patienten mit Borderline-Persönlichkeitsstörungen In: Teusch, L.; Finke, J.; Gastpar, M. (Hrsg.) Gesprächspsychotherapie bei schweren psychiatrischen Störungen. Heidelberg, Arsanger

Eckert, J. et al. (1987) Zur Diagnose von Borderline-Störungen. Überprüfung der Gütekriterien des „Diagnostisches Interview für Borderline-Störungen" (DIB). Psychother. Psychosom. med. Psychol. 2, 68–74

Eckert, J.; Biermann-Ratjen, E.-M. (1985) Stationäre Gruppenpsychotherapie. Prozesse – Effekte – Vergleiche. Berlin-Heidelberg-New York-Tokio, Springer

Eckert, J.; Gahlke, Ch.; Hentschel, K. (1990) Die Rolle von Übertagung und Gegenübertragung in der Gesprächspsychotherapie. GwG-Ztschr. 79, 146

Eckert, J.; Schwartz, H.J.; Tausch, R. (1977) Klienten-Erfahrung und Zusammenhang mit psychischen Änderungen in personenzentrierter Gesprächspsychotherapie. Ztschr. f. Klin. Psychol. 6, 177–184

Eissler, K.R. (1950) The Chicago Institute of Psychoanalysis and the sixth Period of Development of Psychoanalytic Teachnique. J. Gen. Psychol. 42, 103–157

Eissler, K.R. (1953) The effects of the structure of the ego on psychoanalytic technique, Jour. Am. Psychoan. Ass. 1, 104–143

Elliot, R. et al. (1990) The impact of experiental therapy on depression: The first ten cases. In: Litaer, G.; Rombauts, J.; van Balen, R. (Hrsg.) Client-Centred and Experimental Psychotherapy in the Nineties. Leuven, Univ. Press

Enke, H.; Czogalik, D. (1993) Allgemeine und spezielle Wirkfaktoren in der Psychotherapie. In: Heigl-Evers, A.; Heigl, F.; Ott, J. (1993) Lehrbuch der Psychotherapie. Stuttgart-Jena, Gustav Fischer

Epstein, S. (1984) Entwurf einer integrativen Persönlichkeitstheorie. In: S.-H. Filipp (Hrsg.) Selbstkonzept – Forschung. Stuttgart, Klett-Cotta

Ermann, M. (1993) Rekonstruktion des Früheren – Konstruktion im Hier und Jetzt: Der Ansatz der heutigen Psychoanalyse. In: Buchheim, P.; Cierpka, M.; Seifert, Th. (Hrsg.) Beziehung im Fokus Weiterbildungsforschung. Berlin-Heidelberg-New York, Springer

Esser, U. (1988) Rogers und Adler. Überlegungen zur Abgrenzung und zur Integration. Heidelberg, Asanger

Esser, U.; Rosen, C. (1988) Zehn Jahre Gruppenpsychotherapie mit jungen Erwachsenen im Rahmen einer kommunalen Erziehungsberatungsstelle – Erfahrungen mit einem halboffenen Langzeitangebot. In: Esser, U.; Sander, K. Personenzentrierte Gruppentherapie. Heidelberg, Asanger

Faber, F.R.; Haarstrick, R. (1989) Kommentar Psychotherapie-Richtlinien. Neckarsulm-München, Jungjohann

Ferenczi, S.; Rank, O. (1924) Entwicklungsziele der Psychoanalyse. Intern. Psychoanal. Verlag, Leipzig

Finke, J. (1981): Das „einfühlende Verstehen" in der klientenzentrierten Gesprächspsychotherapie. Psychother. med. Psychol. 3, 33–36

Finke, J. (1985) Verstehen und Einsicht in der klientenzentrierten Gesprächspsychotherapie. ZPP (Ztschr. für personenzentrierte Psycholog. u. Psychotherapie) 4, 327–337

Finke, J. (1988) Krankheitstheorie und Krankheitsbewältigung als Problem der Arzt-Patient-Beziehung. In: Rechenberger, H-G; Werthmann H.V. (Hrsg.) Psychotherapie und Innere Medizin. München, Pfeiffer,

Finke, J. (1989) Das Konzept „Widerstand" und die klientenzentrierte Psychotherapie. In: R. Sachse, J. Howe (Hrsg.) Zur Zukunft der klientenzentrierten Psychotherapie. Heidelberg, Asanger

Finke, J. (1990a) Can psychotherapeutic Competence be Taught? Psychother. Psychsom. 53, 64–67

Finke, J. (1990b) Die lebensgeschichtliche Perspektive im klientenzentrierten Therapieprozeß. In: Meyer-Cording, G.; Speierer, G.-W. (Hrsg.) Gesundheit und Krankheit. Theorie, Forschung und Praxis der klientenzentrierten Gesprächspsychotherapie heute. Köln, GwG

Finke, J. (1991) Die Krankheitslehre der Gesprächspsychotherapie am Beispiel der Depression. In: Finke, J.; Teusch, L. (Hrsg.), Gesprächspsychotherapie bei Neurosen und psychosomatischen Erkrankungen Neue Entwicklungen in Theorie und Praxis. Heidelberg, Asanger

Finke, J. (1992) Der Krankheitsbegriff in der klientenzentrierten Gesprächstherapie. In: Pritz, A.; Petzold, H. (Hrsg.) Der Krankheitsbegriff in der modernen Psychotherapie. Paderborn, Junfermann

Finke, J. (1993a) Therapietheorie, – Prinzipien und Methodik der Gesprächspsychotherapie. In: Teusch, L.; Finke, J. (Hrsg.) Die Krankheitslehre der Gesprächspsychotherapie. Heidelberg, Asanger

Finke, J. (1993b) Individualität und Dialog. Voraussetzungen und Implikationen des Therapieziels „Individualität" unter besonderer Berücksichtigung der Gesprächspsychotherapie. Prax. Psychother. u. Psychosom. 38, 94–101

Finke, J. (1993c) Gesprächspsychotherapeutische Konzepte bei Major-Depression. Fortschr. Neurol. Psychiat. 61, 1, 12

Finke, J.; Teusch, L. (1982) Indikation und Interaktion von Psycho- und Soziotherapie in der Rehabilitation Schizophrener – Ein Erfahrungsbericht. Psychiat. Prax. 9, 151–154

Finke, J.; Teusch, L. (1986) Die Klientenzentrierte Gesprächspsychotherapie in der Psychiatrie – Einführung in das Schwerpunktthema. ZPP 5, 361–366

Fittkau, B.; Kalliner. H. (1989) Beziehung und Deutung aus der Sicht der Gesprächspsychotherapie. In: Reinelt, T.; Datler, W. (Hrsg.) Beziehung und Deutung. Berlin-Heidelberg-New York-Tokio, Springer.

Foulkes, S.H. (1971) Dynamische Prozesse in der gruppenanalytischen Situation. In: Heigl-Evers, A. (Hrsg.) Psychoanalyse und Gruppe. Göttingen, Vandenhoeck

Franke, A. (1978) Klienten-zentrierte Gruppenpsychotherapie, Stuttgart-Berlin-Köln-Mainz, Kohlhammer

Franke, A. (1983) Klienten-zentrierte Psychotherapie – Verändern durch Beziehung? In: Zimmer, D. (Hrsg.) Die therapeutische Beziehung, Weinheim-Deerfield Beach-Basel, Edition Psychologie

Freud, A. (1975) Das Ich und die Abwehrmechanismen. München, Kindler

Freud, S. (1978a) Konstruktionen in der Analyse. GW Bd. 16, Frankfurt / M, Fischer

Freud, S. (1978b) Abriß der Psychoanalyse. GW Bd. 17, Frankfurt / M, Fischer

Freud, S.(1968) Die Traumdeutung. GW Bd. 2 / 3, Frankfurt / M, Fischer

Frohburg, I. (1977) Self-experiental Methods in the training of Psychotherapists. In: Helm, J.; Bergin, A. (Hrsg.) Therapeutic behavior Modification. Berlin (O.) Dt. Verl. d. Wiss. 149–154

Frohburg, I. (1992) Unterschiedliche Konzepte adaptiver Interventionsstrategien in der Gesprächspsychotherapie. In: Sachse, R.; Litaer, G.; Stiles, W.B. (Hrsg.) Neue Handlungskonzepte der Klientenzentrierten Psychotherapie. Eine grundlegende Neuorientierung. Heidelberg, Asanger

Fromm, E. (1982) Märchen, Mythen Träume. Reinbek, Rowohlt

Gadamer, H.-G. (1975) Wahrheit und Methode. Tübingen, Mohr

Gaebel, W. (1986) Die Bedeutung von psychiatrischer Diagnose und Indikation in der Gesprächspsychotherapie. ZPP 5, 399–408

Gendlin, E.T. (1962) Experiencing and the Creation of Meaning. New-York

Gendlin, E.T. (1964) Schizophrenia: Problem and methods of psychotherapy. Rev. Exist. Psychol. 4, 168–186

Gendlin, E.T. (1987) Dein Körper – Dein Traumdeuter. Salzburg, Müller

Goldstein, M.J. (1987) Drug and family therapy in the aftercare of acute schizophrenics. Arch. Gen. Psychiatr. 35, 1169–1177

Graessner, D. (1989) Traumbearbeitung und Focusing. GwG-Ztschr. 74, 34–48

Graessner, D. (1990) Entstehung von psychischen Störungen und psychischen Erkrankungen aus klientenzentrierter Sicht (unveröffentl. Manuskript)

Grawe, K. (1976) Differentielle Psychotherapie I. Stuttgart, Huber

Grawe, K. (1988) Psychotherapeutische Verfahren im wissenschaftlichen Vergleich. Prax. Psychother. u. Psychosom. 33, 153–167

Grawe, K.; Donati, R.; Bernauer, F. (1994) Psychotherapie im Wandel – Von der Konfession zur Profession. Göttingen-Bern-Toronto-Seattle, Hogrefe

Greenson, R.R. (1975) Technik und Praxis der Psychoanalyse. Stuttgart, Klett

Gutberlet, M. (1990) Wut, Haß, Aggression in der Gesprächspsychotherapie. GwG-Ztschr. 78, 26–30

Haas, O. de (1988) Strukturierte Gesprächstherapie bei Borderline-Klienten. GwG-Ztschr. 71, 64–69

Habermas, J. (1979) Erkenntnis und Interesse. Frankfurt / M, Suhrkamp

Hartmann, H. (1960) Ich-Psychologie und Anpassungsproblem. Stuttgart, Klett

Heidegger, M. (1963) Sein und Zeit. Tübingen, Niemeyer

Heigl-Evers, A. (1972) Konzepte der analytischen Gruppenpsychotherapie. Göttingen Vandenhoeck & Ruprecht

Heigl-Evers, A. (1983) Die Bedeutung des Widerstandes in der psychotherapeutischen Ausbildung und Praxis. Psychother. med. Psychol. 33, 87–93

Heigl-Evers, A.; Heigl, F. (1988) Zum Prinzip „Antwort" in der psychoanalytischen Therapie. In: Klußmann, R.; Mertens, W.; Schwarz, F. (Hrsg.) Aktuelle Themen der Psychoanalyse Berlin-Heidelberg-New York-Paris-London-Tokio, Springer

Heigl-Evers, A.; Heigl, F.; Ott, J. (1993) Lehrbuch der Psychotherapie. Stuttgart-Jena. Gustav Fischer

Herter, D. (1988) Gruppenbeziehungen. In: Ködel, R.; Frohburg, I. (Hrsg.) Gruppengesprächspsychotherapie. Merseburg, Gesellsch. f. Psychol. der DDR

Herzog, M. (1992) Phänomenologische Psychologie. Heidelberg, Asanger

Hobbs, N. (1973) Gruppen-bezogene Psychotherapie. In: Rogers, C.R. (1973a) Die klient-bezogene Gesprächspsychotherapie [Client-Centred Therapy (^{1}1951)]. München, Kindler

Hoffmann, S.O. (1979) Charakter und Neurose. Frankfurt / M, Suhrkamp

Hoffmann, S.O. (1986) Unterschiede psychotherapeutischer Vorgehensweisen bei Angst und Depression. In: Helmchen, H.; Linden, M. (Hrsg.) Die Differenzierung von Angst und Depression. Berlin-Heidelberg-New York-Paris-London-Tokio, Springer

Hoffmann, S.O. (1987) Forschungstendenzen im Bereich von Psychotherapie und Neurosenlehre in den letzten 15 Jahren. Psychother. med. Psychol. 37, 10–14

Hogarty, G.E.; Anderson, C. (1987) A controlled study of family therapy, social skills and maintenance chemotherapy in the aftercare treatment of schizophrenic patients: preliminary effects on relapse and expressed emotion at one year. In: Strauss J.S.; Böker, W.; Brenner, H.D. (Hrsg.) Psychosocial treatment of schizophrenia. Toronto, Huber

Hogarty, G.E. et al. (1974) Drug and sociotherapy in the aftercare of schozophrenic patients II. Twoyears relapse rates. Arch. Gen. Psychiatry 31, 603–608

Höger, D. (1989) Klientenzentrierte Psychotherapie – Ein Breitbandkonzept mit Zukunft. In: R. Sachse, J. Howe (Hrsg.) Zur Zukunft der klientenzentrierten Psychotherapie. Heidelberg, Asanger

Humphreys, M.P.; Finke, J. (1994) Gesprächspsychotherapie bei Patienten mit narzistischer Persönlichkeitsstörung In: Teusch, L.; Finke, J.; Gastpar, M. (Hrsg.) Gesprächspsychotherapie bei schweren psychiatrischen Störungen. Heidelberg, Arsanger

Jaspers, K. (1959) Allgemeine Psychopathologie. Berlin-Heidelberg-New York, Springer

Jaspers, K. (1973) Philosophie II: Existenzerhellung. Berlin-Heidelberg-New York, Springer

Jennings, J.L. (1986) A dream is the dream is the dream. Person-centred Rev. 1 310–333

Jung, C.G. (1982a) GW Bd. 8, §31, Olten, Walter

Jung, C.G. (1982b) GW Bd. 8, §519–543 (Vom Wesen der Träume). Olten, Walter

Kessel, W. van; Linden, P. van der (1993) Die aktuelle Beziehung in der klientenzentrierten Psychotherapie: Der interaktionelle Aspekt. GwG-Ztschr. 90, 19–32

Kierkegaard, S. (1963) Der Begriff Angst. Hamburg, Rowohlt

Kiesler, D.J. (1966) Some myths on psychotherapy research and the search for a paradigm. Psychological Bulletin 65, 110–136

Kind, H. (1982) Psychotherapie und Psychotherapeuten. Stuttgart-New York, Thieme

Klüwer, R. (1983) Agieren und Mitagieren. In: Hoffmann, S.O. (Hrsg.) Deutung und Beziehung. Kritische Beiträge zur Behandlungkonzeption und Technik in der Psychoanalyse. Frankfurt / M, Fischer

Köhler-Weisker, A. (1978) Freuds Behandlungstechnik und die Technik der klientenzentrierten Gesprächs-Psychotherapie nach Rogers. Psyche 23, 321–348

Kohut, H., (1989) Wie heilt die Psychoanalyse? Frankfurt / M, Suhrkamp

König, K. (1993) Gegenübertragungsanalyse, Göttingen, Vandenhoeck & Ruprecht

Körner, J. (1985) Vom Erklären zum Verstehen in der Psychoanalyse. Untersuchungen zur psychoanalytischen Methode. Göttingen, Vandenhoeck & Ruprecht

Leibing, E.; Rüger, U. (1993) Die klienten-zentrierte Gesprächspsychotherapie. In: Heigl-Evers, A.; Heigl, F.; Ott, J. (1993) Lehrbuch der Psychotherapie. Stuttgart-Jena, Gustav Fischer

Lorenzer, A. (1976) Sprachzerstörung und Rekonstruktion. Frankfurt / M, Suhrkamp

Luborsky, L.; Singer, B.; Luborsky, L. (1975) Comparative studies of psychotherapies: Is true that „everyone has won and all must have prizes?", Arch. of Gen. Psychiatry 32, 995–1008

Lüders, W. (1982) Traum und Selbst. Psyche 36, 813–829

Mahler, M. S.; Pine, F.; Bergman, A. (1988) Die psychische Geburt des Menschen. Frankfurt/M, Fischer

Martin, J.C. (1975) Gesprächspsychotherapie als Lernprozeß. Salzburg, Otto Müller

Mathews, B. (1988) The Role of Therapist Self-Disclosure in Psychotherapy: A Survey of Therapists. Americ. J. Psychother. 42, 521–531

Mente, A.; Spittler, H.-D. (1980) Erlebnisorientierte Gruppenpsychotherapie (2 Bde.) Paderborn, Junfermann

Mentzos, S. (1991) Neurotische Konfliktbearbeitung. Einführung in die psychoanalytische Neurosenlehre unter Berücksichtigung neuerer Perspektiven. Frankfurt / M, Fischer

Mertens, W. (1990a) Einführung in die psychoanalytische Therapie (Bd. 1). Stuttgart-Berlin-Köln, Kohlhammer

Mertens, W. (1990b) Einführung in die psychoanalytische Therapie (Bd. 2). Stuttgart-Berlin-Köln, Kohlhammer

Mertens, W. (1991) Einführung in die psychoanalytische Therapie (Bd. 3). Stuttgart-Berlin-Köln, Kohlhammer

Meyer, A.-E. (1981) The Hamburg short Psychotherapy Comparison experiment. Basel-München-Paris-London-New York-Sydney, Karger

Meyer, A.-E. (1987) Wodurch wirkt Psychotherapie? Vortrag auf dem Kongreß „Reichweite der psychoanalytischen Therapie" Essen: 22 / 23.5.87

Meyer, A.-E. (1990) Kommunale Faktoren in der Psychotherapie als Erklärung für nicht grob unterschiedliche Ergebnisse – ein Mythos mehr in der Psychotherapieforschung? ZPP. 5, 40.Jhg. 147–194

Meyer, A.-E. (1991) Laudatio auf Carl Ransom Rogers. GwG-Ztschr. 81, 53–55

Meyer, A.-E. (1993) Geleitwort zu: Teusch, L.; Finke, J. (Hrsg.): Krankheitslehre der Gesprächspsychotherapie. Heidelberg, Asanger

Meyer, A.-E.; Richter, R.; Grawe, K.; Schulenburg, J.-M. Graf v.d.; Schulte, B. (1991) Forschungsgutachten zu Fragen eines Psychotherapeutengesetzes

Meyer, A.-E.; Wirth, U. (1988) Die Beeinflussung affektiver Störungen durch psychodynamische und durch Gesprächspsychotherapie. Ergebnisse einer empirischen Vergleichsstudie. In: Zerssen, D.; Möller, H.-J. (Hrsg.) Affektive Störungen. Heidelberg-Berlin, Springer

Minsel, W.R. (1974) Praxis der Gesprächspsychotherapie. Wien-Köln-Graz, Böhlaus

Orlinsky, D.; Howard, K.I. (1986) Process and outcome in Psychotherapy. In: Garfield, L.; Bergin, A.E., (Eds.) Handbook of psychotherapy and behavior change. New York, Wiley

Panagiotopoulos, P. (1993) Inkongruenz und Abwehr. Der Beitrag von Rogers zu einer klientenzentrierten Krankheitslehre. In: Eckert, J.; Höger, D.; Linster, H. (Hrsg.) Die Entwicklung der Person und ihre Störung. Bd. 1, Köln, GwG

Pavel, F.G. (1978) Die klientenzentrierte Psychotherapie. München, Pfeiffer

Pfeiffer, W.M. (1980) Klientenzentrierte Traumtherapie. Vortrag GwG-Kongreß Berlin

Pfeiffer, W.M. (1985) Der Widerstand in der Sicht der klientenzentrierten Psychotherapie. In: Petzold, H. (Hrsg.) Widerstand, Ein strittiges Konzept in der Psychotherapie. Paderborn, Junfermann

Pfeiffer, W.M. (1986) Ist das Rogers'sche Persönlichkeits- und Therapiekonzept im Hinblick auf Psychiatrische Erkrankungen angemessen? ZPP 4. Jhg. 5 367–377

Pfeiffer, W.M. (1987) Übertragung und Realbeziehung in der Sicht klientenzentrierter Psychotherapie. ZPP 6. Jhg. 3, 347–352

Pfeiffer, W.M. (1989a) Arbeit mit Träumen. GwG-Ztschr. 74, 68–70

Pfeiffer, W.M. (1989b) Klientenzentrierte Psychotherapie im Kontext von Kultur und Mode. In: Sachse, R., J. Howe (Hrsg.) Zur Zukunft der klientenzentrierten Psychotherapie. Heidelberg, Asanger

Pfeiffer, W.M. (1991a) Krankheit und zwischenmenschliche Beziehung. In: Finke, J.; Teusch, L. (Hrsg.) Gesprächspsychotherapie bei Neurosen und psychosomatischen Erkrankungen – Neue Entwicklungen in Theorie und Praxis. Heidelberg, Asanger

Pfeiffer, W.M. (1991b) Wodurch wird ein Gespräch therapeutisch? Zur kulturellen Bedingtheit psychotherapeutischer Methoden. Psychother. Psychosom. med. Psychol. 41, 93–101

Plog, U. (1976) Differentielle Psychotherapie. Bern-Stuttgart-Wien, Huber

Pongartz, L.J. (1967) Problemgeschichte der Psychologie. Bern-München, Francke

Prouty, G.F. (1990) Pre-Therapy: A theoretical evolution in the person centred / experiential psychotherapy of schizophrenia and retardation. In: Litaer, G.; Rombauts, J.; van Balen, R. (Hrsg.) Client-Centred and Experiential Psychotherapy in the Nineties. Leuven, Univ. Press

Quekelberghe, R. van (1979) Systematik der Psychotherapie. Vergleich und kognitiv-psychologische Grundlegung psychologischer Therapien. München-Wien-Baltimore, Urban & Schwarzenberg

Quitmann, H., (1985) Humanistische Psychologie. Göttingen-Toronto-Zürich, Hogrefe

Rank, K.; Stephan, A.; Grüße, U.; Weise, H.; Weise, K.; (1986) Gesprächspsychotherapie als Basiskonzept der psychiatrischen Grundversorgung. ZPP 5, 379–390

Rank, O. (1929) Technik der Psychoanalyse (Bd. II). Wien

Raskin, N.J. (1986) Klientenzentrierte Gesprächspsychotherapie. In: Sulz, S.K. (Hrsg.) Verständnis und Therapie der Depression. München-Basel, Reinhardt

Ricœur, P. (1974) Die Interpretation. Frankfurt / M, Suhrkamp

Rogers, C.R. et al. (1967) The therapeutic relationship and its impact: a study of psychotherapy with schizophrenics. Madison, Univ. of Wisconsin Press

Rogers, C.R. (1957) The necessary and sufficient conditions of therapeutic personality change. Journal of Consulting Psychologie 21, 95–103

Rogers, C.R. (1972) Die nicht-direktive Beratung. München, Kindler [([1]1942) Counseling and Psychotherapy, Boston, Houghton Mifflin]

Rogers, C.R. (1973a) Die klient-bezogene Gesprächspsychotherapie. München, Kindler [([1]1951) Client-Centred Therapy, Boston, Houghton Mifflin]

Rogers, C.R. (1973b) : Entwicklung der Persönlichkeit. Stuttgart, Klett-Cotta [([1]1961) On Becomimg a Person. A Therapist's View of Psychotherapy. Boston, Houghton Mifflin]

Rogers, C.R. (1977 / [1]1962) Ein Bericht über Psychotherapie mit Schizophrenen. In: Therapeut und Klient. München, Kindler

Rogers, C.R. (1977 / [1]1974) Gespräch mit Gloria In: Therapeut und Klient. München, Kindler

Rogers, C.R. (1977 / [1]1975) Klientenzentrierte Psychotherapie. In: Therapeut und Klient. München, Kindler

Rogers, C.R. (1984) Encounter-Gruppen. Das Erlebnis der menschlichen Begegnung. [([1]1970) Carl Rogers on encounter groups. New York, Harper & Row] Frankfurt / M, Fischer

Rogers, C.R. (1987) Eine Theorie der Psychotherapie, der Persönlichkeit und der zwischenmenschlichen Beziehung. Köln, GwG [([1]1959) A Theory of Therapy, Personality, and Interpersonal Relationships, as Development in the Client-Centred Framework. In: Koch, S. (Ed.) Psychology, A Study of a Science. Study I: Conceptual and Systemic. Vol. III Formulation of the Person an the Social Context. New York-Toronto-London, McGraw-Hill]

Rogers, C.R. (1989) Freiheit und Engagement, Personenzentriertes Lehren und Lernen. Frankfurt / M, Fischer

Rogers, C.R. (1990) Kommentar zu Shliens Aufsatz „Eine Gegentheorie zur Übertragung" In: Behr, M. et al. (Hrsg.), Personenzentrierte Psychologie & Psychotherapie. Jahrbuch 1990. Köln, GwG. [([1]1987) Comment on Shlien`s article „A counter-theory of transference". In: Person-centered Review, Vol. 2, No. 2, 182–188]

Rogers, C.R.-Buber, M. (1992) Ein Gespräch. In: Behr, M. et al (Hrsg) Personenzenzentrierte Psychologie & Psychotherapie, Jahrbuch Bd. 3. Köln, GwG

Rogers, C.R.; Rosenberg, R. (1980) Die Person als Mittelpunkt der Wirklichkeit. Stuttgart, Klett

Rogers, C.R.; Schmid, P.F. (1991) Person-zentriert, Grundlagen von Theorie und Praxis. Mainz, Grünewald

Röhl, K. (1988) Möglichkeiten und Grenzen der Klientenzentrierten Gruppenpsychotherapie in der Psychiatrischen Klinik In: Esser, U.; Sander, K. Personenzentrierte Gruppentherapie. Heidelberg, Asanger

Sachse, R. (1992) Zielorientierte Gesprächspsychotherapie. Göttingen, Hogrefe

Sachse, R.; Maus, C. (1991) Zielorientiertes Handeln in der Gesprächspsychotherapie. Stuttgart-Berlin-Köln, Kohlhammer

Sander, K. (1975) Der Einfluß von Ausgangs-Persönlichkeitsmerkmalen des Klienten auf den Behandlungserfolg in klientenzentrierter

Gesprächspsychotherapie. Zschr. Klin. Psychol. IV, 2, 137–147

Sandler, J. (1967) Gegenübertragung und Bereitschaft zur Rollenübernahme. Psyche 30, 297–305

Sandler, J.; Sandler, A.-M. (1985) Vergangenheits-Unbewußtes, Gegenwarts-Unbewußtes und die Deutung der Übertragung. Psyche 39, 800–829

Sartre, J.P. (1953) Das Sein und das Nichts. Rowohlt, Hamburg

Schaeffler, R. (1974) Verstehen. In: Handbuch philosophischer Grundbegriffe. Krings, H. et al. München, Kösel

Scheler, M. (1923) Wesen und Formen der Sympathie. Bonn, Friedrich Cohen

Schelling, W.A. (1985) Lebensgeschichte und Dialog in der Psychotherapie. Göttingen, Vandenhoeck & Ruprecht

Seifert, T. (1981) Lebensperspektiven der Psychologie. Olten, Walter

Shlien, J.M. (1990) Eine Gegentheorie zur Übertragung. In: Behr, M. et al. (Hrsg.) Personenzentrierte Psychologie & Psychotherapie. Jahrbuch 1990. Köln, GwG

Slavson, S.R. (1956) The fields of group psychotherapy. New York, International University Press

Slipp, S. (1986) Psychoanalyse [der Depression] In: Sulz, S.K. (Hrsg.) Verständnis und Therapie der Depression. München-Basel, Reinhardt

Speierer, G.-W. (1979) Ergebnisse der ambulanten Gesprächspsychotherapie. Fortschritte der Medizin 97. Jhg. Nr. 35, 1527–1533

Speierer, G.-W. (1980) Diagnose und Indikation in der Gesprächspsychotherapie. In: Brengelmann, J.C. (Hrsg.) Entwicklung der Verhaltenstherapie in der Praxis. (IFT-Texte 3), München, Gerh. Röttger

Speierer, G.-W. (1990a): Toward a spezific illness concept of client-centered therapy. In: Lietaer G. et al. (Hrsg.): Client-Centred and Experiential Psychotherapy in die Nineties: Leuven, Univ. Press.

Speierer, G.-W. (1990b) Eine klientenzentrierte Krankheitstheorie für die Gesprächspsychotherapie. In: Meyer-Cording, G, Speierer, G.-W. (Hrsg.) Gesundheit und Krankheit. Köln, GwG

Speierer, G.-W. (1991) Zur Inkongruenzdynamik als spezifischem Indikationskriterium der Gesprächspsychotherapie bei hysterischen Neurosen. In: Finke, J.; Teusch, L. (Hrsg.), Gesprächspsychotherapie bei Neurosen und psychosomatischen Erkrankungen. Neue Entwicklungen in Theorie und Praxis. Heidelberg, Asanger

Speierer, G.-W. (1993) Zur Krankheitslehre der Gesprächspsychotherapie: Krankheits- und therapiespezifische Besonderheiten bei psychosomatischen Störungen. In: Teusch, L.; Finke, J. (Hrsg.) Die Krankheitslehre der Gesprächspsychotherapie. Heidelberg, Asanger

Speierer, G.-W. (1994) Das Differentielle Inkongruenzmodell, Gesprächspsychotherapie als Inkongruenzbehandlung. Heidelberg, Asanger

Stolte, B.; Koch, S. (1992) Der Umgang mit Träumen in der klientenzentrierten Psychotherapie. Unveröfftl. Dipl. Arb., Braunschweig

Strupp, H.H. (1973) Psychotherapy: Clinical research and theoretical issues. New York, Aronson

Studt, H.H. (1989) Pragmatismus in der Klinik – Purismus in der Praxis? Vortrag auf dem AÄGP-Kongreß, Düsseldorf, 28. / 29. 10. 1989

Swildens, H. (1991) Prozeßorientierte Gesprächspsychotherapie, Köln, GwG-Verlag

Tausch, R. (1970) Gesprächspsychotherapie, Göttingen, Hogrefe

Teusch, L. (1985) Gegenwärtiger Stand der klientenzentrierten Gesprächspsychotherapie in der Behandlung schizophrener Patienten. In: Neurologia et Psychiatria, 8, 93–98

Teusch, L. (1986) Gesprächspsychotherapie schizophrener Patienten. ZPP 5, 391–398

Teusch, L. (1990a) Klientenzentrierte Gruppenpsychotherapie schizophrener Patienten. In: Behr, M. et al (Hrsg.) Jahrbuch für Personenzenzentrierte Psychologie und Psychotherapie, Bd. 2. Köln, GwG

Teusch, L. (1990b) Positive effects and limitations of client-centred-therapy with schizophrenic patients. In: Litaer, G.; Rombauts, J.; van Balen, R. (Hrsg.) Client-Centred and Experiential Psychotherapy in the Nineties. Leuven, Univ. Press

Teusch, L. (1993) Diagnostik in der Gesprächspsychotherapie. In: Teusch, L., Finke, J. (Hrsg.) Krankheitslehre der Gesprächspsychotherapie. Heidelberg, Asanger

Teusch, L. et al. (1984) Ein empirischer Beitrag zur klientenzentrierten Gesprächspsychotherapie schizophrener Patienten. GwG Info 55, 79–81

Teusch, L.; Böhme, H. (1991) Was bewirkt ein stationäres Behandlungsprogramm mit gesprächspsychotherapeutischem Schwerpunkt bei Patienten mit Agoraphobie und / oder Panik? Ergebnis einer Ein-Jahres-Katamnese. Psychother. Psychosom. med. Psychol. 41, 68–76

Teusch, L.; Degener, T. (1990) Gesprächspsychotherapeutische Behandlung von Angstkranken in einem mehrdimensionalen Behandlungskonzept – ein Erfahrungsbericht. In: Meyer-Cording, G.; Speierer, G. Gesundheit und Krankheit. Theorie, Forschung und Praxis der klientenzentrierten Gesprächspsychotherapie heute. Köln, GwG

Teusch, L.; Köhler, K.-H.; Finke, J. (1987) Die Bearbeitung von Wahnphänomenen in der klientenzentrierten Gesprächspsychotherapie. In: Olbrich, H. (Hrsg.) Halluzination und Wahn. Berlin, Springer

Thomä, H. (1983) Erleben und Einsicht im Stammbuch psychoanalytischer Techniken und der „Neubeginn" als Synthese im Hier und Jetzt. In: Hoffmann, S.O. (Hrsg.) Kritische Beiträge zur Behandlungskonzeption und Technik in der Psychoanalyse. Frankfurt / M, Fischer

Thomä, H.; Kächele, H. (1986) Lehrbuch der psychoanalytischen Therapie (Bd. 1 Grundlagen). Berlin-Heidelberg-New York-Paris-London-Tokio, Springer

Thomä, H., Kächele, H. (1989) Lehrbuch der psychoanalytischen Therapie (Bd. 2 Praxis). Berlin-Heidelberg-New York-Paris-London-Tokio, Springer

Thomae, H. (1991) Phänomenologische Psychologie, Alltagspsychologie und psychologische Biographik. In: Herzog, M.; Graumann, C.F. (Hrsg.) Sinn und Erfahrung, Phänomenologische Methoden in den Humanwissenschaften. Heidelberg, Asanger

Thomas, B.A. (1991) Gruppen Gesprächspsychotherapie in der Versorgung psychisch Kranker. In: Finke, J.; Teusch, L. (Hrsg.) Gesprächspsychotherapie bei Neurosen und psychosomatischen Erkrankungen Neue Entwicklungen in Theorie und Praxis. Heidelberg, Asanger

Truax, C.B. (1966) Reinforcement and nonreinforcement in Rogerian psychotherapy. Journal of abnormal Psychotherapy 71, 1–9

Truax, C.B. (1970) Effects of client-centred psychotherapy with schizophrenic patients: nine years pretherapy and nine years posttherapy hospitation. J. consult. clin. Psychol. 3, 417–422

Truax, C.B.; Carkhuff, R.R. (1965) Personality change in hospitalized mental patients during group psychotherapy as a function of the use of alternate sessions and vicarios therapy pretraining. J.clin. Psychol. 27, 132–136

Truax, C.B.; Carkhuff, R.R. (1967) Toward Effektive Counseling and Psychtherapy: Training and Practice. Chicago, Aldine Publishing Company.

Truax, C.B.; Wargo, D.G.; Carkhuff, R.R. (1966) Antecedents to outcome in group psychotherapy with outpatients. Effects of therapeutic conditions, alternate sessions, vicarious therapy pretraining, and patient self-exploration. Unpublished manuscript, Univ. Arkansas

Trüb, H. (1951) Heilung aus der Begegnung. Stuttgart, Klett

Tscheulin, D. (1992) Wirkfaktoren psychotherapeutischer Intervention. Göttingen, Hogrefe

Vossen, T. (1988) Traumtherapie-personenzentriert. GwG-Ztschr. 72, 30–43

Vossen, T. (1993) Psychische Krankeheit betrachtet aus der Sicht einer klientenzentrierten entwicklungspsychologischen Theorie. In: Teusch, L.; Finke, J. (Hrsg.) Die Krankheitslehre der Gesprächspsychotherapie. Heidelberg, Asanger

Waldenfels, B. (1991) Der Kranke als Fremder – Gesprächspsychotherapie zwischen Normalität und Fremdheit. In: Finke, J.; Teusch, L. (Hrsg.), Gesprächspsychotherapie bei Neurosen und psychosomatischen Erkrankungen Neue Entwicklungen in Theorie und Praxis. Heidelberg, Asanger

Weise, H.; Weise, K. (1981) Möglichkeiten der Gesprächspsychotherapie in der Versorgung psychisch Kranker. Psychiatr. Neurol. med. Psychol. 33, 674–680

Wexler, D.A. (1974) A cognitive theory of Experiencing, self-actualising, and therapeutic process. In: Wexler, D.A.; Rice, L.N. (Eds.) Innovation in Clientcentred Therapy. New York

Wijngaarden, H.R. (1985) Luisteren naar droomen. Amsterdam, Boom Meppel

Winnicott, D.W. (1965) Familie und individuelle Entwicklung. München, Kindler

Winnicott, D.W. (1974) Reifungsprozesse und fördernde Umwelt. Stuttgart, Klett

Wolf, A. (1971) Psychoanalyse in Gruppen. In: Schill, S. de (Hrsg.) Psychoanalytische Therapie in Gruppen. Stuttgart, Klett

Wolff, K. (1984) Der Traum in der komplexen Psychologie von C.G. Jung. In: Wagner-Simon, T.; Benedetti, G. (Hrsg.) Traum und Träumen. Göttingen Vandenhoeck & Ruprecht

Wyss, D. (1988) Traumbewußtsein? Göttingen, Vandenhoeck & Ruprecht

Yalom, I.D. (1974) Gruppenpsychotherapie. Grundlagen und Methoden. Ein Handbuch. München, Kindler

Zech, P. (1985) Analyse eines psychotherapeutischen Artefakts. Die Bionsche Grundannahmegruppe. Gruppenpsychother. u. Gruppendyn. 20, 368–382

Zielke, M. (1979) Indikation zur Gesprächspsychotherapie, Stuttgart-Berlin-Köln-Mainz, Kohlhammer

Zimmer, D. (1983) Empirische Ergebnisse der Therapieforschung zur Therapeut- Klient- Beziehung. In: Ders. (Hrsg.) Die therapeutische Beziehung. Weinheim-Deerfield Beach-Basel, Edition Psychologie

Zottl, A. (1980) Erfahrung und Gegenwärtigkeit – Dialogische Folien über der Anthropologie von Carl Rogers. Göttingen, Vandenhoeck & Ruprecht

Zottl, A. (1982) Otto Rank., München, Kindler

Zuhorst, G. (1987) Die Dimension der Subjektivität in der Biographieforschung. In: Jüttemann G.; Thomae, H. Biographie und Psychologie. Berlin-Heidelberg-New York-Paris-London-Tokio, Springer

Zuhorst, G. (1993) Eine Gesprächspsychotherapeutische Störungs-/Krankheitstheorie in biographischer Perspektive. In: Teusch, L.; Finke, J. (Hrsg.), Krankheitslehre der Gesprächspsychotherapie. Neue Beiträge zur theoretischen Fundierung. Heidelberg, Asanger

Sachverzeichnis

Abwehr 41, 68, 71 f
Abwehrbearbeitung 37, 69 ff, 99
Abwehrstatus 113
aktionsbezogen 158
Aktualisierungstendenz 16 f, 33
Aktualismus 47, 162
aktualistisch 83
Alter ego 1, 35, 139
Ambivalenz 141, 164
Änderungsbereitschaft 113
Angststörung 128 ff
Angsttoleranz 134
Anschauen 43
Arbeitsbeziehung 36, 80
ätiologisch 9
Ausbildung 172
Autarkie 137
Authentizität 24
Autonomie 1, 9, 29, 47, 52
Autonomiewünsche 131

Basismerkmale 4, 16, 30
Basisvariable 30
bedingungsfreies Akzeptieren 32 ff, 121 f, 129 f, 137 f, 145 f, 160
Bedingungsmodell 105
Begegnung 81
Begegnungsphilosophie 24
bejahende Grundhaltung 34, 40
Bestätigen 39
Bewältigung 75
bewältigungsorientiert 132
Bewertungen 51
Beziehung 27 f
– therapeutische 31, 80 ff
Beziehungsandeutungen 71, 79, 92
Beziehungsangebot 4, 120, 128 f, 136 f, 145
Beziehungsanspielung 79
Beziehungserwartung 81 f, 86, 113, 120, 141
Beziehungsfähigkeit 10
Beziehungsfaktoren 3
Beziehungsklären 78 ff, 125, 132, 139
Beziehungskonflikt 106
Beziehungsphantasie 82, 93
Beziehungsstörung 107
Beziehungsverhalten 141
Bezugsperson 110

Bezugssystem 20
Bindung 100
Borderline 41

common factors 2
containing 35

Darstellung des Gegenteils 163
Daseinsanalyse 12, 161
Depression 119 ff
Desintegration 2
Determinismus 17
Deuten 35
Deutung 35, 44
Deutungstechnik 26
Diagnostik 112 ff, 128, 134 f, 143 f
Dialog 2, 23
Dialogfähigkeit 142
dialogisch 20, 142
differentialtherapeutisch 119
Differentielle Technik 30, 118
Doppel-Ich 1
Doppeldeutigkeit 164
Doppelsinn 14
DSM3-R 135
Durchschauen 43

Echtheit 65 ff, 125 f, 132 f, 139 f, 147 f
Effektivität 6
Einfühlen 42, 45, 61
Einfühlendes Verstehen 42 ff, 122 f, 130 f, 138 f, 146 f, 155, 165
– Wiederholen 40 f, 122, 138, 146
Einsfühlen 42
Einsicht 8, 28, 44
einsichtsorientiert 114, 132
Encounter-Gruppen 150, 151
Entwicklungsstörung 9
Entwurf 1
Erfahrungsoffenheit 10
erhellendes Verstehen 34
Erinnern 22 f
Erzählfolie 105
Existenzphilosophie 11
Extroversion 158

Facilitator 154
Familientherapie 170
Fertigkeiten, therapeutische 4

Fokusing 14, 160
Fremdbestimmung 62
Fremddestruktion 120
frühe Störungen 135
Frustration 139

Ganzheitspsychologie 17
Gefühlsansteckung 1
Gefühlsverbalisieren 1
Gegenübertragung 99
Gestaltpsychologie 11, 17
Gestaltungstherapie 144
Gruppendeutungen 152
gruppendynamisch 151
Gruppengesprächspsychotherapie 150 ff
Gruppenklima 157
Gruppenpsychotherapie 159
Gruppenselbsterfahrung 4, 172
Gruppenstimmung 157

Heilfaktoren 2, 18
Hermeneutik 63
hermeneutisch 20
Herzangstneurose 73
Hier und Jetzt 21, 22, 27, 82
holding function 35
humanistisch 11, 83, 118

ICD 10, 119, 135, 144
Ich-Botschaft 133, 139, 147
Ich-Psychologie 28 f
Ich-Störungen 135
Idealtypus 119
Identifikation 133
identifizieren 42, 45
Identifizierung 1 f, 141
Identität 9, 23, 103, 138
– therapeutische 105
Identitätsdiffusion 153
Identitätserleben 92, 99, 145
Identitätsstörung 144
Imaginieren 45, 61
Imitation 133
Immediacy 79
Indikation 64, 112 ff, 128, 134 f, 143 f, 157 f
Indikationsforschung 115 f
Indikationskriterium 116
Indikationsmodell 116 f
informationstheoretisch 13
Inkongruenz 63, 105 ff, 113, 135

Sachverzeichnis

Inkongruenzbegriff 106
Inkongruenzkonstellation 106, 119f, 128f, 136f, 145
Intellektualisieren 47
Interaktion 24, 155
interaktionell 23 ff, 29
interaktionsbezogenes Verstehen 66, 78f, 94, 155
Interpretation 25, 44f, 48, 56f, 155, 167
Interventionen 168
Interventionskategorien 2 ff, 64
Interventionsregeln 59
Introversion 158

Jungsche Schule 160

Kausalkette 21
Klassifikationssystem 119
klientenzentriert 62
kognitionspsychologisch 13
Kommunikation 81
kompensatorisch 164
Konflikt, intrapsychischer 106
Konfliktbewältigung 145
Konflikterleben 108
konflikttheoretisch 19 ff, 107, 161
Konfrontieren 66 ff, 125, 132, 139, 156
Konkretisierendes Verstehen 50f, 138, 146, 165
Konsens 115
Konsensbildung 64, 67
Kontinuität 23
kontraphobisch 130
Konzepte der Gruppentherapie 151 f
Kostenregelung 170
Kotherapeut 154
Krankheitskonzept 105
Krankheitslehre 15
Krankheitstheorie 104
Krankheitswertigkeit 104

Lebensereignis 106, 108, 110 f
Lebensgeschichte 21 ff
lebensgeschichtlich 109
Lebensphilosophie 11, 17
Lehrtherapie 4, 172
Leidensdruck 113
Leitsymptomatik 116
– Diagnosesystem 112
lernpsychologisch 12
Logotherapie 12

Menschenbild 8, 11
Minussymptomatik 144
Modell 33, 103, 133, 157

Nähe-Distanz-Konflikt 137
naturalistisch 11
Nicht-Direktivität 25
nosologisch 135

Objekt-Beziehungstheorie 28
organismisch 10, 111
organismische Erfahrung 106 ff
Organismus 16, 53, 111
Organismusbezogenes Verstehen 53 ff, 124, 130

Paartherapie 170
pädagogisch-lenkend 145
paranoid-halluzinatorisch 144
Partnersubstitut 141, 143
Persönlichkeitsstörung 141
– Borderline 136
– narzißtische 134 ff, 143
Persönlichkeitsstruktur 115 f
Phänomenologie 11, 18
phänomenologisch 161 f
phänomenologisch-deskriptiv 13
phänomenologisch-hermeneutisch 13 f
Pragmatismus 6 ff, 17
Probetherapie 117
Problemlösung 165
progressive Tendenz 162 f
Projektion 47, 81
prospektive Funktion 162
Protagonist 154 f
Prozeßkontinuum 108
Prozeßsein 10
Psychoanalyse 25 ff
Psychodrama 154
psychodynamisch 107
Psychologie, humanistische 11
Psychopharmakotherapie 8, 104, 144
punktuelles Verstehen 47

Ratschläge 25
real person 139
Realitätsprüfung 146, 148
Regression 56
Rekonstruktion 45
Repräsentationssystem 106
Rezidivprophylaxe 145
Rigiditätsstatus 113
Rollendiffusion 101

Rollenidentifikation 141
Rollenumkehr 127
Rollenwechsel 133
Rollenzuweisungen 152 f

Schizophrenie 143 ff, 148
Schlußfolgern 44
Selbstabgrenzung 146
Selbstaktualisierung 163
Selbstannahme 9
Selbstaufmerksamkeit 157
Selbstauseinandersetzung 63, 101
Selbstbefangenheit 62
Selbstbeobachtung 97
selbstbezogen 158
Selbstbild 9, 52, 120
Selbstdemarkation 146
Selbstdestruktion 120
Selbstdestruktivität 124
Selbsteinbringen 66, 99 ff, 126, 132, 139, 142
Selbstentfaltung 1, 17, 62
Selbstentfremdung 8, 107
Selbsterfahrung 172
– patientenzentrierte 4
Selbsterfahrungsgruppen 150
Selbstexploration 94
Selbstheilungskraft 16
Selbstideal 9, 40, 52, 120 f
Selbstidealisierung 40
Selbstkonzept 10, 32, 56, 106 ff, 120 f, 128 f, 136 f, 145
Selbstkonzeptbezogenes Verstehen 51 f, 123, 130, 146, 156, 166
Selbstobjekt 35
Selbstöffnen 95
Selbstpsychologie 29
Selbstregulationsmodell 16 ff
Selbstunsicherheit 41
Selbstverwirklichung 11
Selbstwahrnehmung 138
Selbstwertzweifel 110
Selbstwiderspruch 19 ff, 68
Selbstwidersprüchlichkeit 104
self disclosure 96
semantische Ebenen 46
Sinnerfahrungsanhänge 44
Solidarität 39, 121
somatoforme Störung 73
Sorge 38 f
Sozialängste 41
soziale Kompetenz 145
Spiegeln 1, 29, 35, 138
Stagnation 108

störungsspezifisch 119
Strukturieren 146
Stufen des Einfühlenden Verstehens 48 f
Substitut 110
Sündenbock 154
Supervision 171 f
Symbolisierung 164
Symbolverstehen 167
– symbolisches 162
Symptom 110
szenisches Verstehen 84

Technik 2 f, 31
testpsychologisch 113
Therapie, differentielle 5
Therapiedauer 170 f
Therapiephasen 171
Therapieplan 114, 171
Therapieprinzipien 4 ff, 15 f, 30 ff
Therapieprozeß 171
Therapietechnik 4, 15, 30 ff
Therapietheorie 6, 15 ff

Therapieziele 8 ff, 104
Tonaufnahmen 6 f, 171
Training 4
Trainingskurs 172
Transparenz 24
Traum 160 ff
Traumanalyse 166
Traumhandeln 166
Traumstimmung 165
Traumthemen 167
Traumtherapie 160
Traumverständnis 161
Traumverstehen 160 ff

Übertragung 27, 81
Übertragungsbeziehung 84
Übertragungsdeutung 93
Übertragungsneurose 82

umakzentuierendes Wiederholen 50

Vergangenheit 21 f
verhaltenstherapeutisch 114, 145
Verkehrung ins Gegenteil 164
Verständigung 65
Verständnishaben 43
verstehende Psychologie 42
Verstehensangebote 46
Vitalismus 17
Vorannahmen 63

Wahn 145
Wahnsymptom 147
Widersprüche 75
Widersprüchlichkeit 106
Widerstand 27, 29, 37, 39, 71 f, 75, 93
Widerstandsanalyse 76
Widerstandsdeutung 76
Wiederholungszwang 163
Wirkfaktoren 3
Wirksamkeitsstudien 104

Zusatzvariablen 16, 30
Zwiegespräch 109